Arno Appenzeller

Datensouveränität für Betroffene über persönliche medizinische Daten durch technische Umsetzung einer datenschutzgerechten Forschungsplattform

Karlsruher Schriften zur Anthropomatik
Band 67
Herausgeber: Prof. Dr.-Ing. habil. Jürgen Beyerer

Eine Übersicht aller bisher in dieser Schriftenreihe
erschienenen Bände finden Sie am Ende des Buchs.

Datensouveränität für Betroffene über persönliche medizinische Daten durch technische Umsetzung einer datenschutzgerechten Forschungsplattform

von
Arno Appenzeller

KIT Scientific Publishing

Karlsruher Institut für Technologie
Institut für Anthropomatik und Robotik

Datensouveränität für Betroffene über persönliche medizinische Daten durch technische Umsetzung einer datenschutzgerechten Forschungsplattform

Zur Erlangung des akademischen Grades eines Doktors der Ingenieurwissenschaften von der KIT-Fakultät für Informatik des Karlsruher Instituts für Technologie (KIT) genehmigte Dissertation

von Arno Appenzeller, M.Sc.

Tag der mündlichen Prüfung: 2. Mai 2024
Erster Gutachter: Prof. Dr.-Ing. habil. Jürgen Beyerer
Zweiter Gutachter: Prof. Dr. rer. nat. habil. Fabian Prasser

Impressum

KIT Scientific Publishing

Karlsruher Institut für Technologie (KIT)
KIT Scientific Publishing
Straße am Forum 2
D-76131 Karlsruhe

KIT Scientific Publishing is a registered trademark
of Karlsruhe Institute of Technology.
Reprint using the book cover is not allowed.

www.ksp.kit.edu

Print on Demand 2024 – Gedruckt auf FSC-zertifiziertem Papier

ISSN 1863-6489
ISBN 978-3-7315-1377-3
DOI 10.5445/KSP/1000172266

Abstract

The digitization of the healthcare sector is progressing more and more. Recently, two long-term projects have been launched in Germany. One project is the Elektronische Patientenakte (ePA), which is an electronic health record and can be used for the digital management of personal medical data recorded during diagnosis and therapy. The other project is the E-Rezept, which launched in summer 2023 and enables doctors' prescriptions to be digitized.

This digitization is also creating more and more digitally structured data that can be used for secondary purposes, such as medical research. In addition to the potential benefits for research, however, the increasing amount of data also raises open questions regarding data protection. For example, the General Data Protection Regulation (GDPR) considers medical data to be sensitive data, the processing of which is generally prohibited without a specifically defined exception. One of the most common exceptions is the explicit, purpose-related consent of the data subject. These seemingly strict data protection regulations create an apparent tension between the research use of medical data and data protection.

In this dissertation, methods are presented that enable the research use of personal medical data but at the same time ensure a privacy-preserving use under the control of the patient. For this purpose, procedures for automatic digital consent management and the use of privacy-preserving technologies are considered. Furthermore, the legal framework is examined, and the concepts developed are combined in a prototypical implementation.

It is shown that sovereign digital consent could be a valuable approach for informed consent management. This process consists, on the one hand, of the technical implementation of proactive dynamic consent. On the other hand, the use of privacy risk quantifications, which weigh the likelihood that a risk occurs against the acceptance preferences of the users and thus provide decision support for medical data sharing.

In addition, the use of privacy-preserving technologies can enable the privacy-friendly use of sensitive data. To this end, we consider concepts for the use of private data donations with Differential Privacy (DP) and the generation of private synthetic data. The evaluation shows that DP for data donations yields good results and provides a solid privacy guarantee, especially with values that have a limited range and for a larger number of participants. For private data generation methods, an evaluation of different methods is performed. In addition, it can be seen that use case specific privacy studies are very relevant to evaluate the use of the technologies.

In summary, a prototypical overall concept is shown in which both technologies are combined. This prototype demonstrates that the use of digital technologies can potentially ease the tension between data protection and research use of medical data. This is done without reducing data protection but rather increasing the participation of those affected, while at the same time enabling the availability of data for research.

Kurzfassung

Auch im Gesundheitswesen nimmt die stetige Digitalisierung an Fahrt auf. Aktuell sind in Deutschland gerade zwei längerfristig geplante Projekte gestartet. Ein Projekt ist die elektronische Patientenakte (ePA), welche der digitalen Verwaltung von persönlichen medizinischen Daten, die im Rahmen von Untersuchungen und Behandlungen erfasst werden, dient. Das andere Projekt ist das im Sommer 2023 gestartete E-Rezept, womit ärztliche Verordnungen digitalisiert werden können.

Durch diese Digitalisierung entstehen auch mehr und mehr digitale, strukturierte Daten, die für sekundäre Zwecke, wie die medizinische Forschung eingesetzt werden können. Neben dem potenziellen Nutzen für die Forschung stellen sich durch die zunehmende Datenmenge allerdings auch offene Fragen bezüglich des Datenschutzes. So betrachtet die Europäische Datenschutz-Grundverordnung (DSGVO) medizinische Daten als besonders sensible Daten, deren Verarbeitung ohne einen speziell definierten Erlaubnistatbestand grundsätzlich untersagt ist. Eine der gängigsten Ausnahmen ist die explizite, zweckgebundene Einwilligung der betroffenen Person. Diese auf den ersten Blick strengen Datenschutzregularien erzeugen ein scheinbares Spannungsfeld zwischen der Forschungsnutzung von medizinischen Daten und dem Datenschutz.

Im Rahmen dieser Dissertation werden Verfahren vorgestellt, die potenziell sowohl die Forschungsnutzung von persönlichen medizinischen Daten ermöglichen, aber gleichzeitig auch eine datenschutzfreundliche Verwendung unter der Kontrolle der Patient:innen sicherstellen können. Dafür werden Verfahren für ein automatisiertes Einwilligungsmanagement und der Einsatz von Privatsphäre wahrenden Technologien betrachtet. Des Weiteren werden die rechtlichen Rahmenbedingungen untersucht und die erarbeiteten Konzepte in einer prototypischen Umsetzung zusammengeführt.

Eine vorgeschlagene Technologie für ein informiertes Einwilligungsmanagement sind souveräne digitale Einwilligungen. Dieses Verfahren besteht zum einen aus einer technischen Umsetzung von dynamischen proaktiven Einwilligungen und zum anderen aus dem Einsatz von Privatsphärerisikoquantifizierungen, die Risikoeintrittsfaktoren gegenüber Akzeptanzpräferenzen der Nutzer:innen abwägen und somit eine Entscheidungsunterstützung bei der Datenfreigabe bietet.

Darüber hinaus kann der Einsatz von Privatsphäre wahrenden Technologien eine datenschutzfreundliche Nutzung von sensiblen Daten ermöglichen. Hierzu werden Konzepte für den Einsatz von privaten Datenspenden mit Differential Privacy (DP) und die Generierung von privaten synthetischen Daten betrachtet. Die Evaluation zeigt, dass DP gerade für Datenspenden mit einem begrenzten Wertebereich bei einer größeren Teilnehmer:innenzahlen gute Ergebnisse liefern kann und eine solide Privatsphäre Garantie bietet. Für die privaten Datengenerierungsverfahren wird eine Bewertung verschiedener Methoden vorgenommen. Zusätzlich ist zu sehen, dass anwendungsfallspezifische Evaluation sehr relevant sind, um den Einsatz der Technologien zu bewerten.

Zusammenfassend wird ein prototypisches Gesamtkonzept gezeigt, in dem beide Technologien vereint werden. Dieser Prototyp demonstriert neue Möglichkeiten durch den Einsatz von digitalen Technologien das Spannungsfeld zwischen Datenschutz und Forschungsnutzung von medizinischen Daten aufzulösen. Dies erfolgt, ohne den Datenschutz zu reduzieren, indem die Teilhabe der Betroffenen verstärkt wird, während gleichzeitig die Verfügbarkeit von Daten für die Forschung ermöglicht wird.

Danksagung

All den Menschen zu danken, die mich im Entstehungsprozesses dieser Dissertation unterstützt haben, würde den Rahmen der Danksagung sprengen. Deswegen möchte ich mich auf das Wesentliche beschränken.

Ich bedanke mich bei allen Kolleginnen und Kollegen am Lehrstuhl IES und Fraunhofer IOSB, die mich über die Jahre hinweg begleitet, wissenschaftlich unterstützt und einen fruchtbaren kollegialen Austausch ermöglicht haben. Namentlich hervorzuheben sind Prof. Dr. Erik Krempel, ohne den ich dieses Unterfangen wohl nicht aufgenommen hätte, Dr. Pascal Birnstill, der zuverlässig immer mit Rat und Tat zur Seite stand, Paul Wagner, als sehr angenehmer Büronachbar und Henrik Mucha, mit dem die Projektarbeit sehr erfolgreich gewesen ist.

Ein weiterer herzlicher Dank gebührt Prof. Dr.-Ing. Jürgen Beyerer für die engagierte Betreuung meiner Dissertation. Das jährliche Sommerseminar als Lehrstuhlveranstaltung war stets eine besonders wertvolle Gelegenheit zum fachlichen Austausch.
Des Weiteren möchte ich Prof. Dr. Fabian Prasser für die Übernahme des Korreferats zu dieser Arbeit danken.

Bei der Entstehung und dem Feinschliff dieser Arbeit unentbehrlich waren die Leser der ersten Fassung. Ohne Lukas Alder, Marion Philipps und meine Mutter, Jutta Appenzeller, wäre dieses Dokument unleserlich geblieben. Inhaltlich und fachlich haben Prof. Dr. Erik Krempel, Dr. Pascal Birnstill, Paul Wagner und Berna Orak auf die entscheidenden Details hingewiesen. Mein aufrichtiger Dank gilt ihnen.

Abschließend möchte ich meiner Familie und meinen Freunden meinen tiefen Dank aussprechen. Besonders meiner Mutter, die mich in allen Lebenslagen unterstützt, meinem Großvater Otto Pfeifer, der leider nicht mehr miterleben durfte, wie diese Dissertation vollendet wurde, aber der mein Leben direkt und indirekt so nachhaltig geprägt hat. Meiner wunderbaren Partnerin Julietta, die jederzeit der beste Rückhalt ist, den man sich vorstellen kann, und vor allem eine fantastische Mutter für unsere gemeinsame Tochter Nela ist. Nela gebührt ebenfalls ein besonderer Dank, denn ihr Lächeln hat mich in den stressigen letzten Phasen immer wieder glücklich gemacht.

Inhaltsverzeichnis

1 Einleitung

Die Digitalisierung im Gesundheitssektor schreitet mehr und mehr voran. Obwohl gerade in Deutschland die Digitalisierung im internationalen Vergleich als noch am Beginn der Transformation beschrieben wird, sind dort zwei aktuelle Beispiele zu gestarteten Projekten vorzufinden [Sta23]. So ist zum einen die elektronische Patientenakte (ePA) seit Anfang 2021, nach einer Entwicklungszeit von mehr als 18 Jahren vom ersten Gesetzesentwurf bis zum Start, als *Soft-Launch* gestartet und erste Anwendungen und Daten werden gesetzlich Versicherten zur Verfügung gestellt[1]. Ein weiteres Digitalisierungsprojekt ist das im Sommer 2023 für alle gesetzlich Versicherten veröffentlichte E-Rezept[2] mit denen Ärzt:innen ihren Patient:innen Verordnungen digital über eine App zur Verfügung stellen können. Diese Rezepte können dann ohne einen Papierumweg in Apotheken on- und offline eingelöst werden.

Solche Digitalisierungsmaßnahmen sollen unter anderem dazu führen, den Datenaustausch zwischen verschiedenen Akteuren im Gesundheitsbereich zu erleichtern, Kosten zu sparen durch weniger zeitintensive Prozesse und auch dazu dienen Therapien zu verbessern. Ein gewünschter Nebeneffekt der Digitalisierung ist die gesteigerte Verfügbarkeit von strukturierten und digitalen Daten für Forschung und Therapie. Aktuell ist ein häufiges Hindernis die mangelnde Interoperabilität zwischen verschiedenen Klinik- oder Praxissystemen, so dass ein Datenaustausch kaum oder nur schwer möglich ist [Ger22]. Zusätzlich sind Daten oft auch nur in unstrukturierter Form als Freitext oder in Form von nicht durchsuchbaren PDF-Dateien aus Scans oder digitalisierten Faxdokumenten verfügbar. Diese potenziell enorme Datenmenge für die Big

[1] https://www.bundesgesundheitsministerium.de/elektronische-patientenakte.html (Letzter Zugriff: 27.11.2023)

[2] https://www.das-e-rezept-fuer-deutschland.de (Letzter Zugriff: 27.11.2023)

Data Forschung wird als großer Antreiber für Veränderungen und Fortschritte in der Medizin angesehen [Ver14].
Neben diesen vielversprechenden Nutzen existieren allerdings einige offene Fragen hinsichtlich des Datenschutzes bei der steigenden Menge an personenbezogenen digitalen medizinischen Daten. Bei Betrachtung der Datenschutz Grundverordnung (DSGVO) beschreibt Artikel 9 Absatz 1, dass Gesundheitsdaten zu personenbezogenen Daten besonderer Kategorie gehören, deren Verarbeitung untersagt ist. Die Verarbeitung ist allerdings in speziellen Ausnahmetatbeständen, die in Artikel 9 Absatz 2 a)-j) definiert sind, zulässig. Neben Fällen wie der Verarbeitung von Daten in ansonsten lebensbedrohlichen Situationen für die betroffene Person, ist eine häufige Grundlage für die Forschungsnutzung von Daten die explizite Einwilligung der betroffenen Person, wie Artikel 9 Absatz 2 a) definiert. Darüber hinaus existieren auch Rechtsgrundlagen, wie beispielsweise in Artikel 9 Absatz 2 i) beschrieben, welche eine Verarbeitung von Gesundheitsdaten ohne Einwilligung ermöglichen. Auch im internationalen Vergleich finden sich vergleichbare Regelungen, beispielsweise im amerikanischen Health Insurance Portability and Accountability Act (HIPAA).

Die Nutzung von Gesundheitsdaten zu Forschungszwecken wird in der Regel als Sekundärnutzung der Daten bezeichnet. Das Grundprinzip ist, dass Daten, welche ursprünglich in einem anderen Kontext beispielsweise der Therapie eines Betroffenen erfasst worden sind, für sekundäre Zwecke wie die Forschung verwendet werden. Um die Daten Forschenden zur Verfügung zu stellen, existieren verschiedene Konzepte und Strukturen. So gibt es unter anderem zentralisierte Verfahren, bei denen Daten bei einer zentralen Instanz als eine Art Forschungsplattform hinterlegt sind. Ein Beispiel dafür ist in Deutschland das beim Bundesinstitut für Arzneimittel und Medizinprodukte (BfarM) angelegte Forschungsdatenzentrum Gesundheit[3], bei dem zum einen pseudonymisierte Abrechnungsdaten von gesetzlich Versicherten und auch perspektivisch Daten aus der ePA zentral verschiedenen Nutzungsberechtigten zur Verfügung

[3] Siehe: https://www.forschungsdatenzentrum-gesundheit.de (Letzter Zugriff: 05.05.2024)

gestellt werden. Weitere Varianten sind dezentrale oder auch föderierte Konzepte bei denen Daten aus verschiedenen Quellen lediglich auf Anlass zusammengeführt werden, beispielsweise zur Verarbeitung in einem speziell abgesicherten Datenraum.

Zur Nutzung von medizinischen Daten für die Forschung werden Daten meistens in pseudonymisierter oder anonymisierter Form verwendet. Bei beiden Verfahren werden in der Regel die direkt identifizierenden Daten entfernt, so dass für Dritte eine eindeutige Zuordnung zur betroffenen Person nicht mehr möglich sein sollte. Bei der Pseudonymisierung werden die Daten zusätzlich mit einem reversiblen Pseudonym versehen, wodurch eine Zuordnung exklusiv für autorisierte Parteien möglich ist. Zusätzlich gilt es stets die Risiken von indirekt identifizierenden Merkmalen in Bezug auf eine Re-Identifizierung zu beachten. Als Re-Identifizierung wird das eindeutige Zuordnen von scheinbar anonymisierten beziehungsweise pseudonymisierten Daten zur betroffenen Person bezeichnet. Dies kann beispielsweise durch Hintergrundwissen zu einer betroffenen Person möglich sein. Ein bekanntes Beispiel für eine Re-Identifizierung stammt von Sweeney aus dem Jahr 2002 [Swe02].

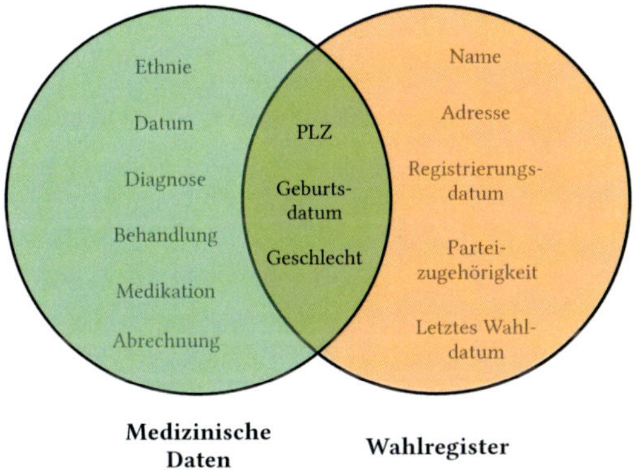

Abbildung 1.1: Visualisierung der Re-Identifizierung durch Zusammenführen zweier Datensätze (In Anlehnung an [Swe02]).

Eine Visualisierung dieser Re-Identifizierungs Attacke zeigt Abbildung 1.1. Hier wurde der Gouverneur von Massachusetts durch Zusammenführung des

Wählerregisters mit Klardaten und einer anonymisierten medizinischen Datenbank eindeutig re-identifiziert. Somit war durch den Abgleich von lediglich drei übereinstimmenden Attributen der Zugriff auf die medizinischen Daten dieser prominenten Person möglich.

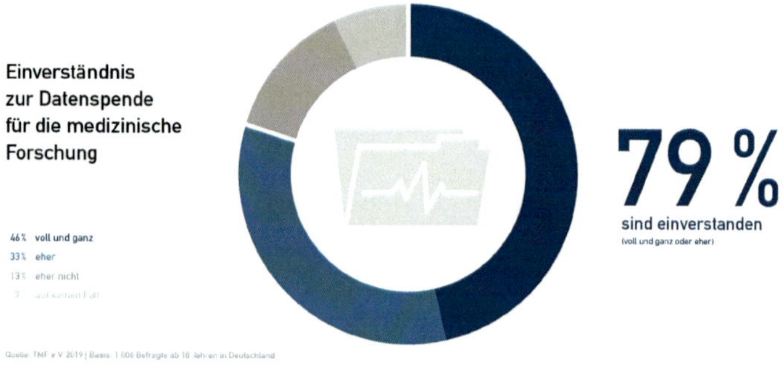

Abbildung 1.2: Infografik zur Befragung Datenspende für die medizinische Forschung (Quelle: [TMF19])

Jedoch zeigt sich trotz des großen Schutzbedarfs ein steigendes Bedürfnis nach Teilhabe und Kontrolle bei Forschung und Versorgung bei den Patient:innen. Abbildung 1.2 zeigt eine Befragung der Technologie- und Methodenplattform für die vernetzte medizinische Forschung (TMF) aus dem Jahr 2019 [TMF19]. Hier haben mit 79% die Mehrheit der Befragten angegeben, dass sie bereit sind Daten mit der Forschung zu teilen.

Es ergibt sich nun, dass es zum einen den Wunsch nach Teilhabe gibt und dass es durch die zunehmende Digitalisierung mehr strukturierte Daten geben kann, es aber zum anderen in Teilen als streng wahrgenommene Datenschutzregularien gibt, die mit Hürden verbunden sind, um Daten für die Forschung bereitzustellen. Weiterhin gilt es festzustellen, dass die Verwendung von medizinischen Daten stets mit einem gewissen Risiko hinsichtlich der Privatsphäre verbunden ist. Dies zeigt, dass es, ein auch in den Medien und politischen Diskurs häufig diskutiertes, Spannungsfeld zwischen Datenschutz und Datennutzung für die Forschung[4] gibt. Dieses kann möglicherweise durch technische Datenschutzmaßnahmen und Werkzeuge zur Stärkung der Teilhabe von Betroffenem aufgelöst werden.

1.1 Zielsetzung

Im Rahmen dieser Dissertation soll betrachtet werden, wie Datensouveränität für Betroffene und eine datenschutzfreundliche Forschungsnutzung bei gleichzeitig einer erleichterten Verfügbarkeit von Daten ermöglicht werden kann. Hierzu wird der Begriff Datensouveränität unter technisch-juristischen Gesichtspunkten betrachtet. Hierfür wird neben den regulativ zugesicherten Betroffenenrechten, wie Einsichtnahme oder Widerspruchsrecht, auch eine intensive Patient:innenteilhabe gefordert.

Um solche Teilhabe und datenschutzzentrierte Forschung zu ermöglichen, werden zum einen Einwilligungen untersucht. Aktuell sind die meisten Einwilligungen papierbasiert[5]. Für große Forschungsprojekte mit einer großen Menge an Patient:innendaten kann die manuelle Auswertung ein sehr zeitaufwändiger und personalintensiver Prozess sein. Zusätzlich kann eine umfangreiche papierbasierte Einwilligung für Betroffene schwer nachvollziehbar sein. Außerdem ist die Wahrnehmung der Betroffenenrechte erschwert, wenn die Datennutzung und -freigabe nicht jederzeit einsehbar ist. Somit wird ein Ansatz benötigt, der zum einen rein digital und automatisiert durchgeführt werden kann und zum anderen vollständige Kontrolle durch die Patient:innen ermöglicht. Zusätzlich sollen die Betroffenen in der Lage sein, eine informierte Einwilligung zu treffen. Dafür ist es relevant zu verstehen, welchen Einfluss auf Privatsphäre eine mögliche Datenfreigabe durch eine Einwilligung haben

[4] Beispielsweise: https://www.aerzteblatt.de/archiv/225407/Pro-Kontra-Datenschutz-als-Risiko-fuer-die-Gesundheit (Letzter Zugriff: 27.11.2023)

[5] Siehe hierzu exemplarisch den Wirtschaftsindex Digital des Bundesministerium für Wirtschaft und Klimaschutz (BMWK): https://www.bmwk.de/Redaktion/DE/Downloads/C-D/digitalisierungsprofil-gesundheitswesen.pdf?__blob=publicationFile&v=4 (Letzter Zugriff: 27.11.2023)

kann. Patient:innen benötigen hierfür die Möglichkeit einer Entscheidungsunterstützung durch die Bewertung eines solchen potentiellen Risikos.

Zur Wahrung der Betroffenenrechte ist es erforderlich, dass die Privatsphäre der Betroffenen bestmöglich geschützt wird. Um Re-Identifizierungsangriffe, wie im Abschnitt zuvor beschrieben, zu verhindern, können Privatsphäre wahrende Technologien eingesetzt werden. Das Prinzip dieser Technologien ist es, die Rohdaten so zu modifizieren – auch Privatisieren genannt –, dass diese nicht mehr zuzuordnen sind, während gleichzeitig die Nutzbarkeit der Daten erhalten wird. In dieser Arbeit soll betrachtet werden, wie diese Technologien in konkreten Anwendungsfällen in der Domäne medizinische Forschungsnutzung von Daten verwendet werden können und damit eine datenschutzzentrierte Datenverarbeitung ermöglicht wird.

Ausgehend von den Ergebnissen zum Einwilligungsmanagement und dem Einsatz der Privatsphäre wahrenden Technologien wird ein Prototyp umgesetzt, der in einem Forschungsszenario den Einsatz der Technologien demonstriert und den Nutzen per Evaluation nachweist. Diese Plattform soll die Prinzipien der Datensouveränität umsetzen und gleichzeitig die Forschungsnutzung verbessern.

Auf Basis dieser Zielsetzung lassen sich folgende Teilziele (**TZ**) definieren:

TZ.1: Umsetzung von digitalen Einwilligungen mit automatisierter Durchsetzung und Patient:innenkontrolle

TZ.2: Bewertung des Privatsphäreeinflusses zur Entscheidungsunterstützung bei einer Datenfreigabe

TZ.3: Untersuchung von Einsatzmöglichkeiten von Privatsphäre wahrenden Technologien zur Verarbeitung von medizinischen Daten

TZ.4: Prototypische Umsetzung für eine datenschutzzentrierte Forschungsplattform

1.2 Eigene wissenschaftliche Beiträge

Die Umsetzung der Teilziele führt zu folgenden wissenschaftlichen Beiträgen dieser Dissertation:

Rechtliche Einordnung von technischen Konzepten für datenschutzzentrierte Forschungsplattformen:
Um technische Voraussetzungen für datenschutzzentrierte Forschungsplattformen zu definieren, ist eine Betrachtung vom rechtlichen Standpunkt nötig. Dafür wird der bestehende Gesetzesentwurf für das Forschungsdatenzentrum Gesundheit analysiert und so erweitert, dass sowohl die Betroffenenrechte leichter durchgesetzt werden können, als auch die Forschungsfreundlichkeit gesteigert wird.
Als Ergebnis wird eine Erweiterung mit Entwurf für eine datenschutzzentrierte Forschungsplattform präsentiert, bei dem die Patient:innen stärker mit einbezogen werden. Hierdurch und durch den Einsatz weiterer Technologien wird die Datensouveränität gesteigert.

Metrik zur Bewertung des Privatsphäreeinflusses von Datenfreigaben:
Einwilligungen können komplex und gerade in Bezug auf das Privatsphärerisiko einer Datenfreigabe schwer für Betroffene zu verstehen sein. Deshalb wird eine Metrik zur Bewertung einer möglichen Datenfreigabe hinsichtlich des Privatsphärerisikos und der Akzeptanz durch die Betroffenen definiert. Andere ähnliche Metriken haben bisher nur Privatsphärerisiken von Instanzen wie beispielsweise einem Krankenhaussystem oder einer gesamten Forschungsdatenbank betrachtet. Die hier eingeführte Metrik hingegen betrachtet das individuelle Risiko von einzelnen Datenspender:innen auf Basis der gewählten Daten. Eine solche Metrik dient als Entscheidungsunterstützung bei einer möglichen Datenfreigabe und berücksichtigt Informationen seitens des Forschungsprojekts bezüglich des Risikos und auf Basis von Akzeptanzfaktoren, die Nutzer:innen hinsichtlich ihrer Relevanz bewerten.

Technische Implementierung von Dynamischen Einwilligungen:
Das Konzept der Dynamischen Einwilligungen soll die Erstellung und Verwaltung digitaler Einwilligungen für die Nutzer:innen erleichtern, indem ganze

Kategorien anstatt einzelner Datenpunkte freigegeben werden können. Für Forscher:innen werden dadurch ebenfalls die Anfragen erleichtert und dabei die Datenverfügbarkeit gesteigert, da die Kategoriefreigaben proaktiv für zukünftige Daten vorgenommen werden können. In dieser Arbeit wird eine technische Implementierung durch die Integration von Zugriffskontrollrichtlinien und medizinischen Terminologien des als datenschutzfreundlich erachteten *Dynamic Consent* Konzepts gezeigt. Im Gegensatz zu bisherigen Konzepten wird eine vollständige Infrastruktur von der digitalen Erstellung bis zur automatisierten Durchsetzung gezeigt.

Evaluierung von Privatsphäre wahrenden Technologien für den Einsatz mit medizinischen Daten:
Der bisherige Stand der Technik betrachtet hauptsächlich die allgemeine Anwendung von Privatsphäre wahrenden Technologien. In dieser Arbeit werden verschiedene medizinische Anwendungsfälle für den Einsatz von Privatsphäre wahrenden Technologien gezeigt und anschließend die Nutzbarkeit evaluiert. Konkret wird hierbei das Verfahren der privaten Datenspende vertieft und die Generierung privater Daten durch synthetische Datengeneratoren detailliert betrachtet. Es wird gezeigt, dass pro Anwendungsfall spezifische Metriken benötigt werden, um Datenschutz und Nutzbarkeit der Daten zu messen.

Prototypisches Gesamtkonzept einer datenschutzzentrierten Forschungsschnittstelle:
Basierend auf einem Einsatzszenario innerhalb einer Institution mit Forschungsschwerpunkt wird ein Gesamtprototyp mit Architektur und technischer Implementierung erstellt, um die vorher erarbeiteten Technologien zu demonstrieren.

1.3 Struktur der Arbeit

Die vorliegende Dissertation ist wie folgt gegliedert: Kapitel 2 führt die Grundlagen der Digitalisierung des Gesundheitswesens aus regulativer und technischer Sicht ein. Zusätzlich werden Privatsphäre wahrende Technologien und weitere relevante technische Grundlagen betrachtet. Kapitel 3 gibt einen Überblick zu verwandten Arbeiten, die sich mit den in dieser Dissertation behandelten Themen befassen. In Kapitel 4 wird ein technisch-juristisches Konzept für Forschungsplattformen zur datenschutzzentrierten Forschungsnutzung eingeführt. Um solche Plattformen formell beschreiben zu können, wird in Kapitel 5 ein entsprechendes Modell definiert und angewendet. Aus den vorherigen Kapiteln leiten sich die zwei Hauptstränge dieser Arbeit ab. Das automatisierte Einwilligungsmanagement, welches in Kapitel 6 eingeführt wird, und der Einsatz von Privatsphäre wahrenden Technologien in Kapitel 7. Die beschriebenen Verfahren werden in Kapitel 8 zu einem Prototyp einer datenschutzzentrierten Forschungsplattform zusammengeführt. Die Beiträge dieser Arbeit werden anschließend in Kapitel 9 diskutiert. Zum Schluss zieht Kapitel 10 ein Fazit zu den Beiträgen der vorliegenden Dissertation und gibt einen Ausblick auf zukünftige Forschungsfragen in diesem Feld.

2 Grundlagen

Dieses Kapitel führt die Grundlagen der in dieser Dissertation beschriebenen Verfahren ein. Zuerst wird ein Überblick über den aktuellen Stand der Digitalisierung im Gesundheitswesen in Deutschland geboten, welcher im Anschluss durch einen Vergleich mit der weltweiten Situation bewertet wird. Für all diese nationalen Umsetzungen sind die darauffolgenden erläuterten technischen Voraussetzungen relevant. Im Kontext der Digitalisierung im Gesundheitswesen wird häufig der Begriff E-Health verwendet. Unter diesem Begriff werden alle Technologien gesammelt, die unter anderem zur digitalen Verarbeitung, zum Austausch, Speichern und Teilen von Daten im Rahmen der Versorgung verwendet werden. Mit diesen Technologien können die digitalen medizinischen Daten erzeugt werden, die anschließend im Rahmen einer sekundäre Nutzung wie Forschung verwendet werden können.

Die Übersicht in diesem Kapitel dient zur Einordnung der Arbeit und für einen Überblick über den Status-Quo. Die nächsten wichtigen Bausteine dieser Arbeit sind die Privatsphäre wahrenden Technologien, welche hier in ihren Varianten vorgestellt werden. Abschließend werden weitere benötigte allgemeine technische Grundlagen wie Zugriffskontrolle für das Einwilligungsmanagement eingeführt. Diese Technologien werden im weiteren Verlauf der Arbeit benötigt und angewendet.

2.1 Digitalisierung im Gesundheitswesen in Deutschland

Das größte nationale Digitalisierungsprojekt im Gesundheitswesen ist die Bereitstellung der sogenannten elektronische Patientenakte (ePA). Die ePA soll eine elektronische, zentrale Anwendung sein, in der alle relevanten Daten von allen gesetzlich versicherten Patient:innen gespeichert werden. Dies soll unter anderem den Betroffenen eine Möglichkeit geben, Einsicht in ihre medizinische Akte zu nehmen, als auch den Austausch von Daten zwischen verschiedenen Arztbesuchen zu erleichtern. Der Ursprung der elektronischen Patientenakte (damals noch als Vorläufer elektronischen Gesundheitskarte (eGK)) liegt bereits im Jahr 2003 mit der Verabschiedung des Gesetzes zur Modernisierung der gesetzlichen Krankenversicherung [Sta05]. Dieses Gesetz beschließt die Digitalisierung des Gesundheitswesens, nachdem im Jahr 2001 der sogenannte Lipobay Skandal zu mehreren Todesfällen aufgrund Medikamentenwechselwirkungen führte [Fur01]. Angebunden wird die ePA über die Telematikinfrastruktur (TI), die als zentrale Plattform für Gesundheitsanwendungen in Deutschland dienen soll[1]. Hierüber sollen alle relevanten Parteien im Gesundheitswesen miteinander vernetzt werden. Entwickelt wird die TI von der Gematik GmbH[2], deren Gesellschafter die größten Interessenvertreter im deutschen Gesundheitswesen sind. Mit 51% hält das Bundesministerium für Gesundheit (BMG) die Mehrheit der Geschäftsanteile. Die TI selbst ist als sicheres Netzwerk für die verschiedenen Parteien angelegt. Zugang erhalten die Teilnehmer über Hardware-Konnektoren, die vergleichbar sind mit Virtual Private Network (VPN) Tunneln. Über diese sichere Infrastruktur können Leistungserbringer wie Ärzt:innen oder Therapeut:innen Daten von Patient:innen in der ePA hinterlegen. Die ePA ist nur eine mögliche Anwendung in der TI.

Das Modul Kommunikation im Medizinwesen (KIM)[3] bietet eine Möglichkeit, um medizinische Daten zwischen verschiedenen Parteien wie Ärzt:innen sowohl technisch als auch juristisch sicher auszutauschen. Über den Datenaustausch hinaus kann es auch zur Kommunikation vergleichbar mit E-Mail genutzt werden. Weitere TI Anwendungen sind beispielsweise das E-Rezept, um elektronische Rezepte zu erstellen, der Notfalldatenmanager, mit dem die für einen Notfall relevanten Daten jederzeit abgerufen werden können und das

[1] https://www.gematik.de/telematikinfrastruktur (Letzter Zugriff: 27.11.2023)
[2] https://www.gematik.de ((Letzter Zugriff: 27.11.2023)
[3] https://www.gematik.de/anwendungen/kim (Letzter Zugriff: 27.11.2023)

Versichertenstammdatenmanagement durch das die demographischen Daten der Nutzer:innen aktuell gehalten werden können (beispielsweise für Abrechnungszwecke)[4]. Aktuell ist ein Ausbau der TI zur TI 2.0 geplant [Gem21c]. Dazu soll beispielsweise der Zwang zu Hardware-Konnektoren wegfallen und durch einen sicheren Software-Zugriff ersetzt werden. Somit ist ein Zugriff auf die TI auch über mobile Geräte möglich. Ein weiterer wichtiger Punkt der TI 2.0 ist die Umsetzung eines Identity Providers mit dem sich die TI Teilnehmer auch sicher gegenüber Dritten, die diesen Provider umsetzen, ausweisen können. In ihrer initialen Form oder auch in Version 1.0 bietet die ePA den Versicherten einen Überblick über alle von Leistungserbringern erfassten und zur ePA hochgeladenen Daten [Gem21a]. Hiermit können die Betroffenen diese Daten jederzeit einsehen und zusätzlich auch anderen behandelnden Ärzt:innen Zugriff ermöglichen. Es gilt festzuhalten, dass es hier lediglich ein „Alles-oder-Nichts"-Rechtemanagement gibt. Die Nutzenden der ePA können Ärzt:innen entweder Zugriff auf alle Daten geben oder den Zugriff untersagen. Dies ist auch einer der Hauptkritikpunkte des Bundesbeauftragten für den Datenschutz und die Informationsfreiheit an der ersten Version der ePA [BfDI20]. Neben dieser Dateneinsicht gibt es auch digitalisierte Varianten von Gesundheitspässen wie Mutter- oder Impfpass. Die Entwicklung der ePA wird von der Gematik stufenweise betrieben. So existiert eine Übersicht[5] von angekündigten Funktionen für die ePA in Version 2.0 und 2.5. Neben weiteren Basisfunktionen wie der Abbildung der elektronischen Arbeitsunfähigkeitsbescheinigung (eAU) verspricht die Gematik für die ePA 2.0 die Integration eines filigranen Freigabemanagements. Hierdurch soll es möglich sein, für bestimmte Leistungserbringer nur ausgewählte Daten zur Verfügung zu stellen. Dies erfolgt gemäß Spezifikation allerdings ausschließlich auf Dokumentenebene, wodurch die Filigranität beispielsweise durch den Inhalt eines Arztbriefes, der verschiedene Befunde beinhalten kann, beschränkt ist [Gem22]. Zum Zeitpunkt des Verfassens dieser Dissertation befindet sich die ePA noch in der Pilotphase. Ausgewählte Krankenkassen haben bereits

[4] https://fachportal.gematik.de/anwendungen (Letzter Zugriff: 27.11.2023)

[5] https://fachportal.gematik.de/anwendungen/elektronische-patientenakte (Letzter Zugriff: 27.11.2023)

Anwendungen an ihre Kund:innen ausgerollt[6]. Neue Gesetzesvorhaben sollen die Verbreitung der ePA durch eine sogenannte „Opt-Out"-Lösung, bei der die Akte standardmäßig angelegt wird, beschleunigen[7].

Während die meisten Funktionen der ePA den Betroffenen dienen, soll eine zukünftige Version auch Datenspenden für die Forschung ermöglichen. Das Vorhaben, den Datenzugang für die Forschung zu vereinfachen, verfolgt auch das Forschungsdatenzentrum Gesundheit, dessen rechtliche Grundlage über das im Jahr 2020 eingeführte Digitale-Versorgung-Gesetz (DVG) geregelt wird [BRD19]. Im Forschungsdatenzentrum Gesundheit[8] werden Abrechnungsdaten aller gesetzlich Versicherten in pseudonymisierter Form gesammelt und Forschungsinteressierten zur Verfügung gestellt. Der Zugriff auf die Daten erfolgt ausschließlich antragsbasiert und ist zur Drucklegung dieser Dissertation bisher nicht allgemein möglich. Die Verantwortlichen prüfen auf Basis der beantragten Daten das Re-Identifikationsrisiko und ob die Prinzipien der Datenminimalität befolgt werden. So besteht die Möglichkeit, dass in bestimmten Fällen lediglich aggregierte Daten zur Verfügung gestellt werden. Ein weiteres Schutzmerkmal ist dadurch geplant, dass Datenanalysen in speziell abgeschotteten Datenräumen erfolgen, welche am ehesten mit isolierten virtuellen Maschinen vergleichbar sind. Zusätzlich sollen Anträge in einem Register veröffentlicht werden, um die Transparenz zu wahren. Zur Vereinheitlichung für die Forschung werden die Datensätze in ein fest definiertes Format überführt.

[6] https://www.heise.de/news/Naechste-Etappe-fuer-elektronische-Patientenakte-startet-im-Juli-6120559.html (Letzter Zugriff: 27.11.2023)

[7] https://www.heise.de/news/Digital-Health-Lauterbach-nennt-elektronische-Patientenakte-eine-Illusion-7489475.html (Letzter Zugriff: 27.11.2023)

[8] https://www.forschungsdatenzentrum-gesundheit.de (Letzter Zugriff: 27.11.2023)

2.2 Digitalisierung im Gesundheitswesen weltweit

Während in Deutschland sich die ePA noch in der frühen Einführungsphase befindet, gibt es international diverse Projekte, die schon länger verfolgt werden oder bereits erfolgreich eingeführt worden sind. Eine Übersicht über die weltweite Lage bezüglich der Digitalisierung im Gesundheitswesen wurde auch in [App21a] publiziert und wird hier zusammenfassend dargestellt. Der Überblick beschränkt sich hauptsächlich auf die führenden Industrienationen, die auch als Group of Seven (G7) Nationen bezeichnet werden[9]. Für diese Nationen bestand die höchste Wahrscheinlichkeit, englischsprachige Dokumente zur entsprechenden E-Health Strategie zu finden. Zusätzlich wurde das E-Health Policy Register der World Health Organization (WHO) als Startpunkt der Recherche verwendet [WHO19].

2.2.1 Frankreich

In Frankreich wurde bereits 2011 eine Digitalisierungsagenda beschlossen, die auch E-Health berücksichtigt. Hier wurde auch ein großer Fokus auf den Datenschutz der Betroffenen gelegt [Eco11]. Darüber hinaus wurde auch mit der Dossier Médical Personel (DMP) eine erste Form einer medizinischen Gesundheitsakte eingeführt. Allerdings stellt die DMP keine komplette Patientenakte dar, sondern dient als Austauschplattform für Daten zwischen den verschiedenen behandelnden Ärzt:innen. Das Konzept der Plattform war Opt-In basiert. Die Betroffenen mussten somit explizit der Erstellung zustimmen. Bei der Patient:innen Miteinbeziehung offenbarten sich bei der DMP auch die ersten Probleme. So war die erste Version ausschließlich für Ärzt:innen gedacht, ohne die Möglichkeit für die Patient:innen die Daten einzusehen. Hierdurch war die Akzeptanz- und Teilnahmequote sehr gering. Dies führte zu einer Neuentwicklung, bei der die Patient:innen eine zentralere Rolle spielten und

[9] Eine Erläuterung zu der Zusammensetzung der G7 findet sich unter http://www.g8.utoronto.ca/what_is_g8.html (Letzter Zugriff: 27.11.2023)

auch direkten Zugriff auf die Akte erhalten haben. Dies führte auch zu einer in Studien nachgewiesenen höheren Nutzungs- und Akzeptanzrate [Bur18].

2.2.2 Italien

Italien hat bislang keine nationale Strategie für eine patientenzentrierte E-Health Anwendung. Ebenso existieren verschiedene E-Health-Projekte, die eine nationale Patientenakte einführen möchten. Deren Entwicklung ist durch ein spezielles E-Health Gesetz geregelt, welches auch die Hauptaufgaben für eine elektronische Patientenakte definiert. Diese soll dazu dienen Behandlungen und Forschung zu verbessern und ermöglichen, die Versorgungsqualität zu evaluieren. Die direkte Patient:innenteilhabe wird allerdings nicht geregelt. Die Betroffenen können lediglich steuern, ob eine Akte angelegt werden soll und welche Daten in dieser hinterlegt werden [Bol16].

2.2.3 Vereinigtes Königreich

Im Vereinigten Königreich besteht durch den staatlichen Gesundheitsdienst National Health Service (NHS) ein zentralisierter Ansatz Daten zu sammeln. Hier wurde im Jahr 2012 ein 10 Jahres Plan verabschiedet, welcher festsetzt, dass Patient:innen im Zentrum der Versorgung stehen sollen und diese von der Digitalisierung profitieren sollen [DHS11]. Als möglicher Hinderungsgrund wird hier auch die Thematik des Datenschutzes benannt. Das nicht Teilen von Daten wird hierbei als gefährlicher bezeichnet als Daten zu teilen. Deshalb sollen Daten stets vertraulich und Privatsphäre wahrend geteilt werden. Wie dies umgesetzt werden soll, wird in dem Rahmenwerk nicht spezifiziert. Neben diesem Plan existieren auch bestehende Projekte, die den Plan oder Teile davon umsetzen sollen. Ein Beispiel dafür ist das Care.data[10] Projekt. Im Rahmen dieses Vorhabens sollten Daten, die von Hausärzt:innen erfasst werden, zentral gespeichert werden. Standardmäßig wurden diese Daten pseudonymisiert gespeichert, Patient:innen können dem widersprechen,

[10] https://www.england.nhs.uk/2013/10/care-data/ (Letzter Zugriff: 27.11.2023)

wodurch Daten dann anonymisiert gespeichert werden. Die erfassten Daten waren anschließend für die Sekundärnutzung gegen Zahlung verfügbar. Verschiedene Studien wie [Hoe14] zeigten, dass dies intransparent gegenüber den Betroffenen war. Daten wurden von verschiedenen Stellen verknüpft, was allerdings nicht für die Betroffenen nachvollziehbar war. Die mangelnde Transparenz und andere Probleme führten zur Einstellung des Projektes. Ein weiteres Projekt, welches am ehesten mit der deutschen ePA vergleichbar ist, ist der Summary Care Record[11]. Auf dieser Plattform werden nach Einwilligung von Patient:innen verschiedene medizinische Daten von entsprechenden Hausärzt:innen gespeichert. Auch zu diesem Projekt gibt es Datenschutzbedenken für die sekundäre Nutzung der Daten. Allerdings können die Betroffenen dieser Nutzung der Daten in verschiedenen Stufen widersprechen.

2.2.4 Vereinigte Staaten von Amerika

Für die USA mit den verschiedenen Bundesstaaten gibt es wenige einheitliche Regelungen für E-Health. Verschiedene Studien identifizieren dieses föderale System auch als Hinderungsgrund bei der Einführung von E-Health Projekten [Dum13]. Die grundlegende Datenschutzregulierung, der Health Insurance Portability and Accountability Act (HIPAA), stammt aus Zeiten vor der Digitalisierung des Gesundheitswesens. Grundlage ist hier die Einwilligung von Patient:innen zur Verarbeitung von persönlichen medizinischen Daten. Die Form der Einwilligung und wann diese benötigt wird, wird auch durch HIPAA geregelt. Eine weitere Schwierigkeit ergibt sich dadurch, dass die einzelnen Bundesstaaten HIPAA um eigene Regelungen erweitern können. Neben den Zukunftsplänen gibt es bereits eine bestehende E-Health Lösung mit dem Namen Blue Button[12]. Dieser Dienst ist eine freiwillige Umsetzung, die Parteien mit persönlichen medizinischen Daten für Betroffene anbieten kann. Falls Blue Button angeboten wird, erscheint bei Diensten, welche erlauben persönliche medizinische Daten herunterzuladen, eine blaue Schaltfläche zum Laden der Daten. Hierdurch soll der Austausch von Daten vereinfacht und

[11] https://digital.nhs.uk/services/summary-care-records-scr (Letzter Zugriff: 27.11.2023)

[12] https://www.healthit.gov/topic/health-it-initiatives/blue-button (Letzter Zugriff: 27.11.2023)

Patient:innen Zugriff auf die eigenen Daten ermöglicht werden. Neben den staatlichen Projekten verfolgen die großen Technologiefirmen wie Apple[13] und Google[14] auch das Ziel weitere Lösungen bereitzustellen.

2.2.5 Japan

In Japan wurden bereits im Jahre 1998 erste Formate für elektronische Patientenakten entwickelt. Zu dieser Zeit wurden Datensicherheitsüberlegungen entworfen, aber keine Spezifikation für Patient:innen Zugriff. Generell gibt es auch in Japan regionale Unterschiede. So gibt es Krankenhausgruppen, die bereits über digitalisierte Patientenakten verfügen, aber keine nationalen Lösungen. 2018 wurde ein Gesetz beschlossen, über das die sekundäre Nutzung von Daten in Patientenakten reguliert wird [Ota17]. Hierbei wird anonymisierter Zugriff ohne explizite Zustimmung der Betroffenen ermöglicht. Dennoch werden die Patient:innen über die Verwendung der Daten informiert. Dieser forschungsfreundlichen Gesetzgebung stehen allerdings Studien wie die Veröffentlichung von Morris et al. gegenüber, die zeigt, dass die japanische Bevölkerung ebenso Datenschutzbedenken hat und ein System, in dem Patient:innen Datenzugriffe kontrollieren können, bevorzugen [Mor18].

2.2.6 Kanada

Kanada verfügt aktuell über keine vergleichbaren Projekte wie die deutsche ePA. Zwar existierte eine Organisation namens Canada Infoway[15], die zukünftig E-Health Lösungen entwickeln soll, allerdings gibt es noch keine konkreten Lösungen. Zum Schutz von personenbezogenen Daten existiert in Kanada eine Datenschutzregelung namens Personal Information Protection and Electronic Document Act (PIPEDA).

[13] https://www.apple.com/newsroom/2019/11/health-records-on-iphone-now-available-to-veterans-across-the-us/ (Letzter Zugriff: 27.11.2023)

[14] https://health.google (Letzter Zugriff: 27.11.2023)

[15] https://www.infoway-inforoute.ca/en/ (Letzter Zugriff: 27.11.2023)

2.2.7 Bewertung

Ein Blick auf die E-Health Regulierungen der G7 Nationen zeigt, dass es in quasi allen Nationen eine Datenschutzregulierung wie die Datenschutz Grundverordnung (DSGVO) gibt. Hierbei zeigt sich allerdings auch, dass es eine Lücke gibt zwischen dem rechtlichen Rahmen und der technischen Umsetzung. Beispielsweise in Deutschland sind wesentlich mehr Vorhaben rechtlich geregelt als technisch umgesetzt (vergleiche: ePA). Darüber hinaus gilt es festzustellen, dass sich die meisten Vorhaben noch in der frühen Erprobungsphase befinden. Beispiele wie das DMP zeigen, dass es wichtig sein kann, die Betroffenen von Anfang an in die Entwicklungsprozesse einzubeziehen. Vergangene Projekte aus dem Vereinigten Königreich haben außerdem gezeigt, dass Intransparenz auch zu mangelnder Akzeptanz durch die Betroffenen führen kann.

Über die G7 Staaten hinaus gibt es allerdings auch einige Vorreiter im Bereich der Digitalisierung im Gesundheitswesen. Ein Beispiel dafür ist Israel, das vor allem während der Coronavirus Disease (COVID)-19 Pandemie auf sich aufmerksam gemacht hat, da das dort sehr stark digitalisierte Gesundheitswesen optimale Voraussetzungen geboten hat, um Wirksamkeitsstudien für Impfstoffe und Therapeutika durchzuführen[16]. Mögliche Erklärungen für den technologischen Vorsprung gegenüber den führenden Industrienationen sind, dass die ersten Digitalisierungsprojekte in Israel bereits in den 1990er-Jahren begonnen worden sind, die kleine Bevölkerungszahl mit einer im Vergleich jüngeren Demografie und dass das zentrale Gesundheitssystem Vorteile gegenüber der heterogenen Situation, wie sie beispielsweise in Deutschland vorzufinden ist, bietet. Deshalb sind die Erkenntnisse dieser Musterbeispiele für Digitalisierung nur begrenzt auf große Bevölkerungen und komplexe Gesundheitssysteme anwendbar. Ferner gilt es auch darauf hinzuweisen,

[16] Siehe dazu: https://www.aerzteblatt.de/archiv/229096/Gesundheitswesen-in-Israel-Blick-in-die-digitale-Zukunft (Letzter Zugriff: 27.11.2023)

dass auch in Israel Datenschutzbedenken gegenüber der Forschungsnutzung von medizinischen Daten existieren[17].

2.3 Technische Voraussetzungen für die Digitalisierung im Gesundheitswesen

Aus technischer Sicht lassen sich digitale medizinische Daten in zwei Kategorien von Daten unterteilen [Sar22]. So existieren zum einen unstrukturierte Daten, beispielsweise in Form eines Arztbriefes mit mehreren Informationen oder Bilddaten ohne weitere Metadaten bezüglich einer Befundung. Auf der anderen Seite existieren strukturierte Daten, die in standardisierten Datenformaten vorliegen, mit allgemeingültigen Terminologien annotiert sind und auf die über etablierte Schnittstellen zugegriffen werden kann. Es gilt festzustellen, dass ein Großteil der digitalen medizinischen Daten in unstrukturierter Form vorliegen. Die Gründe dafür sind vielfältig. Teilweise stammen die Daten aus Zeiten, in denen die technischen Voraussetzungen bislang nicht gegeben waren, während häufig die technische Infrastruktur fehlt (beispielsweise in kleineren Arztpraxen). Ein weiterer Grund ist Zeitmangel für eine ausreichende Dokumentation, weshalb Daten oft in Fließtextform statt in strukturierter Form vorliegen. Um letzteren Grund auszumerzen, wird intuitivere Software zur Dokumentation benötigt und/oder mehr Personal, wie es beispielsweise durch das Berufsbild des „Medical Scribes", die ausschließlich bei der Dokumentation unterstützen, in den USA umgesetzt wird [Bos19]. Um die entsprechenden technischen Grundlagen zu ermöglichen, werden im Folgenden Datenformate, Terminologien, Schnittstellen und existierende Softwarelösungen aufgeführt.

[17] Beispielsweise zur Einführung des sogenannten Mosaic Projekts bei dem die Gesundheitsdaten der Bevölkerung der allgemeinen Forschung zur Verfügung gestellt worden soll: https://www.timesofisrael.com/despite-privacy-concerns-israel-to-put-nations-medical-database-online/ (Letzter Zugriff: 27.11.2023)

2.3.1 Datenformate

Für die Standardisierung und Austauschbarkeit von digitalen medizinischen Daten werden Datenformate benötigt. Die bekannteste Organisation, die medizinische Datenformate entwickelt, ist die non-profit Organisation Health Level 7 (HL7)[18], welche bereits im Jahr 1987 gegründet worden ist. Die Ziele von HL7 sind es, ein umfassendes Framework und Standards für den Austausch, die Integration und das Teilen von digitalen Gesundheitsdaten zu entwickeln. Der Name von HL7 steht für das Anwendungslevel - auch bekannt als Open Systems Interconnection (OSI) - des International Organization for Standardization (ISO) Kommunikationsmodells. Die Schicht 7 im OSI Kommunikationsmodell ist die sogenannte Anwendungsschicht, welche die Kommunikation zwischen Anwendung und den unteren Schichten übernimmt. Hierdurch wird unterstrichen, dass HL7 die Kommunikation zwischen Anwendungen standardisiert. Der namensgleiche Standard HL7 dient zur Kommunikation zwischen verschiedenen Systemen, wie beispielsweise zwischen dem Krankenhausinformationssystem (KIS) und dem Picture Archiving and Communication System (PACS), das zur Speicherung von Bilddaten dient. So kann beispielsweise bei der Aufnahme von Patient:innen das KIS direkt die Stammdaten an das PACS übermitteln. Während die im Jahr 1989 eingeführte Version 2 sich hauptsächlich auf die Arbeitsabläufe im Krankenhaus fokussierte, hat Version 3 das Ziel, weitere Parteien des Gesundheitswesens (beispielsweise Labore) einzubinden [HL7a, HL7b]. Hier können auch klinische Dokumente wie Arztbriefe oder Laborbefunde dargestellt werden. Für Version 3 wird auch erstmals ein wohldefiniertes Datenformat mit Extensible Markup Language (XML) gewählt, um so die Kompatibilität mit weiteren Systemen sicherzustellen.

Der neuste Standard von HL7 ist der Fast Healthcare Interoperability Resources (FHIR)[19] Standard aus dem Jahr 2014, der auch quelloffen entwickelt wird. Für FHIR werden die Anforderungen moderner medizinischer Software berücksichtigt. So werden neben mehr und verschiedenen Datenformaten auch

[18] https://www.hl7.org (Letzter Zugriff: 27.11.2023)

[19] http://hl7.org/fhir/ (Letzter Zugriff: 27.11.2023)

Application Programming Interface (API) Spezifikation entwickelt. Des Weiteren berücksichtigt der Standard neben den maschinenlesbaren Formaten auch Felder für menschenlesbaren Text in allen relevanten Ressourcen. Der FHIR Standard besteht aus verschiedenen Ressourcen, die diverse Aspekte der Gesundheitsversorgung darstellen. Das Set an vordefinierten Ressourcen repräsentiert die alltäglichsten Elemente von medizinischen Einrichtungen. So existieren unter anderem Ressourcen für *Observations*, die medizinische Untersuchungen darstellen, oder *Encounter*, die den Besuch bei einer behandelnden Person abbilden. Die Ressourcen stehen auch in Relation zueinander. So ist beispielsweise jeder *Observation* eine zugehörige *Patient* Ressource zugeordnet.

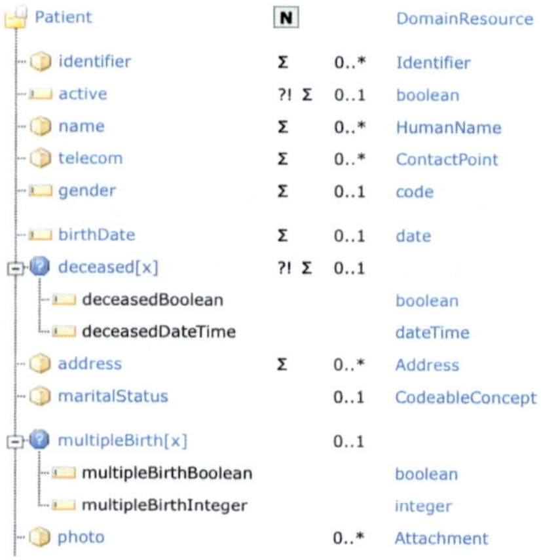

Abbildung 2.1: Ausschnitt aus FHIR Strukturdefinition der *Patient* Ressource (Quelle: https://www.hl7.org/fhir/patient.html)

Abbildung 2.1 zeigt die Strukturdefinition für eine FHIR Patienten Ressource. Anhand der Strukturdefinition ist zu sehen, welche Felder für die *Patient* Ressource definiert sind und in welcher Mächtigkeit und mit welchem Typen diese erwartet werden. Es werden unter anderem Felder wie Name oder Geburtsdatum und eine Menge von IDs definiert. Zusätzlich existiert für alle Ressourcen ein Coding Feld, in dem eine oder mehrere Codierungen, die der

Semantik der Ressource dienen, definiert werden. Ein Coding kann beispielsweise das Hinzufügen einer SNOMED-CT Codierung sein, um einen Befund medizinisch zu klassifizieren. Generell können hier auch flexibel Erweiterungen als Profile definiert werden, mit denen eine vordefinierte Ressource erweitert werden kann. Der *Patient* Ressource könnte damit eine Erweiterung zur Krankenversicherung (Tarif, Leistung und weitere Details) hinzugefügt werden. Durch Profile wird sichergestellt, dass jedes System alle Ressourcen lesen kann. Profile fügen Kontext hinzu, so dass die Felder korrekt interpretiert werden können. Mehrere FHIR Ressourcen können auch in einem Bundle zusammengefasst werden. Dies ist vor allem für den Austausch von FHIR Ressourcen sinnvoll, um mehrere Ressourcen zu bündeln oder um vollständige Akten von Patient:innen zu erstellen.

Nachdem FHIR das Austauschformat definiert, wird je nach Domäne noch ein entsprechendes Profil über das Coding hinaus benötigt, um die Semantik der Daten zu definieren. Speziell für das deutsche Gesundheitswesen werden von der Gematik und der Kassenärztliche Bundesvereinigung (KBV) die Medizinische Informationsobjekte (MIOs) definiert [Gem21b]. Die zuvor genannte Anwendungen wie der elektronische Mutterpass oder Impfausweis werden über MIOs definiert. Konkret lässt sich eine MIO in eine Informations- und eine Technikebene unterteilen. Abbildung 2.2 zeigt das MIO-Modell mit den zwei verschiedenen Ebenen. Initial steht auf der Informationsebene das MIO-Modell, das aus mindestens einem MIO-Element besteht. Hier werden Vorgaben für Inhalt und Struktur der Informationen innerhalb des MIO-Dokuments spezifiziert. Ein MIO-Dokument besteht wiederum aus einem oder mehreren MIO-Teildokumenten, die selbst aus mindestens einem MIO-Eintrag bestehen. Auf der technischen Ebene wird die MIO-Festlegung aus dem MIO-Modell abgeleitet. Hieraus werden eine oder mehrere MIO-Dateien definiert. Falls mehrere Dateien benötigt werden, werden diese in einer Ordnerstruktur zusammengefasst. Diese Struktur aus Dateien repräsentiert wiederum die Aspekte der MIO-Dokument, -Teildokumente und -Einträge aus der Informationsebene. Die MIO-Dateien werden auf technischer Ebene immer von FHIR-Bundles und einzelnen -Ressourcen implementiert, die entsprechende Syntax und Semantik besitzen.

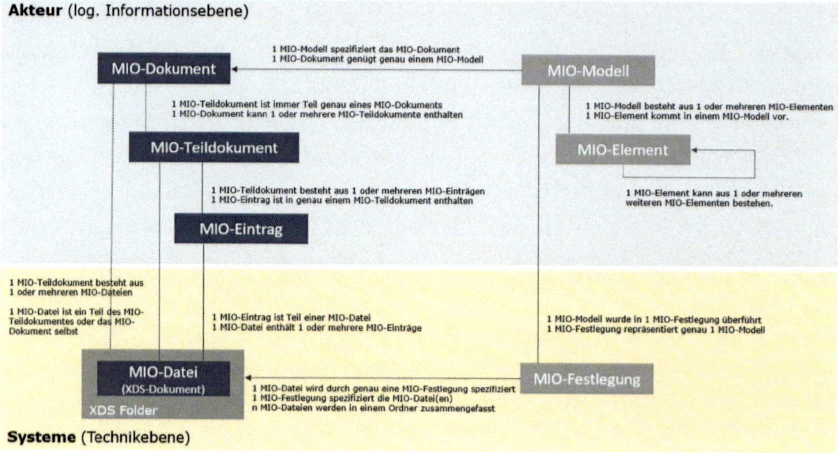

Abbildung 2.2: Schematische Darstellung des MIO-Modells mit zwei verschiedenen Ebenen (Quelle: [Gem21b])

Diese Übersicht der verschiedenen Datenformate und die nötigen Komponenten, die auch teils nationale Erweiterungen benötigen, soll die Komplexität der Thematik illustrieren. Es zeigt sich, dass Formate wie FHIR weitverbreitet sind, aber deren produktiver Einsatz viele weitere Konzepte auch von teils unterschiedlichen Akteuren benötigt.

2.3.2 Terminologien

Um medizinischen Daten eine einheitliche Semantik zu geben, sind Terminologien notwendig. Eine der am weitesten verbreiteten Terminologien ist International Statistical Classification of Diseases and Related Health Problems (ICD)[20], das von der WHO entwickelt wird. Der Zweck von ICD ist die Klassifizierung von medizinischen Diagnosen und Gesundheitsproblemen zu unter anderem statistischen Zwecken. Ein klassischer Anwendungsfall ist die Bestimmung der Sterblichkeit anhand in ICD codierter Diagnosen.

[20] https://www.who.int/standards/classifications/classification-of-diseases (Letzter Zugriff: 27.11.2023)

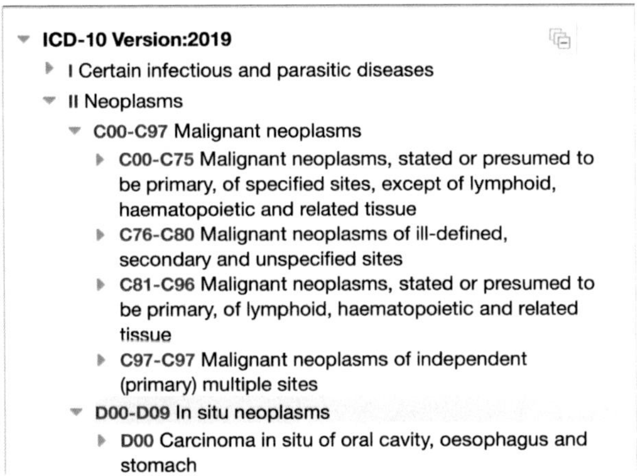

Abbildung 2.3: Ausschnitt aus der ICD-10 Klassifikation (Quelle: https://icd.who.int/browse10/2019/)

Die am meisten verwendete Version, ICD-10, wurde bereits 1994 eingeführt. Die Klassifikation wird regelmäßig überarbeitet und erweitert. Die prominenteste Erweiterung in jüngster Vergangenheit ist im Rahmen der COVID-19 Pandemie entstanden. Neben der Erweiterung von ICD-10 wird auch die nächste Version ICD-11 entwickelt. Diese Klassifizierung soll um bis zu 5-mal größer sein als ICD-10. Dennoch wird ICD-10 noch einen Zeitraum relevant bleiben, da die Einführung in den WHO Mitgliedstaaten ein mehrjähriger Prozess[21] sein wird. ICD-10 ist in 22 Kapitel unterteilt, die jeweils eine unbestimmte Anzahl an Codierungen für Krankheiten und Gesundheitsprobleme beinhaltet. Jedes Kapitel wird durch einen Großbuchstaben symbolisiert. Die Kapitel unterscheiden sich in verschiedene Krankheitstypen oder Regionen, die diese Krankheiten betreffen (zum Beispiel C für Neubildungen beziehungsweise bösartige Tumorerkrankungen). Insgesamt existieren mehr als 14.000 unterschiedliche ICD-10 Codes. Abbildung 2.3 zeigt einen Ausschnitt aus Kapitel 2 der Klassifikation mit der Unterteilung in die Buchstaben C und D und deren konkreten Befundungen. Typischerweise besteht ein Code aus

[21] https://www.bfarm.de/EN/Code-systems/Classifications/ICD/ICD-11/_node.html (Letzter Zugriff: 27.11.2023)

einem Buchstaben und drei Ziffern zur Klassifikation (beispielsweise C50.0). Verschiedene Mitgliedsländer der WHO besitzen auch eigene Erweiterungen, die sich in einer vierten Ziffer zeigen.

Eine weitere Terminologie ist Logical Observation Identifiers Names and Codes (LOINC)[22]. Hiermit werden hauptsächlich Untersuchungen und Testergebnisse aus Laboren und Kliniken kategorisiert. Diese zwei Bereiche werden auch explizit in LOINC abgebildet. Die Terminologie existiert seit 1994 und wird vom amerikanischen Regenstrief Institut gepflegt. LOINC erstellt einen einzigartigen 6-teiligen Namen für jede Befundung. Die erste Komponente gibt an, was gemessen oder beobachtet wird. An zweiter Stelle wird definiert, in welcher Einheit gemessen wird. Die dritte Stelle definiert den zeitlichen Kontext der Messung. Die Art der Probe wird durch die vierte Stelle festgesetzt. Die fünfte Komponente definiert den Typ der Messskala. Letztendlich zeigt Position 6 die Methode der Messung. Ebenso gibt es noch eine Prüfziffer für die LOINC-ID. Dadurch ergibt sich ein Format von 123456-7 für eine eindeutige Referenz auf einen LOINC-Code. Bisher existieren Übersetzungen von LOINC zu Deutsch, Englisch und Spanisch.

Die aktuell wohl fortgeschrittenste und umfangreichste Terminologie ist Systematized Nomenclature of Medicine Clinical Terms (SNOMED-CT)[23]. Das Grundprinzip von SNOMED-CT ist eine weltweit universelle, möglichst eindeutige und präzise Abbildung von klinischen Befundungen. Die Terminologie wird in einem regelmäßigen Intervall von sechs Monaten aktualisiert. Der Kern von SNOMED-CT ist englischsprachig, aber wird durch lokale Erweiterungen übersetzt. So wird seit 2020 durch das Bundesinstitut für Arzneimittel und Medizinprodukte (BfarM) an einer deutschen Übersetzung gearbeitet[24]. SNOMED-CT definiert mehr als 350.000 Konzepte allein in der englischen Variante und ist somit mehr als 25-mal größer als ICD-10. Grundlegend setzt sich SNOMED-CT aus drei Kernkomponenten zusammen: *Konzepte*, *Beschreibungen* und *Beziehungen*. Ein *Konzept* ist ein numerischer Code, der einen

[22] https://loinc.org (Letzter Zugriff: 27.11.2023)

[23] https://www.snomed.org/ (Letzter Zugriff: 27.11.2023)

[24] https://www.bfarm.de/DE/Kodiersysteme/Terminologien/SNOMED-CT/_node.html (Letzter Zugriff: 27.11.2023)

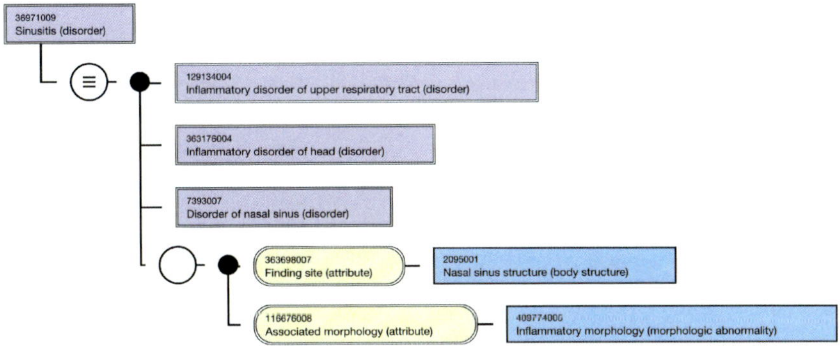

Abbildung 2.4: *Beziehungs*-Diagramm eines SNOMED-CT Konzepts (Quelle: https://browser.ihtsdotools.org/)

klinischen Begriff wie Sinusitis (SNOMED-CT Code: 36971009) hierarchisch organisiert. Innerhalb dieser Codes existieren textbasierte *Beschreibungen* des Begriffes. Von den *Beziehungen* gibt es verschiedene Art wie „assoziiert", „aufgrund von" oder „ist ein". Hierdurch können *Konzepte* und *Beschreibungen* in eine Art von *Beziehungen* gruppiert werden, die durch besondere Mengen dargestellt werden können.

Abbildung 2.4 zeigt ein *Beziehungs*-Diagramm in SNOMED-CT für den Fall einer Sinusitis, auch bekannt unter dem alltäglicheren Begriff einer Nasennebenhöhlenentzündung. Das Äquivalenz-Zeichen zeigt, dass die Begriffe, hier zum Beispiel Sinusitis und Entzündung der oberen Atemwege, gleich sind. Der gefüllte Kreis symbolisiert die assoziierten Beziehungen und verwandte Beziehungen werden durch den umrandeten Kreis dargestellt. Die Beziehungen in der Abbildung zeigen außerdem die Region des Befundes (hier die Nasennebenhöhlen). Durch den Aufbau komplexer Hierarchie lassen sich mit Hilfe von SNOMED-CT Befunde vielseitig kategorisieren. So können zum Beispiel Erkrankungen feingranular Körperregionen zugeordnet werden. Am Beispiel der Sinusitis und der Befundregion lässt sich die Hierarchie weiterbilden, in dem die Nasennebenhöhlen dem oberen Atemtrakt zugeordnet werden, diese dem Gesicht und damit der Kopfregion. So lässt sich die Körperregion detaillierter oder gröber unterteilen und ermöglicht eine umfassende Lokalisation von Befunden. Analog dienen die Beziehungen um Befunde in Kategorien wie

Erkrankung der Atemwegen (und weitere Generalisierungen davon) einzuordnen.

2.3.3 Schnittstellen

Zur Kommunikation und Austausch von medizinischen Daten werden auch wohldefinierte Schnittstellen benötigt. FHIR verwendet hierfür das Representational State Transfer (REST) Konzept, das auch für Webservices verwendet wird [Fie00]. Deshalb folgt FHIR auch den Grundprinzipien der REST Architektur. Diese fordert eine Client-Server-Architektur, bei denen der Server, in diesem Fall der FHIR Server, den Dienst einem Client bereitstellt. REST Nachrichten sind zustandslos. Das bedeutet, dass eine einzelne Anfrage alle Informationen beinhaltet, um diese zu verarbeiten und der Server keine Informationen zwischen zwei Nachrichten speichert. Überdies sollen Anfragen zwischengespeichert werden, um häufige Anfragen schneller zu verarbeiten. Zuletzt soll die Schnittstelle einheitlich und einfach zu nutzen sein. Für FHIR vereinfacht die REST Architektur die Handhabung, indem unabhängig vom System oder der verwendeten Software, dieselben Anfragen gestellt werden können. FHIR bildet zudem über das REST Prinzip eine umfangreiche Suchfunktion ab, die über REST Parameter verwirklicht wird. Im Allgemeinen lassen sich die meisten FHIR-Anfragen mit den REST Funktionen GET und POST abbilden. Über GET werden Ressourcen eines bestimmten Typen mit bestimmten Parametern angefordert. POST-Anfragen werden in der Regel zum Senden einer neuen Ressource an den Server verwendet.

Listing 2.1: Beispiel GET Anfrage an die FHIR-API

```
GET https://hapi.fhir.org/Patient?identifier=12345
```

Listing 2.1 zeigt eine exemplarische Anfrage um die *Patient* Ressource mit der ID 12345 von der FHIR API zu erhalten.

Während durch FHIR klinische Daten abgebildet werden können, existiert für Bilddaten der Digital Imaging and Communications in Medicine (DICOM)

Standard[25]. DICOM etabliert zwischen den PACS Systemen von verschiedenen Anbietern einen einheitlichen Austausch- und Kommunikationsstandard. Im Gegensatz zu FHIR, das auf moderne Webstandards wie REST setzt, ist DICOM historisch gewachsen und existiert seit den frühen 1980er-Jahren. DICOM gruppiert die Bilddaten in Studien, wie es auch dem klinischen Alltag entspricht. So existieren unter anderem selten Einzelbilder einer Magnetresonanztomographie (MRT) Untersuchung, sondern diese enthält Bildserien, die zusammengefügt ganze Bereiche der Untersuchung abdecken. Neben den Bilddaten enthält ein DICOM Objekt auch Metadaten wie den Namen, die ID und weitere Attribute mit Bezug auf die Untersuchung oder der betroffenen Patient:in. Analog zu FHIR werden Anfragen definiert, die dazu dienen, Daten zu erhalten oder um neue Daten zu einem System hinzuzufügen.

Neben den bisher erwähnten Schnittstellen gibt es eine Reihe proprietärer Systeme, mit denen auf Daten innerhalb eines bestimmten Ökosystems zugegriffen werden kann. Ein Beispiel dafür ist das Health[26] System von Apple. Spätestens mit der Einführung der Smartwatch Apple Watch sind Apple Systeme ein Sammelplatz verschiedenster Gesundheitsdaten geworden. So erfasst die Apple Watch in regelmäßigen Intervallen die Herzfrequenz der Träger:innen. Um Entwickler:innen und anderen Anbietern Zugriff auf diese Daten zu ermöglichen, existiert die Schnittstelle HealthKit[27]. HealthKit lässt sich in Dritthersteller Anwendungen einbinden, um auf die in iOS-Geräten gespeicherten Daten zuzugreifen. Über diese Schnittstelle werden auch Zugriffsrechtanfragen abstrahiert, so dass Nutzende stets die Zugriffe auf ihre Daten kontrollieren können. Ein weiteres ähnliches Beispiel innerhalb von Google Systemen wie Android ist Google Health Connect[28].

[25] https://www.dicomstandard.org (Letzter Zugriff: 27.11.2023)
[26] https://developer.apple.com/health-fitness/ (Letzter Zugriff: 27.11.2023)
[27] https://developer.apple.com/documentation/healthkit (Letzter Zugriff: 27.11.2023)
[28] https://developer.android.com/health-connect (Letzter Zugriff: 27.11.2023)

2.3.4 Existierende Software

Zu den grundlegenden E-Health Technologien gibt es eine Vielzahl an existierender Software. Diese Software ist zum größten Teil quelloffen, es existieren aber auch proprietäre Lösungen. Dieser Überblick soll lediglich existierende Implementierungen, der hier vorgestellten Technologien, zeigen.
Um das FHIR Datenformat sinnvoll nutzen zu können, ist ein FHIR Server unabdingbar. Ein FHIR Server implementiert die in Abschnitt 2.3.3 erwähnten REST Schnittstellen. In Kombination mit einer Datenbank können Ressourcen persistent gespeichert werden. Eine der populärsten Open-Source FHIR Server ist HAPI FHIR[29]. HAPI FHIR implementiert den FHIR Standard als Java Server Applikation. Neben der vollständigen Implementierung des Standards validiert der Server auch eingehende Ressourcen auf Konformität. HAPI bietet zusätzlich eine Implementierung mit einer eigenen relationalen Datenbank und Adaptern für populäre Datenbankformate wie mySQL. Als Erweiterung der REST Schnittstelle existiert ebenfalls ein Browser Interface um auf die Datenbank per graphischer Oberfläche zugreifen. Außer den quelloffenen Lösungen gibt es proprietäre FHIR Server. Eine Variante davon bietet Amazon mit der FHIR Works[30] Implementierung. Diese Implementierung ermöglicht eine direkte Integration von FHIR auf Amazon Webservices. FHIR Works soll die Abstraktionsschicht der Implementierungsdetails wie Datenbankanbindung vereinfachen und somit einen Fokus auf die Schnittstellen Nutzung ermöglichen.

Wie in Abschnitt 2.3.2 beschrieben ist SNOMED-CT eine sehr umfassende Technologie, die ohne technische Hilfsmittel praktisch nicht überschaubar ist. Hierfür werden SNOMED-CT Terminologie Server benötigt. Die offizielle quelloffene Implementierung ist Snowstorm[31]. Dieser Terminologie Server ermöglicht die Durchsuchung von SNOMED-CT mit verschiedenen nationalen Erweiterungen. Für die Anfragen wird eine eigene Anfragesprache

---

[29] https://hapifhir.io (Letzter Zugriff: 27.11.2023)
[30] https://aws.amazon.com/de/about-aws/whats-new/2020/12/introducing-fhir-works-on-aws/ (Letzter Zugriff: 27.11.2023)
[31] https://github.com/IHTSDO/snowstorm (Letzter Zugriff: 27.11.2023)

namens Expression Constraint Language (ECL)[32] definiert. ECL ermöglicht es zum Beispiel nach verschiedenen Stichworten einer möglichen Klassifizierung zu suchen. Darüber hinaus können die verschiedenen hierarchischen Beziehungen mit Hilfe von Snowstorm abgefragt werden. Snowstorm liefert auf Anfrage mit ECL die entsprechenden SNOMED-CT Codes.

2.4 Privatsphäre wahrende Technologien

Es existieren verschiedene Technologien, um private Daten nutzbar zu machen, aber gleichzeitig die Privatsphäre zu wahren. Diese werden auch Privacy Enhancing Technologies (PETs) genannt. Im Folgenden werden traditionelle Verfahren wie k-Anonymity und weitere Varianten davon, Differential Privacy und die private Erzeugung von synthetischen Daten beschrieben.

2.4.1 Traditionelle Verfahren

Die hier als traditionelle Verfahren beschriebenen Techniken basieren auf dem Konzept der Generalisierung und Unterdrückung von quasi-identifizierenden Daten. Zuerst gilt es Daten dafür in drei Arten zu unterteilen. Dies folgt dem Modell für k-Anonymity und l-Diversity [Swe02, Mac07]. Dort werden folgenden Datentypen definiert:

- **Identifizierende Daten:** Hierbei handelt es sich um Daten, mit denen sich die Identität zweifelsfrei zuordnen lässt. Dies kann ein Name oder auch eine eindeutige Identifikationsnummer sein.
- **Quasi-Identifizierende Daten:** Diese Daten können in Verknüpfung mit anderen Datenpunkten Rückschlüsse auf die zugehörige Person liefern. Solche Daten können etwa eine Postleitzahl, Geschlecht oder Alter einer Person sein.

[32] https://confluence.ihtsdotools.org/display/DOCECL (Letzter Zugriff: 27.11.2023)

- **Sensible Daten:** Daten einer zugehörigen Person, die schützenswerte und Privatsphäre kritische Informationen beinhalten wie eine konkrete Erkrankung.

Für die Forschung relevante Daten sind in der Regel die sensitiven Daten in Kombination mit quasi-identifizierenden Daten. Um die Privatsphäre für die Betroffenen sicherzustellen, gilt es die identifizierenden Daten zu entfernen. Darüber hinaus stellt k-Anonymity gemäß Sweeney nun folgende Anforderung an die Daten:

Definition 2.1 (k-Anonymity). *Ein Datensatz gilt als k-anonym, wenn es innerhalb jeder Äquivalenzklasse von quasi-identifizierenden Daten mindestens $k-1$ weitere Einträge gibt.*

Hierdurch wird verhindert, dass eine Person durch einfaches Raten und Hintergrundwissen zu quasi-identifizierenden Daten trivial re-identifiziert werden kann. Erreicht werden kann dies durch die zuvor erwähnten zwei Konzepte der Generalisierung und Unterdrückung von quasi-identifizierenden Daten. Diese können wie folgt angewendet werden:

- **Unterdrückung:** Bei der Unterdrückung werden quasi-identifizierende Attribute entfernt. Dies kann beispielsweise das Geschlecht von Personen innerhalb einer Datenbank sein, in der nur eine weibliche Person existiert.
- **Generalisierung:** Mit der Generalisierung werden quasi-identifizierende Daten von den präzisen Datenpunkten in eine allgemeinere Hierarchie überführt. Ein Beispiel ist dafür die Angabe in Altersbereiche oder Verallgemeinerung von Postleitzahlbereichen durch Entfernen der letzten Ziffern.

Abbildung 2.5 zeigt ein Anwendungsbeispiel für k-Anonymity. In Tabelle 2.5a wird die Ursprungstabelle dargestellt und Tabelle 2.5b zeigt die 3-anonyme Version. Um dies zu erreichen, wurde zuerst die Spalte Geschlecht unterdrückt, weil sich hierdurch keine sinnvollen Äquivalenzklassen herstellen lassen. Zur Umsetzung wird das Geschlecht durch ein Sternsymbol (*) ersetzt.

PLZ	Geb. Datum	Geschlecht	Befund
76332	23.10.1954	weiblich	COVID-19
76332	28.01.1981	männlich	Influenza
76131	12.12.1978	weiblich	Hypertonie
76185	31.01.1981	männlich	Sinusitis
65760	12.05.1991	männlich	Herpes Zoster
76131	23.09.1989	männlich	Meningitis
65760	04.02.1999	weiblich	Herpes Zoster
65760	08.15.1993	weiblich	Herpes Zoster

(a) Ursprungstabelle

PLZ	Geb. Datum	Geschlecht	Befund
76*	1954 - 1989	*	COVID-19
76*	1954 - 1989	*	Influenza
76*	1954 - 1989	*	Hypertonie
76*	1954 - 1989	*	Sinusitis
76*	1954 - 1989	*	Meningitis
65*	1991 - 1999	*	Herpes Zoster
65*	1991 - 1999	*	Herpes Zoster
65*	1991 - 1999	*	Herpes Zoster

(b) 3-anonyme Tabelle

Abbildung 2.5: Anwendungsbeispiel für k-Anonymity

Bei der Postleitzahl wurde auf die ersten zwei Stellen generalisiert. Für das Geburtsdatum wurde eine Generalisierung verwendet, die das Geburtsdatum in einen Zeitraum von Jahren einteilt. Dadurch entstehen zwei Äquivalenzklassen zum einen für den Postleitzahlbereich 76 und die Geburtsjahre 1954-1989 mit fünf Elementen und eine weitere Klasse für den PLZ-Bereich 65 mit den Geburtsjahren 1991-1999 und drei Elementen. Da k-Anonymity sich nach der kleinsten Äquivalenzklasse richtet, ist die Tabelle 2.5b die 3-anonyme Version von Tabelle 2.5a.

k-Anonymity ist eine gängige Technologie, die im medizinischen Forschungskontext verwendet wird. Verschiedene Publikationen zu dieser Thematik erachten Daten als ausreichend vor Re-identifizierung geschützt, falls ein Wert von $k = 3$, $k = 5$ oder auch $k = 11$ erreicht wird [Age17, Osw13]. Tabelle 2.5b zeigt allerdings auch eine Schwachstelle von k-Anonymity. Die zweite Äquivalenzklasse erfüllt zwar k-Anonymity allerdings besitzen alle Zeilen dasselbe sensitive Attribut. Somit reicht Hintergrundwissen über ein Individuum aus, dass das Geburtsjahr oder den Postleitzahlbereich beinhaltet, um das sensitive Attribut herauszufinden. Um diesen Angriffsvektor – auch Homogenitätsattacke genannt – abzuschwächen, existiert l-Diversity [Mac07]. l-Diversity definiert zusätzlich Anforderungen für die sensitiven Attribute innerhalb der Äquivalenzklassen, um zuvor erwähnte Attacken zu verhindern. Die intuitivste Anforderung ist die Forderung nach mindestens l unterschiedlichen Attributen.

Definition 2.2 (l-Diversity). *Ein Datensatz gilt als l-divers, wenn innerhalb der Äquivalenzklassen einer k-anonymen Tabelle mindestens l verschiedene sensitive Attribute existieren.*

Es gilt festzustellen, dass diese Definition lediglich eine vereinfachte Variante der Definition von Entropy l-Diversity aus der Ursprungsveröffentlichung ist. Es existieren noch weitere Definitionen, die auch die Häufigkeit des Auftretens eines sensitiven Attributes begrenzen. Die vertiefte Betrachtung soll allerdings nicht Gegenstand dieser Dissertation sein.
Neben l-Diversity existieren noch weitere Definitionen wie δ-Presence oder t-Closeness, bei dem ein maximaler Unterschied über ein Distanzmaß zwischen den sensitiven Attributen gefordert wird. Eine Kritik an all diesen Definitionen ist, dass das Erreichen der geforderten Werte durch Unterdrückung und Generalisierung nicht trivial ist. So kann durch eine zu schwache Generalisierungshierarchie eine Re-Identifizierung begünstigt werden. Überdies ist die Erstellung einer solchen Hierarchie nur schwer zu automatisieren und benötigt Domänenwissen. Ein weiteres Problem ist, dass die Definitionen nur begrenzten Schutz gegenüber Angreifenden mit Hintergrundwissen bieten. Falls Angreifende ein Opfer zweifelsfrei einer Äquivalenzklasse zuordnen können, so lernen diese auch etwas über mögliche sensitive Attribute, was bereits ein Privatsphäre relevantes Merkmal ist.

2.4.2 Differential Privacy

Die Definition von Differential Privacy (DP) wurde im Jahr 2006 von Cynthia Dwork eingeführt [Dwo06]. Ziel von DP ist eine Privatsphäre Garantie, die unabhängig ist von möglichem Hintergrundwissen von Angreifenden. Um DP zu erreichen, wird Rauschen auf die Daten gelegt, um diese entsprechend zu verfremden. In der Gesamtheit aller Datenpunkte gleicht sich dieses Rauschen zu einem gewissen Grad aus, der einzelne Datenpunkt ist aber so verfremdet, dass die Ursprungsdaten nicht mehr rekonstruiert werden können. Die Definition lautet wie folgt:

Definition 2.3 (ϵ-Differential Privacy). *Ein randomisierter Algorithmus $\mathcal{K}$ ist ϵ-differential private, falls für alle $\mathcal{S} \subseteq Bild(\mathcal{K})$ und für zwei Datensätze D_1 und D_2, die sich um maximal ein Element unterscheiden, das folgende gilt:*

$$Pr[\mathcal{K}(D_1) \in \mathcal{S}] \leq e^{\epsilon} \cdot Pr[\mathcal{K}(D_2) \in \mathcal{S}]$$

Hiermit soll ausgedrückt werden, dass es für das Ergebnis durch die Anwendung von $\mathcal{K}$ auf einen Datensatz lediglich einen zu vernachlässigenden Unterschied (kleiner als e^{ϵ}) macht, ob ein Element in dem Datensatz ist oder nicht. Dies ergibt sich durch den Unterschied um lediglich maximal e^{ϵ}. Das heißt, dass es für die Privatsphäre eines Individuums keine Rolle spielt, ob dessen Daten im Datensatz sind. Die Wahl für das auch Privacy Budget genannte ϵ ist nicht trivial. Ein kleines ϵ führt zu einer hohen Privatsphäre Garantie, aber fügt viel Rauschen auf die Daten hinzu, so dass die Nutzbarkeit sinkt. Ein großes ϵ steigert die Nutzbarkeit der Daten, verfremdet die Daten allerdings weniger. Diese Eigenschaft wird auch *Privacy-Utility-Trade-Off* genannt. In der Literatur werden verschiedene ϵ Werte empfohlen [Lee11, Kar19]. Entscheidend ist vor allem der Anwendungsfall und welcher *Privacy-Utility-Trade-Off* vertretbar ist.
Es existieren verschiedene Mechanismen $\mathcal{K}$, die zum Erreichen von DP eingesetzt werden können. Eine häufig verwendete Variante ist der Laplace-Mechanismus. Für diesen muss zuerst die Sensitivität eingeführt werden, die die Abhängigkeit eines Anfrageergebnisses von einem Datenpunkt angibt.

Definition 2.4 (Sensitivität). *Für eine Menge von Datensätzen $\mathcal{D}$ und einer natürlichen Zahl d ist die Sensitivität Δf einer Funktion $f : \mathcal{D} \rightarrow \mathbb{R}^d$ definiert als:*

$$\Delta f = max||f(D_1) - f(D_2)||_1$$

wobei sich D_1 und D_2 in maximal einem Element unterscheiden und $||\cdot||_1$ die ℓ_1 Norm ist.

Der Laplace Mechanismus addiert Rauschen in der Form der Laplace Verteilung. Die Dichtefunktion dieser Verteilung ist:

$$g(x) = \frac{1}{2\sigma} e^{(-\frac{|x-\mu|}{\sigma})}$$

wobei $\sigma > 0$ der Skalenparameter und $\mu \in \mathbb{R}$ der Lageparameter ist. Für eine Datenbank X verrauscht der Laplace Mechanismus die Anfrage zu $f(X) + (Y_1,...,Y_k)$, also wird ein Zufallswert aus der Laplace Verteilung mit $Y_i \sim \text{Laplace}(\Delta f/\epsilon)$ mit Lageparameter $\mu = 0$ addiert.

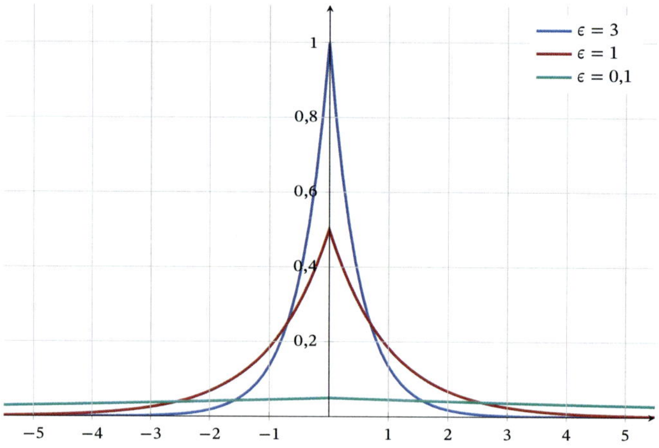

Abbildung 2.6: Visualisierung einer Laplace-Verteilung mit $\sigma = \frac{1}{\epsilon}$

Abbildung 2.6 zeigt eine Visualisierung einer Laplace-Verteilung mit $\sigma = \frac{1}{\epsilon}$ für ϵ Werte 0, 1, 1 und 2. Dies zeigt auch, dass je größer ϵ ist, umso spitzer verläuft die Verteilung, wodurch auch der Wert des Rauschens häufiger in kleineren und begrenzteren Wertebereich landet. Für ein kleines ϵ gleicht sich der Wertebereich annähernd 0 an. Dadurch erreicht das Rauschen mit höherer Wahrscheinlichkeit auch größere Werte.

Ein weiterer Mechanismus ist die Randomized Response. Diese lässt sich auch durch einen klassischen Münzwurf von Teilnehmenden im Rahmen einer Ja/Nein-Befragung beschreiben. Hierbei werfen die Teilnehmenden eine Münze und antwortet bei Kopf wahrheitsgemäß. Fällt die Münze auf Zahl, so wird der Münzwurf erneut durchgeführt und die Teilnehmenden antworten gemäß dem Resultat mit Ja(=Kopf) oder Nein(=Zahl) unabhängig von der wahren Antwort. Durch diesen Vorgang kann nicht unterschieden werden, ob Teilnehmende wahrheitsgemäß geantwortet haben, allerdings nähert sich die Verteilung mit ausreichender Teilnehmendenzahl statistisch dem echten Ergebnis an. Für die Anwendung im Kontext von Differential Privacy werden abhängig von ϵ verschiedene Wahrscheinlichkeiten für die Veränderung der Daten bestimmt.

Mit (ϵ,δ)-DP existiert eine Abschwächung der ursprünglichen ϵ-DP Definition. Diese besagt, dass ein Nichteinhalten der ϵ-DP Definition bis zu einem gewissen Grad δ toleriert wird.

Definition 2.5 (ϵ,δ)–Differential Privacy). *Ein Algorithmus $\mathcal{K}$ ist (ϵ,δ)–differential private, falls für alle $\mathcal{S} \subseteq Bild(\mathcal{K})$ und zwei Datensätze D_1 und D_2 existieren, die sich um maximal ein Element unterscheiden, das folgende gilt:*

$$Pr[\mathcal{K}(D_1) \in \mathcal{S}] \leq e^{\epsilon} \cdot Pr[\mathcal{K}(D_2) \in \mathcal{S}] + \delta$$

Wobei $0 \leq \delta \leq 1$ *gilt.*

Neben der Abschwächung der Definition gibt es noch weitere Varianten, bei denen es hauptsächlich um den Zeitpunkt der Anwendung des DP-Mechanismus geht. So wird zwischen Local- und Central-DP unterschieden. Bei Central-DP existieren alle Daten einer Datenbank D an einem zentralen vertrauenswürdigen Ort. Falls nun Daten freigegeben werden sollen, so führt diese Instanz den Mechanismus und den *differential-private Release* an zentraler Stelle durch. In diesem Fall müssen Betroffenen, die ihre Daten zur Verfügung stellen, Vertrauen zu der zentralen Instanz haben, da diese die Ursprungsdaten kennt. In bestimmten Fällen kann es von Vorteil sein, wenn auch an zentraler Stelle keine unverrauschten Daten vorhanden sind. Dies wird durch die Anwendung von Local-DP erreicht. Im Unterschied zu Central-DP wird in diesem Fall das Rauschen auf die Daten vor der Veröffentlichung an eine dritte Partei gelegt. Somit sind die Ursprungsdaten nur bei den Betroffenen vorhanden und es ist kein tiefergehendes Vertrauen gegenüber der Stelle, an die die Daten gesendet werden, nötig.

Auch in der Praxis wird DP immer häufiger eingesetzt. So verwendete Google in einer älteren Version des Browsers Chrome DP um die Nutzung von APIs zu messen [Erl14]. Apple verwendet DP[33] um Daten Privatsphäre wahrend zu sammeln und damit bestimmte Betriebssystemfunktionen zu verbessern. Als Beispiele werden Tastaturtextvorschläge oder Analysedaten genannt. Ein weiteres Beispiel, bei dem DP im Rahmen eines großen Vorhabens angewendet worden ist, ist der US Census im Jahr 2020. Das Handelsministerium der Vereinigten Staaten bezeichnet den Census 2020 in Kombination mit DP als „*world's first large-scale application of a new privacy system*"[34]. Im Rahmen des Census wurde DP verwendet, um innerhalb der kleinsten geographischen Einheit, einem so genannten Census Block, Rauschen auf die tatsächlichen Zahlen, beispielsweise der Anzahl an Personen, die einer bestimmten Ethnie angehören, hinzufügen[35]. Auch weitere große Techfirmen wie Meta[36] oder Microsoft[37] setzen DP in der Praxis ein.

2.4.3 Synthetische Datenerzeugung

Eine weitere Privatisierungstechnik ist die Erzeugung von synthetischen Daten. Diese Technologie verspricht aus bestehenden privaten Datensätzen neue Datensätze mit denselben Attributen, aber ohne deren Personenbezug zu besitzen, zu erstellen. Die ersten Ansätze für die synthetische Datenerzeugung basierte auf der Verwendung von statistischen Eigenschaften [Rub93]. Neuere Technologien profitieren von den Fortschritten im maschinellen Lernen und

[33] https://www.apple.com/privacy/docs/Differential_Privacy_Overview.pdf (Letzter Zugriff: 27.11.2023)

[34] https://www.census.gov/library/visualizations/2019/comm/history-privacy-protection.html (Letzter Zugriff: 27.11.2023)

[35] https://www2.census.gov/library/publications/decennial/2020/2020-census-disclosure-avoidance-handbook.pdf (Letzter Zugriff: 27.11.2023)

[36] https://research.facebook.com/blog/2020/2/new-privacy-protected-facebook-data-for-independent-research-on-social-medias-impact-on-democracy/ (Letzter Zugriff: 27.11.2023)

[37] https://blogs.microsoft.com/ai-for-business/differential-privacy/ (Letzter Zugriff: 27.11.2023)

verwenden Konzepte aus dieser Domäne. So existieren Varianten, die auf Variational Autoencoders (VAEs) basieren und damit einen Trainingsdatensatz lernen [Li19]. Um die Privatsphäre zu schützen, wird die Lerngenauigkeit begrenzt, so dass keine privaten/echten Attribute beispielsweise durch Overfitting gelernt werden. Ebenso fokussieren sich die aktuellen Verfahren auf generative Modelle und Generative Adversarial Networks (GAN) basierte Ansätzen. Bei diesen Verfahren werden zwei Netzwerke im wechselseitigen Spiel verwendet. Eines der Netzwerke generiert auf Basis eines Trainingsdatensatzes neue synthetische Daten (auch Generator Netz genannt) und das andere Netzwerk bewertet, ob die Daten echt oder synthetisch sind (Diskriminator Netz). Dieser Prozess wird so lange wiederholt, bis das Diskriminator Netz nicht mehr zwischen echten und synthetischen Daten unterscheiden kann. Der häufigste Anwendungsfall für diese Verfahren ist die Erzeugung synthetischer Bilder (siehe Deep-Fakes). Es existieren allerdings auch Umsetzungen für tabellarische oder textbasierte Daten. Um eine nachweisbare Privatsphäre Garantie zu erhalten, implementieren viele Verfahren zusätzlich DP in ihren Datenerzeugungsprozess.

Bekannte Verfahren für die Erzeugung von synthetischen Daten sind Multiplicative Weights Exponential Mechanism (MWEM), DP-CTGAN und PATE-CTGAN. Diese drei Verfahren werden auch in dem populären SmartNoise[38] Framework von Microsoft implementiert. Das Histogramm-basierte Verfahren MWEM erzeugt eine Schätzung der Datenverteilung [Har12]. In jeder Iteration wird die schlechteste Schätzung durch den exponentiellen Mechanismus bestimmt. Die Genauigkeit wird anschließend durch den Multiplicative Weight Aktualisierungsmechanismus verbessert. Durch diesen Prozess wird ein Datensatz erzeugt, der der originalen Verteilung entspricht.

DP-CTGAN nutz das Conditional Tabular GAN (CTGAN) Verfahren von Xiu et al. als Grundlage [Ros20, Xu19]. Mit CTGAN können durch ein Generator Netzwerk Daten generiert werden, die auf Basis von einer Klassenverteilung gewichtet werden. Diese erzeugten Daten werden dann, wie im GAN Verfahren üblich, an einen Diskriminator übergeben und dessen Feedback wird wieder in das erzeugende Netz eingespeist. Das Feedback in Form von Gewichten

[38] https://smartnoise.org (Letzter Zugriff: 27.11.2023)

ist die Stelle an denen das DP-CTGAN DP auf die Gewichte anwendet, um die ursprünglichen Daten zu schützen.
Das Letzte der drei hier vorgestellten Verfahren ist PATE-CTGAN [Ros20]. Wie DP-CTGAN basiert das Verfahren auf dem CTGAN Ansatz. Allerdings wird hier zusätzlich die Private Teacher Ensemble (PATE) Architektur verwendet [Pap18]. Für diese werden die Eingabedaten in mehrere Gruppen eingeteilt. Pro Datengruppe trainiert ein Teacher Netz Klassifikationen, auch Labels genannt, für die Daten. In diesem Prozess wird ebenfalls DP durch Rauschen auf die Klassifikationen angewendet. Die verrauschten Labels werden dann an ein Student Netz übergeben, um auf deren Basis die synthetischen Daten zu erstellen.

2.5 Weitere technische Grundlagen

Neben den E-Health spezifischen Technologien und den Privatsphäre wahrenden Technologien ist die Zugriffskontrolle als weitere technische Grundlage relevant im Rahmen dieser Dissertation.

2.5.1 Zugriffskontrolle

Zugriffskontrolle oder auch Autorisierung wird gemäß Requests for Comments (RFC) 2916 als „*Vorgang eines Prozesses, beziehungsweise in letzter Konsequenz eines Nutzendens, bestimmte Privilegien zu erlangen*" bezeichnet [Fra]. Im Gegensatz zu Authentifizierung wird bei der Zugriffskontrolle nicht geprüft, ob Nutzende Zugriff auf ein System haben, sondern ob authentifiziert Nutzende Zugriff auf bestimmte Ressourcen eines Systems haben. Diese Zugriffsrechte können vielfältig abgebildet werden. Der klassischste Ansatz ist die Umsetzung mit Access Control Lists (ACLs), die eine Liste von Ressourcen und welche Nutzende auf diese Zugriff haben, darstellt. Weiterhin gibt es beispielsweise rollenbasierte Konzepte, bei denen Ressourcen eine bestimmte Rolle, die Nutzende für den Zugriff besitzen müssen, definieren. Mit Attribute-based Access Control (ABAC) existiert ein Modell, das all die vorherigen Techniken abbilden kann [Hu15].

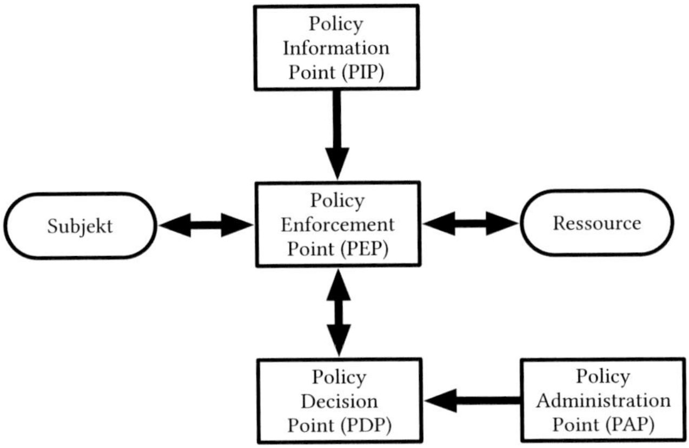

Abbildung 2.7: Schematische Darstellung der eXtensible Access Control Markup Language (XACML) Architektur

Hierfür besitzen Nutzende und Ressourcen zusätzliche Attribute, die Zugriffsbedingungen darstellen können. Diese Bedingungen, auch Policies genannt, können beliebig trivial (Eintrag in Zugriffskontrollliste) oder komplexer (Abfrage bestimmter Eigenschaften durch Attribute) sein. Eine Implementierung von ABAC ist XACML. Bei XACML handelt es sich um ein XML-Schema zur Beschreibung von ABAC Richtlinien. Es wird vom Organization for the Advancement of Structured Information Standards (OASIS)-Konsortium entwickelt und ist eine der Referenzumsetzungen für ABAC aufgrund der Standardisierung der Architektur, der verteilten Nutzung und der Erweiterbarkeit des Modells.
Die Architektur basiert auf dem RFC 3918 und besteht im Grundsätzlichen aus vier Instanzen, mit denen das anfragende Subjekt bei der Anfrage nach einer Ressource interagiert [Net].

Abbildung 2.7 zeigt eine schematische Darstellung der Architektur. Die Anfrage wird vom Subjekt an den Policy Enforcement Point (PEP) gestellt, der auf Grundlage der Attribute von Subjekten und Ressource einen Anfrage-Kontext erstellt. Dieser Kontext kann vom Policy Information Point (PIP) mit zusätzlichen Attributen, die beispielsweise auch den Systemzustand betreffen können (Uhrzeit, Datum, etc.), angereichert werden. Der Kontext dient dann dazu, im Policy Decision Point (PDP) auf Basis von bereits vorhanden Richtlinien ausgewertet zu werden. Die Richtlinien erhält der PDP vom Policy Administration Point (PAP). Der PDP trifft die finale Zugriffsentscheidung, die dann vom PEP mit dem Gewähren oder Verweigern des Zugriffes auf eine Ressource umgesetzt wird. Die Richtlinien, auch *Policies* genannt, basieren auf einem Modell, das die Definition der Richtlinien auf verschiedenen Ebenen ermöglicht. Generell besteht eine Richtlinie aus einer Menge von *Policies* die anhand einer Kombinationsregel kombiniert werden (Kombinationsregeln funktionieren nach dem Schema „*Eine erfüllte Policy ermöglicht Zugriff*" oder „*Eine nicht erfüllte Policy führt zur Verweigerung*"). Innerhalb einer *Policy* existieren eine oder mehrere *Regeln*, die analog zu den *Policies* kombiniert werden. Eine *Regel* kann eine boolesche Auswertung mit einer Reihe von vordefinierten Funktionen auf den vorliegenden Attributen vornehmen. Die Auswertung kann positiv oder negativ ausfallen und wird dann entsprechend kombiniert. Durch diese Flexibilität lassen sich durch XACML komplexe Regeln beschreiben, die für einen Ressourcenzugriff erfüllt sein müssen. Dadurch eignet sich XACML auch für die im weiteren Verlauf der Dissertation vorgestellten Verfahren wie die dynamische Einwilligung in Kapitel 6.

3 Verwandte Arbeiten

Um die Beiträge dieser Dissertation einzuordnen, wird im Folgenden ein Überblick von verwandten Arbeiten geboten. Diese lassen sich in vier Kategorien gruppieren. Zuerst wird Literatur zu medizinischen Forschungsplattformen dargestellt. Im Folgenden wird der Forschungsstand zur Thematik des Einwilligungsmanagements gezeigt. Darüber hinaus wird die Literaturrecherche zum Einsatz von PETs in der Medizin vorgestellt und Arbeiten, die sich auf die rechtlichen Komponenten des Forschungsstandes fokussieren, analysiert. Die vorgestellten Kategorien an verwandten Arbeiten werden außerdem hinsichtlich der in Kapitel 1.1 definierten Teilziele bewertet.

3.1 Forschungsplattformen

Es gibt eine Reihe an verwandten Arbeiten, welche die Konzepte für Forschungsplattformen oder ähnliche Projekte behandeln. Dieser Überblick soll verwandte Projekte, wie die in **TZ.4** geforderte datenschutzzentrierte Forschungsplattform, darstellen und mögliche Erweiterungen dieser Konzepte aufzeigen.

Eine Publikation von Ciceri und Weiteren führt das PAPAYA Projekt ein [Cic19]. PAPAYA steht für „Platform for Privacy Preserving Data Analytics“ und fokussiert sich auf eine Privatsphäre wahrende Schnittstelle für medizinische Daten, um neuronale Netze Privatsphäre wahrend zu trainieren. Bei dem Ansatz werden kryptographische Verfahren wie Verschlüsselung, funktionale Verschlüsselung, Secure Multi Party Computation und DP kombiniert. Die neuronalen Netze werden aus verschiedenen Datenquellen trainiert, wobei die Trainingsdaten nach dem Training gelöscht werden. Der vorliegende Artikel zeigt, dass der Einsatz von Technologien wie DP vielversprechend ist.

Ein Projekt aus dem deutschsprachigen Raum wird in „*MOSAIC - A Modular Approach to Data Management in Epidemiological Studies*“ von Bialke und Kolleg:innen beschrieben [Bia15]. Diese Plattform verwendet eine studienspezifische Pseudonymisierung und nutzt eine spezielle beschränkte Schnittstelle, über die Dritte Zugriff auf die Daten erhalten können. MOSAIC etabliert auch einen Rückkanal für die Forschungsalgorithmen, der bei herkömmlichen Studien organisatorisch häufig kompliziert ist. Hierdurch können Erkenntnisse zurück in den Datensatz fließen und auch individuelle Befundungen zu einzelnen Betroffenen gemeldet werden.
Mit der Mainzelliste stellen die Autoren Lablans, Borg und Ückert eine Schnittstelle zur Pseudonymisierung und Zusammenführung von Daten aus unterschiedlichen Quellen vor [Lab15]. Um aus verschiedenen Quellen Daten unter einem gemeinsamen Pseudonym zusammenführen zu können, ordnet die Mainzelliste den identifizierenden Daten ein festes Pseudonym zu. Da bei multizentrischer Datenhaltung häufig kleinere Fehler oder Ungenauigkeiten in den identifizierenden Stammdaten auftreten, werden hier zusätzliche Normalisierungsverfahren verwendet, um etwa Tippfehler auszugleichen. Die Plattform bietet standardisierte REST-Schnittstellen, um in bestehende Systeme integriert werden zu können.
Eine weitere Software zum Anonymisieren von Daten, die auch als Grundlage für eine Forschungsplattform verwendet werden kann, ist das ARX-Projekt [Pra20]. Die Software bietet eine Reihe von Anonymisierungsverfahren wie k-Anonymity, l-diversity oder DP auf Datensätzen. Zusätzlich kann nach der Privatisierung der Datensätze durch verschiedene Metriken der *Privacy-Utility-Trade-Off* berechnet werden. Ebenso existieren weitere Metriken auf Basis diverser Angreifenden Modelle, um die Re-Identifizierungswahrscheinlichkeit in einem Datensatz zu bemessen.
Die hier vorgestellten Studien zeigen, dass es auf konzeptioneller Ebene verschiedene Entwürfe für Privatsphäre wahrende Forschungsplattformen gibt, diese allerdings in der Regel nicht im Detail als komplettes System ausdefiniert sind. Daneben existieren Teilaspekte für Anonymisierungstechniken, die als Komponenten in einem umfassenderen Konzept verwendet werden können. Die in **TZ.4** geforderte Forschungsplattform soll die Teilaspekte und Konzeptionen der vorliegenden Arbeiten aufgreifen.

3.2 Einwilligungsmanagement

Die verwandten Arbeiten zur Thematik des Einwilligungsmanagements lassen sich zwei Schwerpunkten zuordnen. Zum einen in Arbeiten, die sich mit den technischen Aspekten des Einwilligungsmanagements beschäftigen und zum anderen in Arbeiten, die Verfahren für die Messung des Privatsphärerisikos durch die Nutzung medizinischer Daten beschreiben.

3.2.1 Technisches Einwilligungsmanagement

Der Themenbereich des technischen Einwilligungsmanagements lässt sich der Erfüllung von **TZ.1**, der Umsetzung von digitalen Einwilligungen, zuordnen.
Innerhalb dieses Feldes beschäftigen sich Heinze und Kolleg:innen mit dem Konzept von Basic Patient Privacy Consent (BPPC), um Einwilligungsdokumente zu digitalisieren und zu überprüfen [Hei11]. Die Integration in bestehende Krankenhaussysteme wird durch die HL7 Standards realisiert. In der Publikation wird XACML für eine Implementierung motiviert, aber die Umsetzung nicht genauer beschrieben. Neben der Limitierung auf nicht feingranulare Einwilligungen durch die Verwendung von BPPC, fokussiert sich dieser Ansatz auch auf die Primärversorgung zum Austausch zwischen Krankenhäusern und nicht auf die sekundäre Nutzung wie Forschung.
Ein dediziertes System namens Generic Informed Consent Service (gICS) zur Verwaltung von digitalisierten Einwilligungen wird in einer Publikation von Bialke et al. eingeführt [Bia18]. Es gilt festzustellen, dass der Zweck gICS lediglich dazu dient, papierbasierte Einwilligungen zu digitalisieren. Ferner ist keine automatisierte Freigabe mit einer angebundenen Datenbank vorgesehen und somit sind weitere manuelle Auswertungen nötig. Das System ist als Webanwendung verfügbar, die auch verwendet werden kann, um Einwilligungsformulare zu erstellen oder anzupassen.
Die Weiterentwicklung von BPPC zu Advanced Patient Privacy Consent (APPC) wird in der Veröffentlichung von Schreiweiß et al. untersucht [Sch18]. Im Vergleich zu BPPC wird für APPC explizit ABAC durch XACML

implementiert, um feingranulare Einwilligungen zu ermöglichen. Die Verfassenden stellen fest, dass durch APPC eine informierte Einwilligung für Patient:innen umgesetzt werden kann, zeigen aber keine konkrete Implementierung.

In „*Managing the Privacy and Security of eHealth Data*“ von Soceanu et al. wird ebenfalls der Einsatz von XACML vorgeschlagen [Soc15]. Hier soll die Technologie dazu dienen, für persönliche medizinische Daten Zugriffsrechte gegenüber verschiedenen Nutzer:innen wie Ärzt:innen oder Krankenpflegepersonal zu realisieren. Weiterhin wird angemerkt, dass der ABAC Ansatz einem rollenbasierten Verfahren zu bevorzugen ist, da auch Zugriffsentscheidungen für spezifische Ressourcen durchgeführt werden sollten.

Der Stand zwischen 2010 und 2019 wird auch in einem Review Paper zu elektronischen Einwilligungen von den Verreydt und Kolleg:innen analysiert [Ver21]. Die Analyse umfasst 31 Publikationen zu digitalen Einwilligungen und fokussiert sich auf Sicherheits- und Datenschutzanforderungen. Die Autor:innen stellen fest, dass es bezüglich dieser Anforderungen bisher keinen Konsens gibt und zukünftige Systeme einen solchen gemeinsamen Standard etablieren sollten. Aus Implementierungssicht stimmt die Ansicht der Autor:innen mit den Erkenntnissen aus dieser Dissertation überein und stellt fest, dass die XACML Technologie häufig genannt und deshalb besonders geeignet für die Umsetzung von Richtlinien aus digitalen Einwilligungen erscheint.

Neben der reinen Digitalisierung und Auswertung von Einwilligungen existieren Arbeiten, die Konzepte von dynamischen Einwilligungen detaillierter behandeln. Für diese werden hauptsächlich Blockchain basierte Technologien verwendet. Beispiele dafür sind die Arbeiten von Mamo et al. zur Umsetzung eines Webportals für die maltesische Biobank oder die Publikation mit dem Titel „*Patient Consent Management by a Purpose-Based Consent Model for Electronic Health Record Based on Blockchain Technology*“, die Einwilligungen mit rollenbasierten Zugriffsrechten in einer Blockchain ablegt [Mam20, Tit20]. Beide Arbeiten stellen allerdings keine Vorteile durch die Verwendung der Blockchain dar, weshalb aufgrund des zusätzlichen Rechen- und Verwaltungsaufwands vom Einsatz im Rahmen dieser Dissertation abgesehen wird.

Eine weitere technische Frage ist die Gestaltung der Oberfläche zur Bedienung und Interaktion mit digitalen Einwilligungen. Hierzu haben Ramos und Kolleg:innen eine Studie durchgeführt [Ram17]. Im Rahmen der Studie wurde eine Tablet-Nutzeroberfläche für Einwilligungserklärungen erstellt. Die Nutzbarkeit dieser wurde während der Entwicklung mit fünf Patient:innen evaluiert, nach Fertigstellung der Oberfläche mit 20 echten Patient:innen getestet und mit papierbasierten Einwilligungen verglichen. Die Ergebnisse zeigen, dass die Proband:innen das digitale System bevorzugen, aber gleichzeitig das Gefühl hatten, dieses bisher nicht vollständig zu verstehen. Dies unterstreicht die Relevanz von Nutzendenstudien zu entsprechenden Systemen. Zu einem ähnlichen Ergebnis kamen Robins et al. bei der Evaluierung eines Nutzerinterfaces für Einwilligungen mit Videoerklärungen für eine Biobank [Rob20b]. Die Auswertung mit dem für Nutzendenstudien etablierten System Usability Scale (SUS) erzielt einen guten Wert mit 84,4 von 100 Punkten. Eine andere Studie von Iwaya und Weiteren unterstreicht die positive Akzeptanz bei der Nutzung digitaler Systeme für Einwilligungen [Iwa19].

Insgesamt gibt es eine Vielzahl an existierenden Arbeiten zu den technischen Aspekten von Einwilligungssystemen bezüglich Implementierung, Art der Einwilligung und Gebrauchstauglichkeit der Systeme. Während alle Arbeiten die Vorteile von digitalen Einwilligungen aufzeigen, zeigt keine der genannten Arbeiten ein komplettes System oder Format, das eine automatische dynamische Einwilligungsauswertung ermöglicht, die gleichzeitig den Betroffenen die volle Kontrolle über deren Daten ermöglicht, wie für **TZ.1** vorausgesetzt.

3.2.2 Messung des Privatsphärerisikos

Es existieren Arbeiten zur Messung des Privatsphärerisikos, die potenzielle Re-Identifkations Attacken und der Bestimmung des Privatsphärerisikos beim Teilen von Daten behandeln. Diese Arbeiten sind für **TZ.2**, der Bewertung des Privatsphäreeinflusses von Datenfreigaben relevant.

Ein Beispiel dafür ist die Arbeit von Deusser und Kolleg:innen namens „*Browsing Unicity: On the Limits of Anonymizing Web Tracking Data*" [Deu20]. Die

Arbeit zeigt die Schwierigkeit unverknüpfbare Trackingdaten im Internet durch das Anwenden von Generalisierungsverfahren zu erzeugen und dabei gleichzeitig die Nutzbarkeit zu erhalten. Darüber hinaus zeigt sich, dass Generalisierung allein häufig nicht ausreichend für eine effektive Anonymisierung ist, da die Daten so stark generalisiert werden müssen, dass diese nicht mehr nutzbar sind.
Montjoye et al. stellen eine weitere Privatsphärerisikoquantifizierung vor [Mon13]. Dafür wird ein Datensatz von Mobiltelefon Ortungsdaten mit 1,5 Millionen Menschen über 15 Monate analysiert. Die Publikation zeigt, dass selbst wenn die Daten anonymisiert sind, es möglich ist ein Individuum mit einer Genauigkeit von 95% zu identifizieren. Für diese Zuordnung sind lediglich vier Datenpunkte, die häufig besucht werden, notwendig. Dadurch dass diese Datenpunkte Orte wie Wohnort, Arbeitsstätte oder andere Örtlichkeiten des Sozialverhaltens darstellen, stellt diese Re-Identifizierung ein hohes Privatsphärerisiko dar. Diese Studie unterstreicht, dass bereits wenige, auch anonyme, Daten zur Re-Identifizierung ausreichen und für dieses Risiko ein Bewusstsein geschaffen werden muss.
Veeningen et al. betrachten eine Risikoquantifizierung basierend auf einem Modell einer exemplarischen digitalen Gesundheitsversorgungsinfrastruktur, in der verschiedene Parteien verschiedene Daten über ein Individuum besitzen [Vee13]. Dabei besitzen bestimmte Parteien Rohdaten und andere anonymisierte Daten über die Betroffenen. Durch sogenannte Coaliation-Graphen kann das potenzielle Datenverknüpfungsrisiko durch die Zusammenführung von Daten der unterschiedlichen Parteien dargestellt werden. Die Graphen können auch verwendet werden, um verschiedene Infrastrukturen und die Daten innerhalb dieser zu vergleichen und um zu bestimmen, womit sich das Privatsphärerisiko für die Betroffenen senken lässt. Im Unterschied zu dieser Dissertation wird hier das Risiko von den datenverarbeitenden Stellen betrachtet und nicht das der Individuen, die Daten zu Forschungszwecken teilen.
Eine weitere Quantifizierung, die ein Kostenmodell für Gesundheitsdaten verwendet, stellen Khokar et al. vor [Kho14]. Das Modell berücksichtigt die geschätzten Kosten für Anonymisierung und der Einfluss einer solchen auf die Nutzbarkeit der Daten. Diesem werden die potenziellen Kosten eines

Datenschutzverstoßes, etwa durch ein Datenleck, gegenübergestellt. Diese Faktoren werden durch unterschiedliche Algorithmen zusammengeführt, um einen *Privacy-Utility-Trade-Off* zu berechnen. Hiermit kann die optimale Gewichtung zwischen den zwei Hauptfaktoren als kostenoptimales Datenanonymisierungsverfahren bestimmt werden.
Neben den Risikoquantifizierungen sind auch Modelle zu den Formalisierungen von Privatsphärerisiko-Modellen im Rahmen dieser Dissertation relevant. In diesem Forschungsgebiet gibt es eine Reihe von Publikationen, die Datenschutzbedingungen oder -regulierungen wie die DSGVO formalisieren. So wie *„A 'nutrition label' for privacy“* von Kelley et al. [Kel09]. Diese Arbeit zeigt, wie Datenschutzbedingungen in ein besser verständliches Format, angelehnt an die Inhaltsangaben von Lebensmitteln, überführt werden können. Die Autor:innen stellen fest, dass diese *Datenschutzinhaltsangaben* Datenschutzbedingungen besser verständlich machen können und daher zu einem höheren Bewusstsein führen. Ein Kernelement, das hierbei identifiziert wird, ist die Visualisierung der Datenschutzbedingungen.
Ein weiteres Themengebiet sind die konkreten Messverfahren für ein Re-Identifikationsrisiko. Ein Verfahren wird von Wan und Kolleg:innen vorgestellt [Wan15]. Dabei wird der monetäre Wert von Gesundheitsdaten einer möglichen Strafzahlung für eine entsprechende Datenschutzverletzung gegenübergestellt. Entsprechende Angreifende probieren auf Basis dieser Kosten ein Optimum zu erreichen und riskieren so möglicherweise auch eine Strafzahlung. Aus der Sicht von Datensouveränität ist ein solcher risikofreundlicher Ansatz allerdings nicht sinnvoll, da es nicht im Sinne der Betroffenen ist, deren Daten einem bewussten Risiko auszusetzen. Hierbei ist allerdings darauf hinzuweisen, dass diese datenschutzorientierte Sicht nicht zwangsläufig dem Leidensdruck und der Risikobereitschaft eines chronisch oder schwerkranken Betroffenen entspricht. Wang et al. stellen Verfahren vor, um ein Datenschutzlevel eines Datensatzes zu messen [Wan18a]. Dafür wird der Privatsphäre Einfluss von Daten durch quantitative und qualitative Faktoren bestimmt. Für die qualitativen Faktoren wird Expertenwissen berücksichtigt. Die Kombination der Faktoren ergibt dann das entsprechende Datenschutzlevel. Für die Formalisierung von Du et al. wird ein nicht näher spezifiziertes Hintergrundwissen betrachtet, um anhand

der Kombinationen von quasi-identifizierenden und sensitiven Daten das Re-Identifizierungsrisiko zu formalisieren [Du08].
Zusammenfassend beschäftigen sich die meisten verwandten Arbeiten mit dem Risiko der verarbeitenden Instanz. Das individuelle Risiko spielt hierbei eher eine untergeordnete Rolle oder stellt nur einen Teilaspekt dar. Um **TZ.2** umzusetzen, ist für eine entscheidungsunterstützende Risikoquantifizierung von informierten Einwilligungen die Sicht der Betroffenen und deren spezifischen Eigenschaften notwendig. Dies wird in den bisherigen Arbeiten eher nachrangig betrachtet.

3.3 PETs in der Medizin

Zur Verwendung von PETs in der Medizin existieren ebenfalls eine Reihe von verwandten Arbeiten. Diese können mögliche Einsatzmöglichkeiten für Privatsphäre wahrende Technologien zur Erfüllung von **TZ.3** bieten. So forschen Kim und Kolleg:innen zum Einsatz von DP, um medizinische Datenströme zu schützen [Kim18]. Um die Genauigkeit gegenüber anderen Privatisierungsverfahren zu steigern, wird hier Local-DP eingesetzt und eine Vorauswahl auf aussagekräftige Daten getroffen. In einer darauffolgenden Arbeit wurden die Verfahren auf Lifestyle-Daten in Form von Smartwatches erfassten Schritt- und Herzfrequenzen angewandt [Kim19]. Eine weitere Anwendung zeigen Wang et al. mit einem auf Randomized Response basierenden Verfahren [Wan18b]. Dabei wurde die Randomized Response auf Krankheitsstatistiken von verschiedenen Kliniken angewandt und anschließend ausgewertet. Auch die Publikationen von Lin et al. und Hill et al. zeigen die Anwendung von DP auf medizinischen Daten wie Herzfrequenzdaten [Lin16, Hil15].
Einen weiteren Themebereich stellen Privatsphäre wahrenden medizinischen Fragebögen dar. In diesem Bereich haben Gentili und Kolleg:innen eine Publikation zur Anonymisierung von solchen Fragebögen veröffentlichen [Gen17]. Die Verfassenden wenden k-Anonymity an, messen das Privatsphärerisiko für echte medizinische Fragebögen und stellen eine Reihe von Richtlinien für die Verwendung auf. Die durchgeführten Experimente ergeben, dass quasi-identifizierende Daten so gut wie möglich generalisiert werden sollen

und in einem echten Datensatz mit 3-Anonymity gute Ergebnisse erreicht werden können. Der Einsatz von DP wurde nicht besprochen.
Yigzaw et al. verwenden das Konzept von Bloom-Filtern und Secret Sharing, um Fragebögen Privatsphäre wahrend zu analysieren [Yig16]. Um die Antworten zu sammeln, wurde diese in Bloom Filter codiert und aufgeteilt an verschiedene Data-Miner gesendet. Dadurch kann ein einzelner Miner nicht alle Daten einsehen, aber ein Analyst, der alle Miner kontrolliert, Auswertungen auf den gesplitteten Bloom-Filtern durchführen. Diese fortschrittliche Methode führt allerdings zu erhöhtem Rechenaufwand und verwendet keine echten DP-Verfahren wie RAPPOR.
Eine weitere Methode für Privatsphäre wahrende Fragebögen stammt von Tian und Kolleg:innen [Tia20]. Die Autor:innen zeigen, wie Sportfragebögen mit hauptsächlich binären Ja/Nein-Fragen und Multiple-Choice-Fragen in ein numerisches Format encodiert werden können. Dieser numerische und normalisierte Wert wird anschließend gehasht, wodurch spezifische individuelle Eigenschaften entfernt werden, aber die Daten weiterhin ausgewertet werden können.
Die Vielzahl an Studien zum Einsatz von DP für die Auswertung medizinischer Daten zeigt, dass für diese Daten ein besonderes hohes Interesse daran besteht, diese Privatsphäre wahrend zu verarbeiten. Es gilt allerdings festzustellen, dass die meisten Konzepte einem spezifischen Use-Case folgen und nicht wie in dieser Dissertation ein umfassendes Konzept für Datenspenden bieten.
Neben DP ist der Einsatz von synthetischen Daten auch eine häufig erwähnte Technik zur Privatisierung medizinischer Daten. Die Veröffentlichung *„Synthetic Data – Anonymisation Groundhog Day“* hinterfragt dazu allerdings die Privatsphäre Garantien beim Einsatz von synthetischen Daten [Sta20]. Die Autor:innen diskutieren, ob synthetische Datenerzeugung Vorteile gegenüber der Verwendung herkömmlicher Verfahren bietet und die Bedenken beim Einsatz gegenüber klassischer Verfahren lindert. Hierfür wird eine Evaluation bezüglich typischer Privatsphäre-Gefahren wie Verknüpfbarkeit von Daten durchgeführt. Stadler und Kolleg:innen ziehen als Fazit, dass synthetisch erzeugte Daten keine *„Silver Bullet“* für die Anonymisierung von Daten ist und ähnliche Bedenken wie beim Einsatz klassischer Verfahren entstehen.

Dennoch sind die Technologien vielversprechend und können mit gezielten Use-Cases eingesetzt werden.

Im Rahmen der DP Synthetic Data Challenge des US-amerikanischen National Institute of Standards and Technology (NIST) haben Bowen et al. eine vergleichende Studie zu synthetischen Datenerzeugungsalgorithmen vorgelegt [Bow19]. Der Fokus lag in dieser Arbeit auf der Genauigkeit und Nutzbarkeit der Daten. Diese wurde mit zwei spezifischen Metriken gemessen. Die Arbeit zeigt, inwiefern das Privacy-Budget ϵ mit einer Änderung in der Nutzbarkeit der Daten einhergeht. Die Autor:innen der Arbeit stellen fest, dass es keinen generellen Algorithmus für alle Fälle gibt und schlagen vor, dass anwendungsfallspezifische Metriken definiert werden sollen und anhand dieser Metrik optimale Algorithmen gewählt werden sollen.

In der Arbeit „*Differentially Private Synthetic Data: Applied Evaluations and Enhancements*" werden ebenfalls verschiedene Datengenerierungsalgorithmen evaluiert [Ros20]. Konkret werden vier verschiedene GAN basierte Algorithmen anhand etablierter Machine Learning Algorithmen evaluiert. Zusätzlich führt die Publikation eine eigene Technologie ein, die das Privacy-Budget ausgeglichen verteilt. Die Evaluation zeigt, dass der Einsatz dieses Verfahrens bei identischen Privacy Budget in einigen Fällen bessere Ergebnisse erreicht. Insgesamt zeigt die Studie keinen klaren Sieger, aber die Technologie PATE-CTGAN schneidet in diversen Szenarien besser ab. Die Studie betrachtet allerdings keinen konkreten Anwendungsfall.

Die Publikation zum Konzept der DataSynthesizer von Ping et al. erstellt synthetische Daten ohne Machine-Learning Verfahren [Pin17]. Das Konzept erwartet tabellarische Daten als Eingabe und erstellt daraus in einem dreiteiligen Ablauf die synthetischen Daten. Zuerst wird die Struktur der Daten, deren Korrelation und Verteilung erfasst. Aus diesen Parametern werden synthetische Daten erzeugt, die im dritten Schritt analysiert werden und durch abgeleitete Parameter iterativ das Ursprungsmodell verbessern. Im Gegensatz zu den bisher vorgestellten Verfahren wird weder Machine-Learning noch DP verwendet.

Al Aziz und Kolleg:innen zeigen einen konkreten Anwendungsfall in „*Differentially Private Medical Texts Generation Using Generative Neural Networks*" [Al 21]. Das Verfahren verwendet ein Transformer-Sprach-Modell, dem

Gaußsches Rauschen hinzugefügt wird, um eine DP Garantie zu erzeugen. Die Evaluation des Verfahrens gegenüber Referenzdaten zeigt, dass die Nutzbarkeit der Daten auf den ersten Blick gut erscheint. Allerdings merken die Autor:innen an, dass keine medizinischen Expert:innen hinzugezogen worden sind, die die Plausibilität der Daten überprüft haben. Zusätzlich wurden keine Maßnahmen getroffen, um auszuschließen, dass das Modell private Daten lernt. Dennoch zeigt die Arbeit, dass synthetische Daten vielversprechend im Einsatz für medizinische Daten sind.
Das Paper zu „*The Secret Sharer: Evaluating and Testing Unintended Memorization in Neural Networks*" zeigt eine wichtige Problematik von Machine-Learning Verfahren, bei der Korrelation und Muster der Ursprungsdaten erhalten wird und somit Datenschutzprobleme entstehen [Car19]. Dafür wird eine Aufdeckungsmetrik eingeführt, die die wichtigsten Charakteristiken misst. Diese Metrik kann verwendet werden, um das Problem der nicht beabsichtigten Speicherung in erzeugten Datensätzen zu messen. Um dieses Problem zu vermeiden, schlagen die Verfassenden unter anderem DP als Gegenmaßnahme vor.
Die beschriebenen Publikationen zeigen die Relevanz von synthetischer Datenerzeugung und bestätigen, dass diese für medizinische Daten erfolgversprechend eingesetzt werden können. Dennoch unterstreichen die Studien, dass jeder Einsatz anwendungsfallspezifisch sowohl auf die Privatsphäre Garantien als auch die Nutzbarkeit untersucht werden muss. Für **TZ.3** ergibt sich aus diesem Überblick, dass die Betrachtung von DP im Kontext von Datenfreigaben/-spenden vielversprechend ist und Methoden der synthetischen Datengenerierung stärker aus der Datenschutzperspektive für die medizinische Domäne betrachtet werden sollen.

3.4 Rechtliche Betrachtungen

Zu den rechtlichen Hintergründen zum Einsatz von persönlichen medizinischen Daten bei der sekundären Nutzung existieren ebenfalls diverse verwandte Arbeiten, die aber in der Regel einen größeren juristischen Fokus setzen als diese Dissertation.

Einen Überblick zur rechtlichen Einschätzung zum Einsatz von synthetischen Daten geben Bellovin und Kolleg:innen [Bel18]. Im Artikel wird der Einsatz von synthetischen Daten gegenüber herkömmlicher PETs verglichen und die verschiedenen rechtlichen Grundlagen wie die der DSGVO erklärt. Der Artikel stellt fest, dass die Konzepte zum Einsatz synthetischer Daten vorwiegend in Kombination mit DP erhebliche Vorteile bieten. Zusätzlich erachten die Autoren den Einsatz von synthetischen Daten als anonymisierte Daten als rechtskonform, auch wenn bislang nicht alle Risiken und Vorteile vollständig erforscht sind.

Den Einsatz von Broad Consent betrachten Fröhlich und Spiecker in ihrer Publikation aus dem Jahr 2022 [Frö22]. Die Autorinnen kritisieren, dass die unspezifische Zweckbindung breiter Einwilligungen nicht konform sind mit den Anforderungen der DSGVO. Neben den umfassenden rechtlichen Analysen schlagen die Autorinnen den Einsatz von dynamischen Einwilligungen vor. Diese ermöglichen, bereits erteilte Einwilligungen nachträglich anzupassen. Eine solche Variante wird von den Verfassenden als rechtskonform erachtet. Es wird allerdings die stetige Miteinbeziehung der Betroffenen benötigt, was aber durch digitale Werkzeuge vereinfacht werden kann.

Buchner und Kolleg:innen stellen das Modell der Datentreuhand vor, um den Konflikt zwischen Datenschutz und Forschungsfreiheit zu entschärfen [Buc21]. Grundidee der Treuhand ist, dass diese als zentrale Stelle die Daten aus verschiedenen Stellen zusammenführt und solche Daten zentral und anonymisiert der Forschung zur Verfügung stellt. Die Autor:innen weisen auf die rechtlichen Anforderungen für Treuhandstellen hin und fordern moderne Rahmenbedingungen für solche Institutionen, wie auf technischer Ebene der Einsatz von DP oder synthetischen Daten. Eine weitere Analyse zu Datentreuhandstellen kommt von Kühling [Küh20]. Neben den rechtlichen Analysen werden Empfehlungen und Leitlinien zur Auslegung der DSGVO für Treuhandstellen gefordert, anstatt zusätzlicher rechtlicher Richtlinien. Dies ist sowohl national als auch auf europäischer Ebene erforderlich.

Zusammenfassend sind die rechtlichen Betrachtungen eher sekundär für die Beiträge dieser Dissertation. Dennoch gilt es festzustellen, dass die Themen dieser Dissertation hochgradig interdisziplinär sind und hierbei die juristische Domäne große Beiträge bezüglich der Regulierung und Etablierung für die Forschungsnutzung von medizinischen Daten und der Gestaltung von entsprechenden technischen Schnittstellen darbietet. Ebenso können die Erkenntnisse in die Anforderungen für die in **TZ.4** geforderte datenschutzzentrierte Forschungsplattform einfließen.

4 Rechtliche Betrachtung von datenschutzzentrierten Forschungsplattformen

Themen mit Bezug zu Datenschutz sind auch immer regulativer Natur. Deshalb stellt dieses Kapitel einen kurzen rechtlichen Exkurs dar, der als Grundlage für die technische Umsetzung von Datenschutzanforderungen für eine Forschungsplattform dient, die im weiteren Verlauf dieser Dissertation untersucht werden. Zuerst werden die rechtlichen Voraussetzungen betrachtet. Daran angelehnt wird der Begriff Datensouveränität im Kontext von Patient:innen definiert. Zuletzt wird das im DVG geplante Forschungsdatenzentrum aus datenschutzrechtlicher Sicht betrachtet. Teile dieses Kapitels wurden in den Arbeiten „Datensouveränität für Patienten im Gesundheitswesen“ und „Datenschutzkonforme Weitergabe von Versichertendaten aus dem Forschungsdatenzentrum“ veröffentlicht [Bre21, Ora22].

4.1 Rechtliche Voraussetzungen

Die Nutzung personenbezogener medizinischer Daten wird durch eine Vielzahl rechtlicher Vorschriften bestimmt. Die in Europa vorherrschende Regulation ist die DSGVO. Artikel 9 DSGVO kategorisiert Gesundheitsdaten neben Daten über die ethnische Herkunft, Daten zur religiösen Zugehörigkeit oder auch Daten über sexuelle Orientierung, als Daten besonderer Kategorie, für die das höchste Schutzniveau gelten soll. Deshalb ist die Verarbeitung solcher Daten im Allgemeinen untersagt. Allerdings definiert Artikel 9 Absatz 2 DSGVO sogenannte Erlaubnistatbestände, die die Verarbeitung dieser Daten dennoch möglich machen. Solche Erlaubnistatbestände können die für die betroffene Person lebensnotwendige Verarbeitung der Daten sein, ein höheres öffentliches Interesse oder der wohl üblichsten Tatbestand der informierten Einwilligungen. Für eine solche Einwilligung existieren ebenfalls Anforderungen, welche die DSGVO definiert. Eine Voraussetzung ist, dass eine Einwilligung einen konkreten Zweck benötigt. Dies wird in Art. 5 Abs. 1 b) DSGVO gefordert, durch die Anforderung, dass der Zweck eindeutig sein muss und es untersagt ist, dass Daten für etwas anderes als den spezifizierten Zweck verwendet werden. Ebenso sollen nur die Daten verwendet werden, die für den definierten Zweck notwendig sind. Dies kann auch als Datenminimierung bezeichnet werden. Es gilt anzumerken, dass diese Grundsätze möglicherweise konträr zu den Forderungen nach breiten Einwilligungen (Broad Consent) sein könnten, die Daten ohne einen spezifizierten Zweck für die Forschung verwendbar machen sollen. Diese Thematik wird im Rahmen von Dynamic Consent in Kapitel 6.3 detaillierter besprochen. In Art. 4. Abs. 11 d) DSGVO wird festgelegt, dass eine Einwilligung freiwillig erfolgen muss. Weiterhin soll es für Betroffene jederzeit möglich sein, eine Einwilligung zu widerrufen. Im Erwägungsgrund 32 der DSGVO werden Opt-Out Einwilligungen infrage gestellt. Hier wird beschrieben, dass eine Einwilligung keine vorausgefüllten Boxen besitzen soll oder auch Stillschweigen nicht als Zustimmung zur Datenverarbeitung angenommen werden soll. Es gilt anzumerken, dass die Erwägungsgründe keinen Gesetzestext darstellen, aber zur Auslegung der Regulierung herangezogen werden können. Auch in Artikel 15 DSGVO werden einwilligungsbezogene Regelungen beschrieben, so soll eine betroffene Person jederzeit Zugriff auf ihre Daten haben und Einsicht erlangen können.

Neben den Regulierungen in der DSGVO kann jeder Mitgliedsstaat der EU weitere nationale Regulierungen erlassen (durch die sogenannte Öffnungsklausel), die die DSGVO in fest definierten Bereichen erweitern oder abweichend regeln. Ein in Deutschland relevantes Gesetz ist das DVG aus dem Jahr 2019 [BRD19]. Hier werden die Rahmenbedingungen für das Forschungsdatenzentrum, innerhalb dem Abrechnungsdaten der Forschung pseudonymisiert zur Verfügung gestellt werden können, geschaffen. Eine detaillierte Betrachtung dieses Konzeptes folgt im Abschnitt 4.3.

Ein weiteres Gesetz, welches den Umgang mit Gesundheitsdaten regelt, ist das Patientendaten-Schutzgesetz (PDSG) aus dem Jahr 2020 [BRD20]. In diesem Gesetz wird unter anderem die Einführung der ePA für das Jahr 2021 geregelt. Zu diesem Zeitpunkt fordert das PDSG noch die Einführung einer Opt-In Regelung, also das Anlegen einer Patientenakte nur durch die explizite Zustimmung der Betroffenen. Zusätzlich wird geregelt, dass die Patient:innen den Zugriff von Dritten auf die Akte steuern und entscheiden können, welche Daten gespeichert werden und welche nicht. Für einen späteren Zeitpunkt hat das PDSG auch die Möglichkeit einer Datenspende für sekundäre Datennutzung aus der ePA vorgesehen. Zusätzlich werden Nutzende der TI zum Schutz der daraus zu verarbeitenden Daten verpflichtet. Für Verstöße sind empfindliche Geldbußen vorgesehen.
Das aktuellste Vorhaben, das sich zum Zeitpunkt als dieses Kapitel verfasst wird noch im Entwurf befindet, ist das Gesundheitsdatennutzungsgesetz (GDNG), welches noch im Jahr 2023 beschlossen werden soll [BMG23]. Ziel ist es unter anderem Datenschutzproblematiken von bundesländerübergreifenden Forschungsvorhaben zu lösen, in dem nur noch eine zuständige Landesbehörde den Datenschutz für solche Vorhaben regelt. Ferner wird ein Ausbau des Forschungsdatenzentrums angestrebt, indem eine Öffnung der Datennutzung für die Industrie und weitere Parteien geplant wird. Die bisherige Regelung beschränkte die Nutzungsgruppe rein auf die öffentliche Forschung. Zukünftig soll lediglich der Zweck ausschlaggebend sein, ob und welche Daten genutzt werden können. Bei der ePA könnte der Entwurf einen Kurswechsel bedeuten, da die Akte dadurch künftig auch ohne Einwilligung als Widerspruchslösung angelegt wird. Überdies werden die Daten, die in der ePA gespeichert werden, automatisch pseudonymisiert an das Forschungsdatenzentrum übermittelt. Es ist davon auszugehen, dass dieser Paradigmenwechsel ähnlich kontrovers betrachtet wird und es ebenfalls juristische Verfahren wie bei den vorangegangenen Gesetzesentwürfen geben wird [Wei20].
Während die DSGVO den Datenschutz für die Staaten in der EU regelt, existieren in anderen Ländern abweichende Regulierungen. Eine allgemeinere Betrachtung findet sich in Kapitel 2.2.

4.2 Datensouveränität für Patient:innen

Die Ursprünge der Datensouveränität finden sich im Recht der informationellen Selbstbestimmung. In der deutschen Rechtsprechung leitet sich aus Art. 1 Abs. 1 des Grundgesetztes „Die Würde des Menschen ist unantastbar [...]“ und Art. 2 Abs. 1 „Jeder hat das Recht auf die freie Entfaltung seiner Persönlichkeit [...]“ das Recht auf informationelle Selbstbestimmung ab [BRD22, Sim84]. Das Recht der informationellen Selbstbestimmung besagt, dass eine betroffene Person jederzeit über die Nutzung und Weitergabe ihrer Daten bestimmen kann [BMI72]. Es gilt anzumerken, dass dieses Recht nicht explizit im Grundgesetz erwähnt ist, aber gemäß dem Bundesverfassungsgericht (BVerfG) als Datenschutzgrundrecht interpretiert wird. Diese Auffassung geht auf das Urteil zur Volkszählung im Jahre 1983 zurück [BVerfG83]. Hier gab es mehrere Verfassungsbeschwerden, da bei dieser Volkszählung nicht ausschließlich die Bevölkerung gezählt werden sollte, sondern auch umfangreichere Informationen beispielsweise zum Familienstand oder dem Beruf erfasst werden sollten.

Als Weiterentwicklung des Begriffes der informationellen Selbstbestimmung wird häufig auch der Begriff der Datensouveränität angesehen. Im Kontext der persönlichen medizinischen Daten ist das Szenario der Datensouveränität keines mehr, das ausschließlich Weitergaben von Einrichtung zu Einrichtung betrachtet, sondern von Subjekt zu Subjekt. Der Fokus liegt damit auf der kontrollierten Weitergabe durch feingranulare Zugriffsrechte bei der Datenfreigabe und durch Transparenz zur nachvollziehbaren Verwendung der Daten. Diese Möglichkeiten geben den Betroffenen somit mächtigere Werkzeuge, um einer möglichen Datennutzung zu widersprechen (von der eine betroffene Person darüber hinaus erst durch die Nachvollziehbarkeit durch Transparenz erfahren kann). In der Veröffentlichung mit Bretthauer und Birnstill wurde ebenfalls festgestellt, dass Datensouveränität auf rechtlicher Seite nicht explizit verankert ist und auch somit lediglich auf bestehenden Regularien basiert [Bre21]. Durch den Begriff wird eher eine Verschiebung des Fokus auf bestimmte Aspekte wie Kontrolle und Transparenz vorgenommen. Dies ist dadurch bedingt, dass Datensouveränität eine Erweiterung des analogen Verständnisses von informationeller Selbstbestimmung darstellt. Das wird auch durch eine Stellungnahme des deutschen Ethikrats aus dem Jahr 2017 unterstrichen [Eth17]. So lässt sich Datensouveränität als Informationelle Selbstbestimmung + **X** beschreiben, wobei **X** eine Fokussierung auf die erleichterte Umsetzung bestehender Betroffenenrechte durch digitale Werkzeuge beschreibt.

4.3 Datenschutzzentrierte Forschungsplattformen am Beispiel Forschungsdatenzentrum

Als Fallbeispiel für den rechtlichen Status-Quo wird das Forschungsdatenzentrum, wie es im DVG definiert ist, betrachtet. Ziel des Forschungsdatenzentrums ist es, eine zentrale Plattform für die Forschung mit Gesundheitsdaten zu ermöglichen. Hierzu sollen pseudonymisierte Abrechnungsdaten von den gesetzlichen Krankenkassen bereitgestellt werden. Abrechnungsdaten können unterschiedlicher Art sein, in der Regel beinhalten sie Datum und Grund der Abrechnung (beziehungsweise Grund des Krankenhaus-/Arztbesuches). Hierfür wird ein Diagnosecode, die entsprechende Behandlung und der Verlauf übermittelt. Für die Übermittlung an das Forschungsdatenzentrum wird ein Pseudonym erstellt. Dieses wird im Zuge einer getrennten Datenhaltung getrennt von den Gesundheitsdaten aufbewahrt. Die Stelle der Aufbewahrung wird als Vertrauensstelle bezeichnet. Das Pseudonym kann zur weiteren Verknüpfung von Daten oder zur Rückspielung von Zufallsbefunden verwendet werden. Widerspricht nun eine betroffene Person der Datenverwendung, so wird das entsprechende Pseudonym von der Vertrauensstelle entfernt und die Daten können nicht mehr mit den Klardaten verknüpft werden. Die Daten gelten nun als anonym. Die Umsetzung der Betroffenenrechte ist auch einer der größten Kritikpunkte am Forschungsdatenzentrum. So ist aktuell eine Verfassungsbeschwerde anhängig, bei der eine betroffene Person gegen die Speicherung ihrer Daten im Forschungsdatenzentrum klagt [BVerfG20]. Die Kläger:in leidet unter einem seltenen genetischen Defekt und befürchtet durch die Seltenheit der entsprechenden Daten ein Datenschutzrisiko für ihre persönlichen Daten, beispielsweise durch Re-Identifizierung der Daten. Eine weitere offene Frage ist, wie sich der Kreis der Nutzungsberechtigten definiert. Aktuell dürfen Anträge nur von einem fest definierten Kreis an Instituten gestellt werden, die im Wesentlichen öffentliche Forschung betreiben. Die Daten im Forschungsdatenzentrum beinhalten Informationen zu Alter, Geschlecht, Wohnort und Krankheitsdiagnose in Form von ICD-Codes. Abbildung 4.1 zeigt ein Schema der Architektur des Forschungsdatenzentrums.

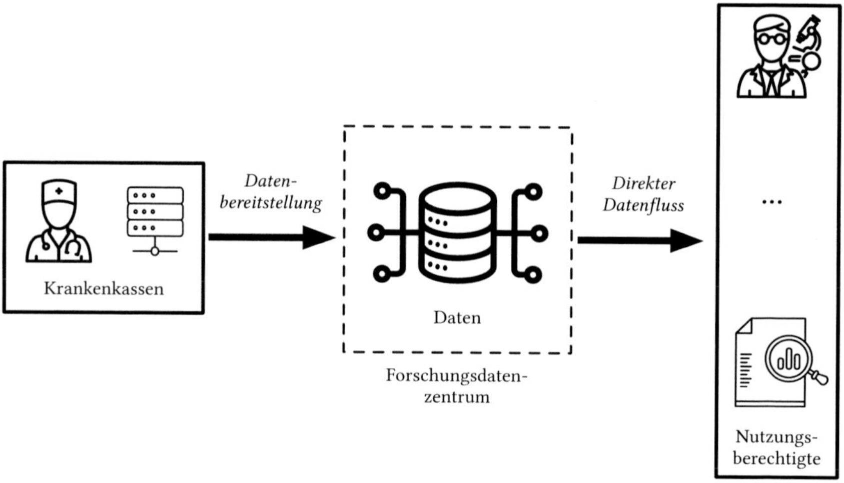

Abbildung 4.1: Vereinfachte Architektur des Forschungsdatenzentrums Gesundheit nach Planungsstand DVG

Es ist zu sehen, dass die Daten von den Krankenkassen in pseudonymisierter Form in das Forschungsdatenzentrum fließen. Diese Daten werden anschließend an die Nutzungsberechtigten auf Antragsbasis freigegeben. Diese Daten sind grundsätzlich anonymisiert und in aggregierter Form. Das bedeutet, dass eine Pflicht zur Minderung des Re-Identifizierungsrisiko existiert[1]. Details über eine Umsetzung existieren aber nicht. Vielmehr ist diese eine Pflicht des Forschungsdatenzentrums oder des Verarbeiters. Eine gängige Auflage ist

[1] Siehe § 303 Absatz 5 Sozialgesetzbuch (SGB) Fünftes Buch (V) [SGBV]

es, dass das Zusammenführen von freigegebenen Datensätzen mit anderen Daten untersagt ist.

Insgesamt steht diesem aktuellen Entwurf eine Vielzahl an Kritikpunkten gegenüber. So existiert nur eine geringe Art der Patient:innenmiteinbeziehung. Das Forschungsdatenzentrum ist als Opt-Out Lösung angedacht, durch die alle Daten bis zu einem Widerspruch der Betroffenen berücksichtigt werden. Weitere Möglichkeiten der Miteinbeziehung von Patient:innen sind aktuell nicht vorgesehen. Zusätzlich ist die Bestimmung des Re-Identifizierungsrisikos nicht definiert und auch die Verantwortlichkeit unklar.
Unter anderem diese Aspekte zeigen, dass der bestehende Entwurf aus Sicht der Datensouveränität erweitert werden kann. Bestehende Regularien wie die DSGVO fordern Transparenz und Kontrolle für Betroffene als zentrale Aspekte. Die Transparenz wird anhand einer Reihe von Auskunftsrechten gefordert. Im Rahmen einer datenschutzzentrierten Forschungsplattform sollte die Möglichkeit zur Dateneinsicht und -verwendung zu jeder Zeit bestehen. Zur Transparenz gehört auch die Nachvollziehbarkeit von getroffenen Datenschutzmaßnahmen. Für eine informierte Entscheidung benötigen Betroffene Informationen über die Maßnahmen zum Schutz der Privatsphäre beispielsweise bei einer Datenweitergabe. Die Kontrolle lässt sich von den Möglichkeiten zum Widerspruch und der geforderten expliziten Einwilligung zur Datenverarbeitung ableiten. Diese Steuerungsmechanismen sollten auch im Rahmen einer Forschungsplattform für Betroffene bereitstehen. Zuletzt sollten nicht nur die Betroffenenrechte gestärkt werden, sondern auch die Forschenden von der verstärkten Miteinbeziehung der Patient:innen profitieren. Dies kann zum Beispiel dadurch realisiert werden, indem die Forschungsverfügbarkeit von Daten steigt, da digitale Einwilligungen der Betroffenen direkt durchgesetzt werden können und somit freigegebene Daten direkt bereitstehen.
Anhand dieser Überlegung lässt sich der existierende Ansatz des Forschungsdatenzentrums gemäß den folgenden Prinzipien zu einer datenschutzzentrierten Forschungsplattform erweitern:

- **Transparenz:** Betroffene Personen sollen jederzeit Einblick erhalten können über die Verwendung ihrer Daten.
- **Kontrolle:** Betroffene Personen sollen die Freigabe ihrer Daten feingranular steuern können.
- **Forschungsverfügbarkeit:** Eine maximale Anzahl an zuvor freigegebenen Daten soll für sekundäre Nutzung zur Verfügung stehen.
- **Nachvollziehbarer Datenschutz:** Quantifizierbarer Schutz der Privatsphäre bei der Datenweitergabe.

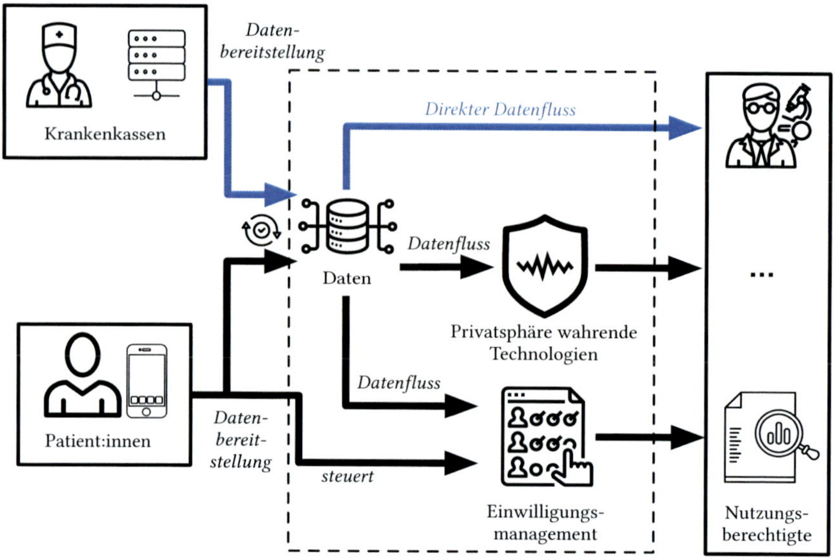

Abbildung 4.2: Vorschlag für die Architektur einer datenschutzzentrierten Forschungsplattform. Der Planungsstand des Forschungsdatenzentrums nach DVG wird durch die blauen Pfeile symbolisiert. (Überarbeitet nach [Ora22])

Abbildung 4.2 zeigt den Entwurf für eine datenschutzzentrierte Forschungsplattform unter Verwendung der oben genannten Prinzipien. Im Vergleich zu der ursprünglichen Architektur existieren nun die Patient:innen als weitere

Partei. Diese haben die Möglichkeit, via spezieller App Einsicht über ihre Daten in der Forschungsplattform zu erlangen. Damit wird das Prinzip der Transparenz umgesetzt. Darüber hinaus können die Betroffenen auch eigene Daten, die beispielsweise durch einen Fitnesstracker erfasst werden, der Plattform als zusätzliche Datenbereitstellung zur Verfügung stellen. Eine weitere Funktion der App ist das Einwilligungsmanagement, durch das die betroffenen Personen Daten explizit für bestimmte Forschungsvorhaben freigeben können. Je nach Einwilligung können Daten nun auch mit unterschiedlich starker Pseudonymisierung oder Anonymisierung freigegeben werden. Die Richtlinien, die durch das Einwilligungsmanagement erstellt werden, können automatisiert ausgewertet werden, wodurch Forschungsinteressierte jederzeit direkt automatisiert auf die, für sie von den Betroffenen freigegebenen, Daten zugreifen können. Damit steigt auch die Forschungsverfügbarkeit der Daten. Um zusätzlichen nachvollziehbaren Datenschutz zu ermöglichen, können in dieser erweiterten Variante auch Technologien wie DP eingesetzt werden, um das Re-Identifizierungsrisiko zu mindern.

4.4 Zwischenfazit

Die hier vorgestellten Regularien bilden die Grundlage für die technischen Betrachtungen im weiteren Verlauf der Arbeit. Die Feststellung, dass Datensouveränität einen Fokus auf stärkere und direktere technische Umsetzungen vom bestehenden Rechtsverständnis der informationellen Selbstbestimmung fordert, lässt schlussfolgern, dass zur Umsetzung von Datensouveränität Mittel wie ein direktes Einwilligungsmanagement für Betroffene erforderlich sind. Die bestehenden Rechte unterstützen dies. Mit der DSGVO existiert ein europäisches Regelwerk, das sowohl den Umgang mit medizinischen Daten regelt, als auch Anforderungen an die Form von Einwilligungen stellt. Weitere nationale Gesetze wie das DVG, das PDSG oder aktuell das GDNG erweitern die Grundsätze der DSGVO. Die vorhergehende Betrachtung zeigt, dass Potenziale zur datenschutzzentrierteren Gestaltung von Forschungsplattformen existieren. Innovative technische Konzepte zur Umsetzung werden im Rahmen dieser Dissertation eingeführt. Der hier vorgestellte Vorschlag einer möglichen Erweiterung um Privatsphäre wahrende Technologien, direkte Patient:innenkontrolle durch Einwilligungsmanagement und die Einbeziehung der Betroffenen via Smartphone App bilden das technisch-rechtliche Fundament für die in dem folgenden Kapitel vorgestellten Techniken als Erweiterung des Status-Quo.

5 Formale Modelle für Forschungsplattformen

Während die rechtliche Definition von Datensouveränität im vorherigen Kapitel 4 behandelt worden ist, wird auch eine formale Modellierung für die tiefgreifendere technische Realisierung benötigt. Hierfür werden im Folgenden für Datensouveränität relevante Bedrohungsmodelle in medizinischen Forschungsnetzen betrachtet und auf Basis dieser Datenschutzziele eingeführt, welche als technische Grundpfeiler für die Umsetzung von Datensouveränität dienen können. Es wird ein Modell für die formalen Datenschutzeigenschaften von medizinischen Forschungsplattformen vorgestellt. Zusätzlich wird eine Methodik dargestellt, um Forschungsplattformen auf solche Datensouveränitätseigenschaften zu untersuchen. Dafür werden die Plattformen als Kommunikationsgraph modelliert anhand dessen Kanten die Eigenschaften geprüft werden können.

5.1 Existierende Modellierungen

Vor der Einführung der verschiedenen Begriffe und Modellierungen gibt dieser Abschnitt einen Überblick über bereits existierende Modellierungen. Es gilt anzumerken, dass diese Modellierungen aus Arbeiten stammen, die bereits in Kapitel 3.2.2 erwähnt worden sind, welche allerdings an dieser Stelle nochmals aus einem anderen Betrachtungswinkel dargestellt werden. Ebenso ist die formale Modellierung von Privatsphäre Eigenschaften ein sehr domänenspezifisches Forschungsfeld, weshalb kaum vergleichbare Ansätze existieren, die universell anwendbar sind. Die meisten Verfahren betrachten spezielle Szenarien mit kleinen Teilbereichen. Deshalb beschränkt sich auch die hier

vorliegende Modellierung auf medizinische Forschungsplattformen und deren Datensouveränitätseigenschaften. Die bereits vorgestellte Arbeit von Veeningen et al. beschreibt die Modellierung einer E-Health Plattform als Graph [Vee13]. Dieser Ansatz wird in der folgenden Modellierung aufgegriffen, da sich die einzelnen Parteien und Datenverarbeitenden als Knoten modellieren lassen. In der Arbeit von Veeningen wird durch diesen Graphen ein sogenannter Coalition Graph erstellt, der die Datenhaltung bei verschiedenen Parteien modelliert und zeigt, durch welche Zusammenführungen Daten reidentifiziert werden können. Im Gegensatz zu der hier vorgestellten Modellierung betrachtet das Modell von Veeningen die Daten von mehreren Betroffenen, während sich in dieser Dissertation auf die Datenflüsse einzelner Personen beschränkt und nicht nur die de-pseudonymisierung betrachtet wird.
In einer weiteren Arbeit derselben Autor:innen wird ein ähnliches Modell vorgestellt, das eine Repräsentation von persönlichen Daten innerhalb eines Systems beschreibt, um darzustellen, welche Akteure Zugriff auf diese Daten haben [Vee11]. Hierfür wird ein dreischichtiges Modell verwendet. Dieses besteht aus einer Informations-, Objekt- und Inhalts-Schicht. In der Informationsschicht wird der eigentliche Inhalt abgebildet. Die Objekt-Schicht gibt den Kontext der Information an, also welche Partei welche Information besitzt. Die übermittelte Information wird in der Inhalts-Schicht dargestellt. Durch die Verknüpfung dieser Schichten kann eine umfassende Modellierung von verteilten persönlichen Daten bei verschiedenen Parteien abgebildet werden.
Eine andere ebenfalls bereits vorgestellte Modellierung ist das Kostenmodell von Khokar und Kolleg:innen [Kho14]. Dieses ist nicht nur für die Quantifizierung relevant, sondern auch für Modellierungsansätze, wie der in diesem Kapitel vorgestellte. Der grundlegende Unterschied ist allerdings, dass die Daten in der Arbeit von Khokar mit einem monetären Preis versehen werden und dieser optimiert werden soll.
Die Arbeit von Pommerening und Weiteren wurde nicht in den verwandten Arbeiten aufgelistet und beschäftigt sich hauptsächlich mit den Grundlagen von digitalen Patient:innendaten [Pom04]. Weiterhin werden die Konzepte der Sekundärnutzung solcher Daten beschrieben, wie diese pseudonymisiert

werden können und ein Modell dargestellt, mit dem datenschutzzentrierte Sekundärnutzung ermöglicht werden kann. Diese Modelle werden für die vorliegende Modellierung als Beispielarchitekturen verwendet.

5.2 Datenschutzeigenschaften

Als Basis für Datenschutzeigenschaften, die eine datenschutzzentrierte Forschungsplattform erfüllen sollen, wird das Standard-Datenschutzmodell (SDM) verwendet [DSK22]. Das SDM wird von der Datenschutzkonferenz des Bundes und der Länder (DSK) erarbeitet und stellt einen Leitfaden dar, um die rechtlichen Anforderungen, die sich aus der DSGVO ergeben, in technische organisatorische Maßnahmen umzusetzen. Die erste Version des SDM entstand im Jahr 2015. Inzwischen existiert die dritte Auflage seit November 2022. Für den Leitfaden definiert das SDM sieben *Gewährleistungsziele*. Diese setzen die rechtlichen Anforderungen von DSGVO Artikel 5 um. Hier werden die Grundsätze für die Verarbeitung von personenbezogenen Daten definiert. Artikel 5 fordert unter anderem, dass Daten rechtmäßig und für die betroffene Person transparent verarbeitet werden müssen. Außerdem wird ein fest definierter Zweck für die Verarbeitung gefordert und das Prinzip der Datenminimalität vorausgesetzt, indem ausschließlich die für den Zweck notwendigen Daten verarbeitet werden. Zusätzlich sollen nur sachlich richtige Daten verarbeitet werden. Ein weiterer Grundsatz ist, dass die Daten nur auf die Zeitdauer des Verarbeitungszweckes begrenzt gespeichert werden. Die Speicherung soll außerdem ermöglichen, dass Integrität und Vertraulichkeit der Daten sichergestellt sind. Das SDM definiert anhand dieser Grundsätze die folgenden *Gewährleistungsziele* für die rechtskonforme Verarbeitung von personenbezognen Daten:

- **Datenminimierung**: Es sollen ausschließlich die für den Zweck notwendigen personenbezogenen Daten verarbeitet werden.
- **Verfügbarkeit**: Der Zugriff auf die personenbezogenen Daten soll jederzeit möglich sein.

- **Integrität**: Die personenbezogenen Daten sollen vor unberechtigter Modifikation, Zerstörung oder Verlust gesichert werden.
- **Vertraulichkeit**: Nur befugte Parteien sollen auf die personenbezogenen Daten zugreifen dürfen.
- **Nichtverkettung**: Personenbezogene Daten, die zu verschiedenen Zwecken erhoben werden, dürfen nicht zusammengeführt werden.
- **Transparenz**: Die Verarbeitung der personenbezogenen Daten sollen für die Betroffenen jederzeit nachvollziehbar sein.
- **Intervenierbarkeit**: Die betroffenen Personen sollen jederzeit ihre Rechte wie Auskunfts- oder Widerspruchsrecht wahrnehmen können.

Aus den SDM *Gewährleistungszielen* lassen sich folgende Eigenschaften, die für eine Modellierung von datenschutzzentrierten Forschungsplattformen relevant sind, ableiten:

- **Kommunikations-Ablauf-Eigenschaften**:
  - $\mathcal{T}$ransparency-Eigenschaft: Nachvollziehbarkeit der Datenverwendung
    Die Verwendung der Daten einer betroffenen Person muss für diese stets nachvollziehbar sein.
    Hier lässt sich das im SDM geforderte *Gewährleistungsziel* der **Transparenz** erfüllen.

  - $\mathcal{C}$ontrolabillity-Eigenschaft: Kontrolle über Datenfluss
    Eine betroffene Person soll stets den Datenfluss kontrollieren können.
    Eine solche Kontrolle gibt den Betroffenen die Möglichkeit einer potenziellen Datennutzung zu widersprechen und erfüllt somit das **Intervenierbarkeits** Ziel aus dem SDM.

  - Un$\mathcal{L}$inkability-Eigenschaft: Unverkettbarkeit der Daten
    Daten von verschiedenen Forschungsprojekten/-anfragen dürfen nicht unberechtigt zusammengeführt werden.

Diese Forderung entspricht dem **Nichtverkettungs** *Gewährleistungsziel.*

- **Kommunikations-Vereinbarungs-Eigenschaften**:
  - *A*wareness-Eigenschaft: Risikobewusstheit
    Eine betroffene Person soll stets wissen, mit welchem Risiko eine Datenfreigabe verbunden ist.
    Ein solches Risikobewusstsein steigert die im SDM geforderte **Transparenz**.

  - *U*nrecognizability-Eigenschaft: Unerkennbarkeit
    Eine betroffene Person muss auf Wunsch unerkennbar sein können. Durch eine solche Unerkennbarkeit werden identizierende Daten entfernt, die für eine Verarbeitung nicht relevant sind.
    Dadurch lässt sich das *Gewährleistungziel* **Datenminimierung** aus dem SDM umsetzen.

5.3 Kommunikationsgraphen für Forschungsplattformen

Auf Basis der im vorherigen Abschnitt vorgestellten Datenschutzeigenschaften wird nun eine Modellierung für Forschungsplattformen als Kommunikationsgraphen vorgestellt. Anhand dieser Kommunikationsgraphen können Datenschutzeigenschaften von Forschungsplattformen nachgewiesen und gemäß Architekturen entsprechend dieser Eigenschaften verglichen werden.

5.3.1 Voraussetzungen

Eine Grundannahme, die es zu treffen gilt, ist dass die behandelnden Ärzt:innen nicht als Angreifende betrachtet werden sollten. Zwar lassen sich Szenarien konstruieren, in denen nicht ehrliche Ärzt:innen eine Bedrohung darstellen können, dieses Grundvertrauen wird hier aber nicht infrage gestellt.

Angreifende könnten etwa Forscher:innen sein, die Daten, die sie verwenden dürfen, unerlaubt zusammenführen. Dies entspricht dem Modell *honest-but-curious*. Die Angreifenden sind in der Lage auf die freigegebenen pseudonymisierten Daten zuzugreifen. Hierzu besteht nicht nur Zugriff auf eine Partei, sondern es können verschiedene Quellen zusammengeführt werden, um Hintergrundwissen zur Re-Identifizierung zu verwenden. Es werden also die Eigenschaften der Nichtverkettung, Vertraulichkeit und Datenminimierung aus dem SDM angegriffen. Ein Forschungsnetz, das alle zuvor beschriebenen Eigenschaften erfüllt, wird als sicher vor diesen Angreifenden erachtet. In dem hier betrachteten Szenario wird die Zweitnutzung der Daten auf einer technisch sicheren Plattform betrachtet. Mit dem Modell soll hauptsächlich die Kommunikation abgebildet und damit die Datenschutzeigenschaften nachgewiesen werden. Hierzu wird eine solche Plattform als Kommunikationsgraph modelliert.

5.3.2 Grundbegriffe

Ein Kommunikationsgraph ist ein gerichteter Graph $\mathcal{G} = (V,E)$. Jeder Graph betrachtet die Kommunikation von einzelnen Patient:innen PAT. Diese Patient:innen können verschiedene Pseudonyme $pat_1,...,pat_n \in PP$ besitzen, wobei PP die Menge aller möglichen Pseudonyme darstellt. Die Knoten in V bestehen aus den Patient:innen $PAT \bigcup pat_i \in PP$, was der Menge der Patient:in PAT, den entsprechenden Pseudonymen aus PP entspricht, und Datenverarbeitenden $dp_j \in DP$, also $V = PAT \bigcup PP \bigcup DP$ entspricht.
Eine Kommunikationskante ist $E \subseteq V \times V \rightarrow (x,y) \forall x,y \in V$.
Jede Kante besitzt ein Kommunikationslabel $l(e) = (t,\mathcal{O})$, wobei t die Transaktion angibt und $\mathcal{O}$ die betroffenen Daten angibt.

Eine Transaktion t kann verschiedene Formen haben:

- t kann ein Sendetupel (s,p) sein, wobei p eine Datennutzungspolicy ist. Dieses Format ist hier nicht spezifiziert, sondern soll ein direktes Ergebnis aus dem Einwilligungsmanagement sein. Die Policies sind direkt mit den

Daten verknüpft und werden relevant bei deren Verwendung. s stellt das gesendete Objekt dar, das aus verschiedenen Daten bestehen kann.

- t kann ein Requesttupel $(r, impact)$ sein, wobei $impact$ den vorberechneten Einfluss der Anfrage auf für die Daten der Patient:innen angibt, $impact = x \in \mathbb{R}, 0 \leq x \leq 1$. Dies kann zum Beispiel durch Anwendung einer Risikoquantifizierung berechnet werden. Je größer $impact$ umso risikobehafteter das Teilen der Daten $\mathcal{O}$. r stellt das Anfrageobjekt dar und beinhaltet die angefragten Daten und Ähnliches.

- Bei einer Eigenkante ist t eine Ausführungskante x. Eine Ausführung ist nur gültig, falls die zu allen Daten $\mathcal{O}$ im Rahmen der Ausführung zugehörigen Funktion $PEP : (\mathcal{O}, p) \rightarrow \text{true}|\text{false}$ true ergibt. Die Funktion PEP wertet den Datenzugriff auf Basis der entsprechenden Zugriffsrichtlinien aus.

Für die Menge der Daten $\mathcal{O}$ gilt, dass $\sigma \in \mathcal{O}$ ein einzelnes Datum von Patient:innen darstellt.
Mit der Funktion $Cat : \sigma \rightarrow IDAT|MDAT$ kann bestimmt werden, ob es sich bei dem Datensatz um Identitätsdaten oder medizinische Daten handelt. Des Weiteren können mit einem Orakel $I : pat_i \in PP \rightarrow PAT$ Patient:innen de-pseudonymisiert werden (Hinweis: Diese Funktion ist ein theoretisches Konstrukt, um beispielsweise Verkettbarkeiten o.ä. nachzuvollziehen, aber steht Datenverarbeitenden nicht zur Verfügung). Datenverarbeitende können hingegen mit der Funktion $r : pat_i \in PP, dp_i \in DP \rightarrow PAT$ eine Re-Identifizierungsvermutung angeben.

5.3.3 Beispiel: TI mit Forschungsschnittstelle

Die TI wird eine Forschungsschnittstelle (auch Forschungsdatenzentrum genannt; eine rechtliche Betrachtung dieses Konzeptes erfolgt in Kapitel 4) bereitstellen, über die anonymisierten Daten verarbeitet werden können. Dieses Konzept ist rechtlich verankert über das GDNG. Die Patient:innen können lediglich entscheiden, ob deren Daten pseudonymisiert an die Forschungsschnittstelle übertragen werden oder nicht. Des Weiteren werden die Daten von dem Forschungsdatenzentrum pro Forschungsprojekt anonymisiert zur Verfügung gestellt. Abbildung 5.1 zeigt eine vereinfachte, schematische Darstellung der Datenflüsse eines solchen Forschungsdatenzentrums mit Anbindung an die TI.

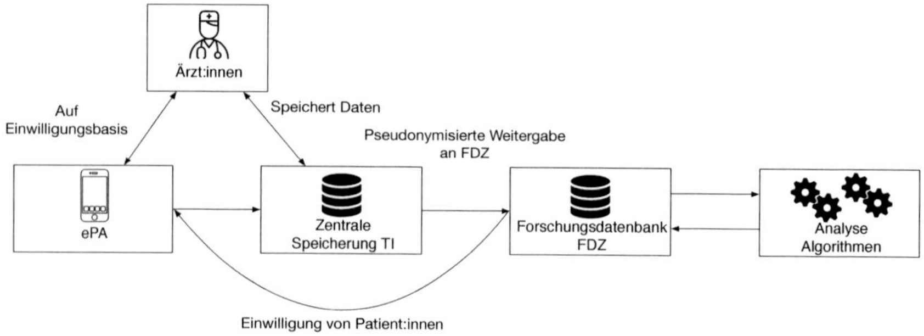

Abbildung 5.1: Schematische Architektur der TI mit Forschungsschnittstelle

Hierbei werden hauptsächlich die Datenflüsse von persönlichen Daten betrachtet. Diese fließen aus der ePA auf Einwilligungsbasis an Ärzt:innen und werden zentral in der TI gespeichert. Über die TI fließen die Daten pseudonymisiert weiter an das Forschungsdatenzentrum. Betroffene können dieser Weitergabe retrospektiv widersprechen. Von dort können Nutzende beispielsweise mit Analyse Algorithmen auf die Daten zugreifen.
Der resultierende Kommunikationsgraph ist in Abbildung 5.2 dargestellt. Der Kommunikationsgraph lässt sich in Knoten mit Klardaten und mit anonymisierten Daten unterteilen. Die Ärzt:innen sind die ersten Datenverarbeitenden, die TI an zweiter Stelle. Hier gibt es immer eine Kante zurück zur ursprünglichen betroffenen Person. Die dritte datenverarbeitende Stelle, das Forschungsdatenzentrum, besitzt lediglich pseudonymisierte Daten. Diese werden nochmals pro weiteren Analysetool speziell anonymisiert. Die Eigenkante zeigt die Datenverarbeitung bei den Analyse-Tools an. Bei Analyse des Kommunikationsgraphen ergeben sich folgende Punkte, die Mängel bei der ePA Architektur hinsichtlich der abgeleiteten Anforderungen aufzeigen:

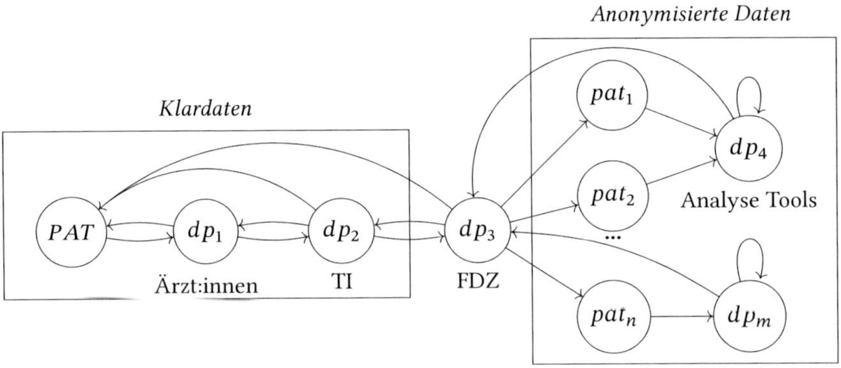

Abbildung 5.2: Kommunikationsgraph für TI mit Forschungsschnittstelle

- **Kommunikations-Ablauf-Eigenschaften**:
  - Nicht jede Datenverarbeiter:in hat eine Rückkante zu PAT, somit keine vollständige Transparenz.
  - Datenverarbeiter:innen können gleiche Patient:innen aus unterschiedlichen Forschungsprojekten nicht verknüpfen. Datensätze sind unverkettbar.
  - Patient:innen können nur kontrollieren, welche Datensätze im Forschungsdatenzentrum gespeichert werden, aber nicht für welche Forschungsprojekte. Somit keine vollständige Kontrollierbarkeit.
- **Kommunikations-Vereinbarungs-Eigenschaften**:
  - Patient:innen können nicht nachvollziehen, welchen Einfluss die Forschung auf deren Datensicherheit hat. Somit ist das Risiko der Freigabe unklar.
  - Patient:innen können bei Forschungsanfragen auf oberster Ebene anonym bleiben. Es werden keine identifizierenden Daten geteilt.

5.3.4 Modellierung Eigenschaften

Final lassen sich folgende Eigenschaften definieren, die ein Kommunikationsgraph erfüllen muss, um die vorher definierten Eigenschaften abgeleitet aus dem SDM umzusetzen:

- $\mathcal{T}$ransparency: $\forall \sigma, I(\sigma) = pat_x \rightarrow \forall dp_i \in DP, \forall e, e = (dp_i, pat_x)$, falls e Request-Kante ist.
  Das heißt, es muss von jedem Datenverarbeitenden eine Rückkante zu PAT existieren.
- $\mathfrak{C}$ontrolability: Für alle Ausführungskanten muss gelten, dass PEP $true$ ausgibt.
  Dadurch werden nur Aktionen ausgeführt, die für die eine positive Zugriffkontrollrichtlinie besteht.
- $\mathcal{A}$wareness: $\forall e, e = (dp_i, pat_x), impact \in l(e)$ mit $0 \leq impact \leq 1$
  Für jede Rückkante von Datenverarbeitenden wird eine Privatsphärerisikoabschätzung angeboten.
- Un$\mathcal{L}$inkability: $\neg \exists i \forall x, y (pat_x, dp_i) \land (pat_y, dp_i) \rightarrow r(pat_x, dp_i) = r(pat_y, dp_i) = I(pat_y) = I(pat_x)$
  Das heißt, dass zwei unterschiedliche Pseudonyme sich nicht verknüpfen lassen.
- $\mathcal{U}$nrecognizability: $\forall e \in E$ mit
  $l(e) = ((r,n), \mathcal{O}) \rightarrow \forall \sigma \in \mathcal{O}, Cat(\sigma) \neq IDAT$.
  Hiermit soll sichergestellt werden, dass keine Identitätsdaten Teil der freigegebenen Daten sind.

5.4 Anwendung

Um die Funktion des vorgestellten Modells zu verdeutlichen, werden in diesem Abschnitt zwei weitere Architekturen vorgestellt und analysiert.

5.4.1 Technologie- und Methodenplattform für die vernetzte medizinische Forschung Modell A

Die Technologie- und Methodenplattform für die vernetzte medizinische Forschung (TMF) ist ein Verein, der durch interdisziplinäre Zusammenarbeit die organisatorischen, rechtlich-ethischen und technologischen Probleme der modernen medizinischen Forschung identifizieren und lösen möchte. Im Rahmen einer der ersten Arbeiten wurde von Pommering et al. ein Modell, genannt TMF Modell A, für den Datenaustausch in medizinischen Forschungsnetzen entworfen [Pom04]. Dieses Modell ist in der Forschung wohl etabiliert, ist aufgrund der Einfachheit relativ anschaulich zu analysieren und wird deshalb hier verwendet, um die Formalisierung zu modellieren. Hierbei steht primär die Pseudonymverwaltung und die Unverkettbarkeit der Daten im Fokus.

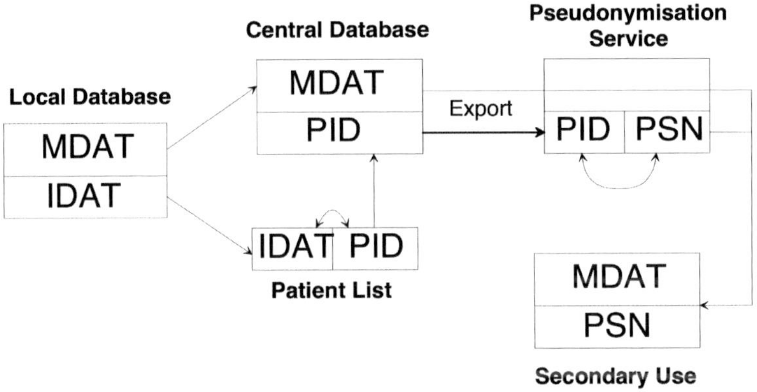

Abbildung 5.3: TMF Modell A Ablauf (Quelle: [Pom04])

Das Schema in Abbildung 5.3 zeigt die Architektur des TMF Modell A. Modell A beschreibt eine lokale Datenbank, in der medizinische Daten mit ihren Identitätsdaten verknüpft sind. Bei der Weitergabe an eine zentrale Datenbank werden die Daten mit einem Pseudonym versehen, das über eine Liste mit den Identitätsdaten verknüpft ist. Diese Liste ist nicht einsehbar für die

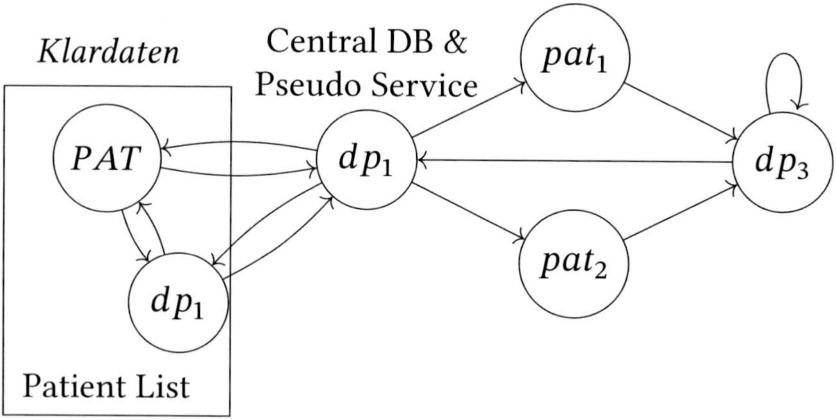

Abbildung 5.4: Kommunikationsgraph für TMF Model A

zentrale Datenbank. Werden Daten für die Zweitnutzung exportiert, wird das Pseudonym zusätzlich pseudonymisiert (*doppelte Pseudonymisierung*) und lediglich die medizinischen Daten mit dem entsprechenden zweiten Pseudonym weitergegeben. Dieses Pseudonym ist für den Pseudonymisierungsdienst reversibel, so dass die Ergebnisse aus der Zweitnutzung zurück in die zentrale Datenbank gespielt werden können.

Der resultierende Kommunikationsgraph ist in Abbildung 5.4 dargestellt. Der Kommunikationsgraph zeigt, dass die Un$\mathcal{L}$inkability-Eigenschaft erfüllt ist. Über Aussagen wie Transparenz trifft das TMF Modell allerdings keine Aussage. Gemäß dem Kommunikationsfluss lässt sich zumindest $\mathcal{C}$ontrolability realisieren. Für $\mathcal{T}$ransparency fehlen Kanten von den Datenverarbeitenden direkt zu den Patient:innen. Weitere Kommunikationsvereinbarungen sind nicht beschrieben, aber vom Aufbau her möglich.

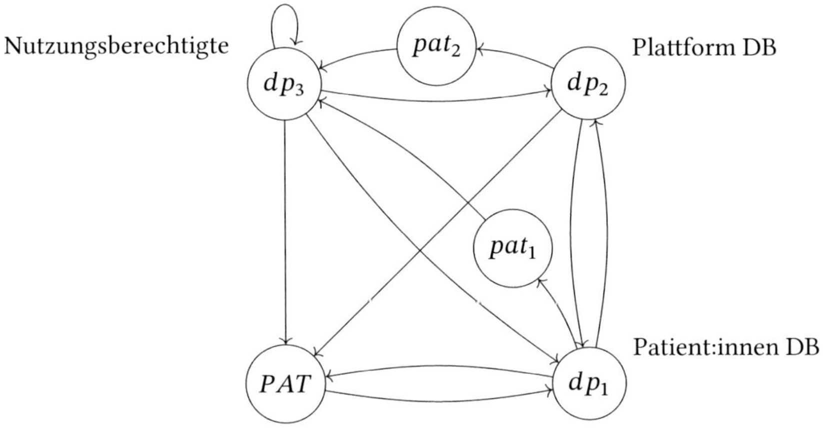

Abbildung 5.5: Kommunikationsgraph für das Konzept datenschutzzentrierte Forschungsplattform

5.4.2 Datenschutzzentrierte Forschungsplattform

Die in Kapitel 4.3 beschriebene und in Abbildung 4.2 dargestellte datenschutzzentrierte Forschungsplattform wird nun ebenfalls mit dem vorgestellten Modell analysiert. Das Konzept ermöglicht eine Datenübertragung aus der kompletten Datenbank der Plattform, aber lässt die Patient:innen auch direkt Daten an die Nutzungsberechtigten freigeben und somit steuern.

Abbildung 5.5 zeigt den Kommunikationsgraph für die Architektur der datenschutzzentrierten Forschungsplattform. Der resultierende Graph zeigt, dass alle verarbeitenden Stellen eine Rückrichtung mit der ursprünglichen betroffenen Person haben. Exemplarisch stellt dp_3 die datenverarbeitenden Stellen dar, was auch durch die Eigenkante angezeigt wird. Dorthin fließen nur Daten in separat pseudonymisierter Form, dargestellt durch pat_1 und pat_2. Anhand des Kommunikationsgraphes ergeben sich folgende Eigenschaften:

- $\mathcal{T}$ransparency: Alle Datenverarbeitende sind mit dem ursprünglichen PAT verbunden.

- $\mathcal{C}$ontrolability: Aus $\mathcal{T}$ folgt, dass PAT jede Datenverarbeitung kontrollieren kann.
- Un$\mathcal{L}$inkability: Pro Datenfreigabe wird ein Pseudonym erstellt.
- $\mathcal{A}$wareness: Zu jeder Anfrage wird ein *impact* angegeben.
- $\mathcal{U}$nrecognizability: Die betroffene Person kann wählen, ob die Nutzungsberechtigten auf Einwilligungsbasis auch Klardaten/Identitätsdaten erhalten, oder ob vollständig anonymisiert wird.

5.5 Maßnahmen für Datensouveränität

Die hier vorgestellten und analysierten Architekturen und das in Kapitel 4 vorgestellte Konzept zeigen, welche Technologien verwendet werden können, um Datensouveränität für Betroffene zu steigern. Konkret werden in dieser Arbeit Einwilligungsmanagement und Privatsphäre wahrende Technologien betrachtet. Tabelle 5.1 bietet einen Überblick, welche formale Eigenschaft durch welche Technologie gestärkt werden kann.

Tabelle 5.1: Einordnung der Technologien zur Stärkung von Datensouveränitätseigenschaften

	Einwilligungsmanagement	Privatsphäre wahrende Techniken
$\mathcal{T}$ransparency	•	
$\mathcal{U}$nrecognizability		•
Un$\mathcal{L}$inkability	•	•
$\mathcal{A}$wareness	•	•
$\mathcal{C}$ontrolability	•	

Einwilligungsmanagement mit der Möglichkeit, die Nutzung der Daten nachzuvollziehen, kann die $\mathcal{T}$ransparency Eigenschaft stärken. Durch die gezielte Freigabemöglichkeit für die betroffenen Personen, stehen Maßnahmen zur Verfügung, die die Verknüpfung von Daten verhindern und somit

Un$\mathcal{L}$inkability ermöglichen. Ein Einwilligungsmanagement, welches eine Risikoquantifizierung und somit eine Entscheidungsunterstützung für die Betroffenen vornimmt, gibt stets eine Risikoeinschätzung für die Datenfreigabe. Hiermit kann die $\mathcal{A}$wareness Eigenschaft als erfüllt betrachtet werden. Zuletzt ermöglicht die feingranulare Einwilligung eine volle Kontrolle, also $\mathcal{C}$ontrolability, durch die Betroffenen. Die Privatsphäre wahrenden Technologien hingegen können die Daten so verändern, dass die betroffene Person unerkennbar ist, was $\mathcal{U}$nrecognizability erfüllt. Zusätzlich wird hierdurch auch die Verknüpfung von Daten erschwert, wodurch Un$\mathcal{L}$inkability ermöglicht wird. Außerdem können Privatsphäre wahrende Technologien auch dazu dienen, um den Privatsphäreschutz einer Datenfreigabe zu quantifizieren. Dies kann beispielsweise durch die Angabe des Parameters bei k-Anonymity erfolgen. Damit ist $\mathcal{A}$wareness erfüllt.

Es gilt im Allgemeinen, den Trade-Off von Forschungsinteresse gegen Datenkontrolle von Patient:innen zu betrachten. Zum einen ist hervorzuheben, dass die uneingeschränkte Verwendung von anonymisierten Patient:innendaten völlig legitim und aus Forschungssicht sicherlich auch unentbehrlich ist. Dies ist sowohl durch die DSGVO als auch verschiedene nationale Gesetze, wie die Landeskrankenhausgesetze mit Eigenforschungsprivilegien, abgedeckt. Allerdings sollte beachtet werden, dass auch bei anonymisierten Daten ein Risiko durch Re-Identifizierung besteht. Ein zusätzlicher Nachteil ist, dass vollständig anonymisierte Daten keine Möglichkeit der Rückspielung von individuellen Erkenntnissen bietet. Sogenannte *coincidental findings* wären nur möglich, wenn ein Pseudonym oder Identitätsdaten verfügbar wären.

Vielversprechende Ansätze sind Verfahren zum automatisierten Einwilligungsmanagement und Privatsphäre wahrende Technologien, die sowohl ein ähnliches Schutz- und Komfortniveau für die Forschung erreichen können wie Anonymisierung, als auch mehr Teilhabe und Souveränität für den Patienten ermöglichen.

5.6 Zwischenfazit

Die zwei Beispiele des Kapitels sollen die Anwendung verdeutlichen und zeigen, wie sich das Modell generalisieren lässt. Zusätzlich wird analysiert, wie die folgenden Schwerpunkte dieser Dissertation bezüglich der definierten Eigenschaften eingeordnet werden können. Dies dient als Grundlage für die Vertiefung innerhalb der weiteren Kapitel. Der Ansatz wird im weiteren Verlauf der Dissertation für die Analyse erneut aufgegriffen.

6 Automatisiertes Einwilligungsmanagement

Dieses Kapitel betrachtet einen der Hauptstränge des Forschungsvorhabens, um Datensouveränität für Betroffene zu stärken. Ziel ist es, sowohl die Forschung zu erleichtern als auch Datensouveränität durch die Umsetzung und Stärkung von Betroffenenrechten zu ermöglichen. Dazu wird das Themenfeld des automatisierten Einwilligungsmanagements betrachtet. Zuerst wird der grundlegende Einwilligungsworkflow eingeführt und daraufhin das Konzept des souveränen Einwilligungsmanagements vorgestellt. Dieses Konzept besteht aus einer Kombination von dynamischen Einwilligungen und Privatsphärerisikoquantifizierungen, die ebenfalls in diesem Kapitel erläutert und evaluiert werden. Bei den dynamischen Einwilligungen können Betroffene jederzeit Datenfreigaben steuern und anpassen. Innerhalb dieser Dissertation wird im Rahmen des Einwilligungsmanagements in vielen Punkten von Befunden gesprochen, allerdings können die vorgestellten Technologien potenziell auch mit Anpassungen auf die weiteren relevanten Datenarten für die medizinischen Forschung angewendet werden. Die Privatsphärerisikoquantifizierung wird auf Basis der freigegebenen Daten in Kombination mit möglichen Risiko- und Akzeptanzfaktoren eines Forschungsvorhabens berechnet. Es gilt anzumerken, dass gerade Datenschutzkonformität und Datensouveränität keine messbaren Größen und auch nicht fest definiert sind, deswegen erfolgt die Evaluation des Verfahrens in Teilen auch nach qualitativen Kriterien. Da es sich bei souveränen digitalen Einwilligungen nicht nur um technische Konzepte handelt, sondern Technologien, mit denen die Nutzenden über Apps interagieren, wird ebenfalls eine durchgeführte Nutzendenstudie vorgestellt, in deren Rahmen diverse Interfaces für souveräne Einwilligung erstellt und die auf verschiedene Aspekte der Gebrauchstauglichkeit analysiert werden. Teile dieses Kapitels wurden bereits in den Veröffentlichungen [App20b, App21c, App22a, App22b, App23a] behandelt, werden hier zusammenfassend betrachtet und erweitert zusammengeführt.

6.1 Grundlagen für automatisiertes Einwilligungsmanagement

Um die Forschung mit mehr und mehr digital verfügbaren medizinischen Daten zu stärken, sind digitale Einwilligungen eine wichtige Komponente. Es ist relativ einfach nachzuvollziehen, dass papierbasierte Einwilligungen einen massiven Mehraufwand bedeuten. Zum einen ist das Ausfüllen aufwendiger, zum anderen auch die händische Auswertung der Einwilligungen und die Sicherstellung der damit verbundenen Bedingungen bei der Verwendung der Daten. Für betroffene Personen ist zusätzlich die Einsichtnahme der Einwilligung oder ein möglicher Widerspruch komplizierter als bei der Verwendung digitaler Lösungen [Abu21, Maz23, Dyk23]. Wie in den verwandten Arbeiten in Kapitel 3.2 dargestellt, existieren Lösungen für digitale Einwilligungen. Dies kann je nach Studiengröße ein sehr zeitintensiver Vorgang sein. Neben den Vorteilen für Forschende wollen Patient:innen heutzutage auch stärker in die Nutzung und Freigabe von persönlichen Daten eingebunden werden [Auj07]. In diesem Abschnitt wird ein Workflow für digitale Einwilligungen vorgestellt, die sich dadurch automatisiert auswerten lassen und somit die entsprechenden Daten freigeben, ohne das eine weitere händische Evaluation nötig ist.

6.1.1 Digitale Einwilligungen

Für digitale Einwilligungen existieren diverse standardisierte Formate. BPPC gilt als erstes Format für digitale Einwilligungen und wurde von der Integrate

the Healthcare Enterprise (IHE) Initiative entwickelt [Int19b]. Allerdings bietet BPPC lediglich grundlegende Funktionen für die Umsetzung von Einwilligungen. So wird kein Format spezifiziert, um Einwilligungen maschinenlesbar zu hinterlegen. Die Arten der Einwilligungen und Einwilligungsentscheidungen sind auf wenige festgelegte Typen beschränkt. Ein Beispiel dafür ist eine Ja/Nein-Entscheidung, die eine Opt-In beziehungsweise -Out Lösung umsetzen kann. Weiterhin existiert die Möglichkeit, eine beliebige Abbildung eines Einwilligungsdokument (z. B. ein Scan) zu hinterlegen und mit einem Nachweis der Einwilligung der Betroffenen zu verknüpfen (beispielsweise auch in eingescannter Form). Hierdurch kann eine dritte Partei die Einwilligung auswerten. Durch das fehlende strukturierte Format ist eine automatisierte Einwilligung nicht vorgesehen.
Eine Weiterentwicklung von BPPC stellt APPC dar [Int19a]. APPC ermöglicht die Abbildung aller Ressourcen, die auch mit BPPC erstellt werden können. Allerdings können nicht die vordefinierten Typen von BPPC verwendet werden. Stattdessen werden strukturierte Richtlinien für eine Einwilligungsentscheidung hinterlegt, so dass Betroffene eine feingranulare Entscheidung treffen können. Der Vorteil davon ist, dass ein Zugriffskontrollsystem solche Richtlinien automatisiert auswählen kann. Die Autor:innen von APPC schlagen zur Umsetzung der Richtlinien die Verwendung von XACML vor, wie es ebenfalls in dieser Arbeit verwendet wird. Der Standard spezifiziert allerdings keinen Durchsetzungsmechanismus. Zu dem Zeitpunkt, als diese Dissertation verfasst wurde, war APPC immer noch in der Erprobungsphase[1].
Ein weiteres Format ist FHIR Consent, das eine FHIR Ressource für Einwilligungen ist. Die Ressource beinhaltet die Einwilligung von einer spezifischen Patient:in oder zu spezifischen Patient:innen Daten wie medizinische Untersuchungen oder demographische Daten. Aktuell setzt FHIR-Consent nur die datenschutzbezogene Einwilligung um. Grundsätzlich ist es aber vorgesehen,

[1] Siehe dazu die Trial Spezifikation: https://www.ihe.net/uploadedFiles/Documents/ITI/IHE_ITI_Suppl_APPC.pdf (Letzter Zugriff: 27.11.2023)

auch Einwilligungen zu einer medizinischen Behandlung oder zu erweiterten Behandlungsempfehlungen umzusetzen. Aktuell ist dies noch nicht implementiert. Ein typischer Anwendungsfall für eine FHIR-Consent Ressource ist die digitale Abbildung eines Datenschutz-Einwilligungsbogen, den Patient:innen bei dem ersten Besuch von Ärzt:innen ausfüllen müssen. Durch diese Einwilligung können Ärzt:innen Zugriff auf vorherige Befunde, wie sie beispielsweise in der ePA hinterlegt sind, erhalten. Hierbei ist eine feingranulare Einwilligung möglich, da in FHIR-Consent festgelegt werden kann, ob auf spezifische Daten durch einen fest definierten Dritten zugegriffen werden kann oder nicht. In der aktuellen Version existiert ein Feld, in dem eine maschinenlesbare Richtlinie zur Einwilligungsdurchsetzung hinterlegt werden kann. Allerdings definiert FHIR-Consent noch keine Richtlinie, wie dies erfolgen soll.

Tabelle 6.1: Vergleichende Übersicht von Formaten für digitale Einwilligungen

	FHIR-Consent	**BPPC**	**APPC**
Strukturiert	Ja	Nein	Ja
Granularität	Teilweise fein	Grob	Fein
Automatische Auswertung	Möglich	Nein	Ja
Automatische Durchsetzung	Nein	Nein	Nein
Hauptzweck	Strukturiertes Format	Grundlegende Einwilligung	Automatische Evaluation

Tabelle 6.1 zeigt die vorgestellten Formate für digitale Einwilligungen. FHIR-Consent und APPC bieten Möglichkeiten, strukturierte Einwilligungen zu erstellen, wodurch die Maschinenlesbarkeit erleichtert wird. BPPC hingegen setzt lediglich grundlegende Konzepte, um ein Einwilligungsdokument zu digitalisieren. Bezüglich der Granularität ermöglicht APPC feingranulare Einwilligungen durch den attributbasierten Ansatz. FHIR-Consent ermöglicht eine Art von Feingranularität dadurch, dass eine Gruppe von Personen definiert werden kann, auf die sich die Einwilligungsentscheidung beschränkt. Im Gegenteil dazu ermöglicht BPPC nur eine grobe Form der Granularität durch

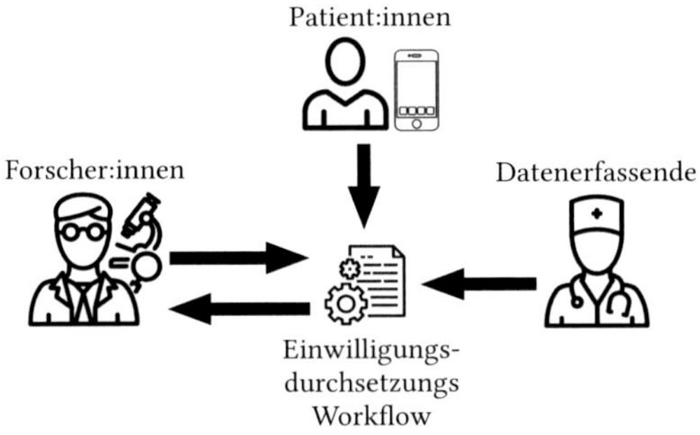

Abbildung 6.1: Teilnehmer:innen eines Workflows für digitale Einwilligungen und deren Aktionen

die fest definierten Typen an Einwilligungsentscheidungen. Hinsichtlich der automatisierten Durchsetzung sehen sowohl FHIR-Consent als auch APPC die Anwendung von Richtlinien vor. Allerdings definiert FHIR-Consent kein Format dafür. BPPC hingegen benötigt eine menschliche und manuelle Auswertung. Final gilt es festzustellen, dass zwar Vorbereitungen und Überlegungen existieren, allerdings keiner der vorgestellten Standards einen kompletten Workflow für die automatisierte Erfassung und Durchsetzung von Einwilligungen bietet. Im Folgenden wird eine Lösung dafür auf Basis von XACML dargestellt.

6.1.2 Durchsetzung von Einwilligungen

Die grundlegende Annahme im Rahmen dieser Dissertation ist, dass die medizinischen Daten im FHIR Format vorliegen. Diese Annahme entspricht zwar hauptsächlich in Einrichtungen mit älteren Systemen bislang nicht der Realität und selbst moderne Systeme mit FHIR Unterstützung sind wenig verbreitet, aber FHIR stellt den de-facto Standard für den medizinischen Datenaustausch dar und wird auch in neuen Richtlinien für Systeme gefordert [Bra18]. Des Weiteren muss definiert werden, wie welche Akteure innerhalb des Einwilligungssystems miteinander interagieren. Abbildung 6.1 zeigt eine Übersicht aller Akteure und deren Interaktionen. Die Abbildung zeigt die sekundäre Nutzung von medizinischen Daten. Hierfür können Datenerfassende wie Ärzt:innen oder Pfleger:innen Daten von Patient:innen erfassen und zu einem zentralen System hinzufügen (dieses System wird hier nicht genauer spezifiziert - es könnte aber die TI oder eine andere Forschungsplattform darstellen). Das zentrale System ermöglicht es Forschenden verschiedene Daten anzufragen. Über die Freigabe dieser Anfragen entscheiden final die Patient:innen durch ihre Datenfreigaben. Diese Datenfreigaben werden mit einem digitalen Tool, wie einer Smartphone-App, erstellt und verwaltet. Die Nutzer:innen können gezielt einzelne Daten für bestimmte Forschende freigeben. Dies kann auch ohne eine spezifische Anfrage erfolgen, somit können Daten für Forscher:innen bereits bei einer Anfrage freigegeben sein. Das System gibt automatisiert nur die Daten frei, die die betroffene Person definiert hat.

Wie die vorherige Übersicht in Kapitel 6.1.1 über digitale Einwilligungen zeigt, existieren zwar Ansätze für digitale Einwilligungen, aber kein Durchsetzungsformat. Die Anforderungen von APPC erfordern es, diese Einwilligungen mit attributbasierten Regeln abzubilden. Deshalb wird XACML für die Umsetzung dieser Regeln verwendet. Für die Verwendung von XACML spricht ebenfalls, dass die Datenzugriffsanfrage von Forschenden auch als klassische Zugriffskontrollanfrage eines Subjekts auf eine Ressource angesehen werden kann. Durch die attributbasierten Richtlinien können auch beliebig feingranulare Einwilligungen erstellt werden. Somit können etwa Regeln auf Basis von Elementen in den strukturierten FHIR Daten oder Richtlinien erstellt werden, die nur den Zugriff auf Ressourcen, die innerhalb eines bestimmten Zeitraumes erstellt wurden, ermöglichen. Der Einsatz von XACML basiert auf dem in Kapitel 2.5.1 vorgestellten Modell, wobei im konkreten Fall die betroffene Person durch das Erstellen der Richtlinien als Policy Administrator angesehen werden kann, womit die entsprechende Smartphone-App den PAP darstellt.

Abbildung 6.2 zeigt den Workflow für die automatische Durchsetzung einer digitalen Einwilligung. Es wird eine spezielle Datenbank für die Speicherung der Einwilligungen verwendet. Die Konfiguration der Datenbank in Form von Lokalität und ob pro Patient:in oder global hängt vom Szenario ab. Von Patient:innen erstellte Einwilligungen werden an den PAP gesendet, welcher eine Durchsetzungsrichtlinie aus der Einwilligung erstellt und diese

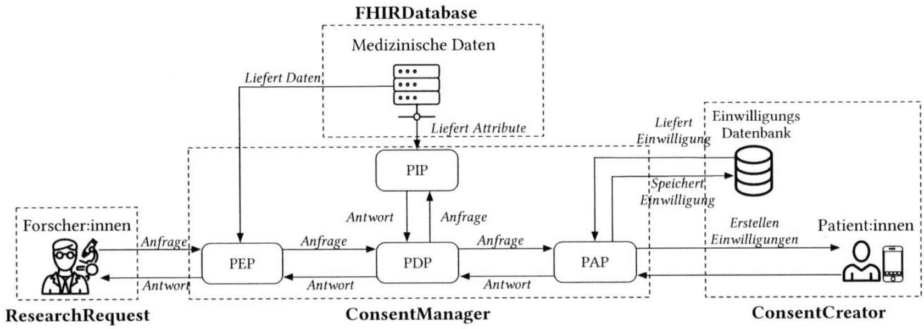

Abbildung 6.2: Schematische Darstellung des Ablaufs für die automatisierte Durchsetzung von digitalen Einwilligungen

anschließend in der Datenbank speichert. Ein FHIR-Server stellt die Datenquelle für die medizinischen Daten dar. Dieser Server kann beispielsweise mit einem Krankenhausinformationssystem verbunden sein oder von einer Infrastruktur wie der TI bereitgestellt werden. Sobald eine dritte Partei wie Forscher:innen Daten anfragen, werden diese Anfragen an den PEP gestellt. Aus dieser Anfrage wird nun eine XACML-Anfrage erstellt, die vom PDP evaluiert wird. Der PDP verwendet nun den PIP, um die erforderlichen Informationen über die abgefragten Ressourcen vom FHIR-Server zu erhalten. Falls nun eine Richtlinie vom PAP die Datenfreigabe anhand der vom PIP gelieferten Attribute erlaubt, gibt der PDP die Anfrage frei und der PEP kann die Daten an die Forscher:innen übertragen.

6.1.3 Implementierung von automatisiertem Einwilligungsmanagement

Für die grundlegende Implementierung des automatisierten Einwilligungsmanagements können die Betroffenen auf zwei Arten zur Datennutzung einwilligen. Zum einen können medizinische Daten wie Befunde direkt freigegeben werden und zum anderen können Daten über eine spezifische Zeitspanne freigegeben werden. Diese rudimentären Optionen stellen die grundlegenden Funktionen für ein Einwilligungsmanagement dar und sind somit die Basis für das automatisierte Einwilligungsmanagement. In den folgenden Abschnitten werden auch komplexere und umfassendere Varianten eingeführt. Eine Komponente ist die Smartphone-App, hier *ConsentCreator* genannt. Diese App ist die Hauptschnittstelle für Betroffene, um ihre Einwilligungen zu verwalten.

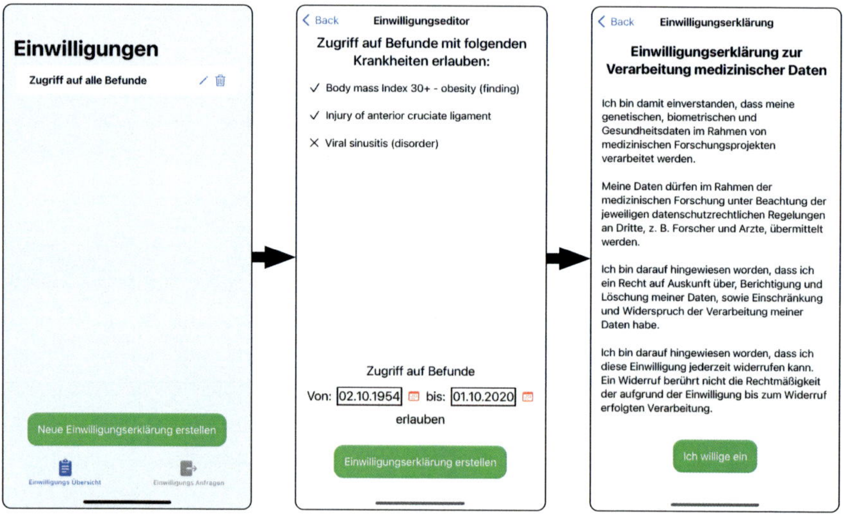

Abbildung 6.3: Nutzungsablauf der *ConsentCreator* App zum Erstellen einer neuen Einwilligung

Abbildung 6.3 zeigt einen typischen Nutzungsablauf der Anwendung. Zuerst zeigt die Anwendung eine Übersicht über alle vom Nutzenden erstellten Einwilligungen. Diese können modifiziert oder gelöscht werden. Über eine Schaltfläche können neue Einwilligungen erstellt werden. Nach Auswahl dieser Option können die Nutzenden eine Übersicht über all ihrer bisherigen Befunde einsehen. Es gilt zu bemerken, dass die Liste je nach Fall sehr lange ausfallen kann. Für solche Fälle sind Filter- und Kategorisierungsfunktionen notwendig, wie sie auch im weiteren Verlauf des Kapitels eingeführt werden. Aus dieser Liste können die Nutzer:innen wählen, welche Befunde geteilt werden sollen. Es existiert keine standardmäßige Vorauswahl. Weiterhin kann durch die Auswahl eines Start- und Enddatums ein Zeitraum definiert werden. Sobald die Nutzer:innen ihre Auswahl getroffen haben, folgt ein Dialog mit einer Bestätigung und eine Ansicht, die rechtlichen Informationen zu den

Einwilligungen anzeigen kann. Nach der Bestätigung wird die Einwilligungsressource erzeugt.
Der technische Kern des Systems ist der *ConsentManager*, welcher als Hauptinterface zwischen den erstellten Einwilligungen, den Forschenden, die Daten anfragen, und der Datenquelle fungiert. Der *ConsentManager* beinhaltet außerdem alle Elemente der XACML Architektur. Das Modul erstellt anhand der vom *ConsentCreator* erzeugten Einwilligungen darauf basierende XACML Richtlinien und speichert sie in der *ConsentDatabase*.
Die letzte Komponente ist das *ResearchRequest* Modul, welches als Endpunkt für die Forscher:innen dient. In der vorliegenden Implementierung handelt es sich um eine einfache Schnittstelle, über die Daten vom *ConsentManager* abgefragt werden. Das Modul erhält die Daten dann gemäß den Einwilligungen der betroffenen Personen. In dieser Implementierung müssen die Forscher:innen die Ressourcen vor ihrer Anfrage spezifizieren. Für eine Nutzung in echten Systemen sollte eine Zusatzschicht entwickelt werden, die einfachere Anfragen (beispielsweise nach Kategorien) ermöglicht und an das *ResearchRequest* Modul weiterleitet.

6.2 Souveränes Einwilligungsmanagement

Der vorherige Ansatz bietet Lösungen für die grundlegende Problemstellung der digitalen Einwilligungen. Während die automatisierte Durchsetzung durch die Nutzung der XACML basierten Architektur erweiterbar umgesetzt worden ist, ist der Einwilligungsprozess für die Betroffenen noch komplex. Betroffene Personen müssen pro Forschungsvorhaben/Forschende explizit Befunde auswählen. Für eine rein technische Lösung ist dies der offensichtlichste Ansatz. Für eine intuitiv nutzbare Umsetzung ist die Vielzahl an Auswahlmöglichkeiten allerdings zu komplex. Zusätzlich benötigen Betroffene ein medizinisches Verständnis, um die eigenen Befundungen überhaupt zu verstehen. Ebenso kann die Liste an Befunden bei Personen mit chronischer Erkrankung länglich ausfallen. Diese Probleme sollen die souveränen Einwilligungen lösen. Hierbei soll der Fokus sowohl auf den Bedürfnissen von Patient:innen, als auch von Forscher:innen liegen. Die Patient:innen sollen intuitive Möglichkeiten erhalten, um medizinische Daten dynamisch für die Forschung bereitzustellen. Weiterhin sollen die Betroffenen auch den Einfluss einer Datenfreigabe auf die individuelle Privatsphäre abschätzen können. Für die Forschungsseite soll es Wege geben, bestehende Daten in datenschutzkonformer Weise proaktiv anzufragen.

6.2.1 Arten von Einwilligungen

Für die Interessen der Forschungsseite ist es wichtig, die verschiedenen Arten von Einwilligungen zu betrachten. Die klassische Einwilligung ist streng zweckgebunden und erfolgt pro Forschungsprojekt. Dies hat den Nachteil, dass Daten ausschließlich für den vorgegebenen Zweck verwendet werden können und beispielsweise nicht für die breitere Analyse verwendet werden können. Weil häufig durch die Big Data Analyse auch Zufallsbefunde oder Muster gefunden werden können, die vorher nicht erwartet worden sind, gibt es die Bestrebungen nach Einwilligungsarten, die eine weniger zweckgebundene Datenverarbeitung erlaubt.
Eine dieser Einwilligungsarten ist der sogenannte *Broad Consent* [Cau09]. Dieser zeichnet sich hauptsächlich dadurch aus, dass die Datenfreigabe und -erfassung auch für Forschungsprojekte erfolgt, die bisher noch keinen spezifischen Zweck besitzen. Für die meisten Forschungsprojekte dieser Art wird lediglich ein *breiter* Zweck festgelegt wie „medizinische Forschung". Dadurch sollen Big Data Analysen wie zuvor beschrieben ermöglicht werden. Es existieren allerdings Bedenken, ob eine solche Einwilligung rechtlich und ethisch konform ist [Pet10]. In der DSGVO ist unter anderem die Verarbeitung von Daten ohne spezifischen Zweck grundsätzlich untersagt. Allerdings existiert mit dem Erwägungsgrund 33 eine Aufweichung dieser Verordnung, indem bestimmte Forschungsdisziplinen mit hohen ethischen Anforderungen – wie Medizin – keinen genau spezifizierten Zweck angeben müssen. Die Auslegung dieses Erwägungsgrundes ist allerdings umstritten. Mit der Mustereinwilligung der deutschen Medizin Informatik Initiative (MII) existiert eine bundesweit von den Datenschutzbehörden akzeptierte Mustereinwilligung für *Broad Consent* [Med20].

Eine andere Form der Einwilligung ist *Dynamic Consent*, welcher zum Ziel hat, die Patient:innenmiteinbeziehung durch aktive Teilnahme an Forschungsprojekten zu stärken. Das Grundprinzip von *Dynamic Consent* ist es, bereits erteilte Einwilligungen in Zukunft noch modifizieren zu können. Die Patient:innen haben die Möglichkeit einen umfassenden Zugriff auf ihre medizinischen Daten zu geben oder nur einen Teil der Daten freizugeben. Die zugrundeliegende Einwilligung kann anschließend jederzeit modifiziert werden. Ein solcher Ansatz muss durch moderne Technologien wie Apps, Webportale oder Durchsetzungsworkflows unterstützt werden und ist nicht durch papierbasierte Einwilligungen realisierbar. Durch die technische Umsetzung besteht auch die Möglichkeit, dass ein Forschungszweck dynamisch angepasst werden kann und die Betroffenen darauf reagieren können. Ein weiterer Vorteil ist, dass Einwilligungen auch proaktiv sein können. Das bedeutet, dass Forschende ganze Kategorien anfragen und Patient:innen diese auch freigeben können. Dadurch können auch Daten geteilt werden, die etwa erst nach dem Erstellen der Einwilligung erfasst werden. Der Einsatz von *Dynamic Consent* in unterschiedlichen Szenarien wird in verschiedenen Studien als erfolgsversprechend bezeichnet [Mon12, Pri20]. Durch die explizite Zweckbindung wird *Dynamic Consent* als DSGVO konform betrachtet [Frö22].

Tabelle 6.2 zeigt eine vergleichende Übersicht der Einwilligungskonzepte *Dynamic Consent* und *Broad Consent*. Wie bereits erwähnt, kann *Dynamic Consent* ausschließlich digital realisiert werden. Die Autonomie der Betroffenen ist durch den breit definierten Zweck bei *Broad Consent* eher passiv, während die Patient:innen bei *Dynamic Consent* durch den Einsatz von digitalen Technologien aktiv und dauerhaft eingebunden werden. Im Bereich der Zweckbindung lässt sich feststellen, dass es ein Grundprinzip von *Broad Consent* ist, den Zweck so offen wie möglich zu halten, während bei *Dynamic Consent* der Zweck auch nach der initialen Entscheidung dynamisch veränderbar ist. Forschende und Betroffene können Änderungen beschließen, die dann von der Gegenseite für das weitere Vorgehen überprüft werden können. Dies zeigt sich auch im zeitlichen Ablauf der Verfahren.

Tabelle 6.2: Vergleich von *Broad Consent* und *Dynamic Consent* (In Anlehnung an [Tea15]).

Eigenschaft	***Broad Consent***	***Dynamic Consent***
Form der Einwilligung	Papier basiert	Digital
Autonomie von Betroffenen	Passiv	Aktiv und dauerhaft eingebunden
Zweckbindung	Zweck kaum einzuschränken	Zweck lässt sich dynamisch anpassen
Zeitlicher Ablauf	Einmalige Entscheidung	Iterativer Vorgang, Entscheidungen können jederzeit verändert oder widerrufen werden
Forschungsteilhabe	Durch Einsatz von digitaler Technologie vielfältig und unmittelbar	Durch Einsatz von digitaler Technologie vielfältig und unmittelbar

Broad Consent ist in der Regel eine einmalige, lineare Entscheidung, während der Prozess bei *Dynamic Consent* iterativ und andauernd ist, da die Möglichkeit besteht, dynamisch Änderungen vorzunehmen. Die Nutzung digitaler Technologie wirkt sich auch auf die Forschungsteilhabe für Patient:innen aus. Bei der Teilhabe hängt die Miteinbeziehung stark vom Format der eingeholten Einwilligung ab. Sowohl für *Broad Consent* als auch *Dynamic Consent* können digitale Verfahren für die direkte Miteinbeziehung eingesetzt werden. Die digitalen Möglichkeiten ermöglichen vielfältige und unmittelbare Wege, wie die Information oder Kontaktaufnahme über Apps.

6.2.2 Anforderungen für souveräne Einwilligungen

Basierend auf den in Kapitel 4 vorgestellten rechtlichen Grundlagen, den technischen Anforderungen für digitale Einwilligungen aus Abschnitt 6.1 und den hier vorgestellten Einwilligungskonzepten, werden im Folgenden die Anforderungen für die im Rahmen dieser Dissertation eingeführten souveränen digitale Einwilligungen beschrieben.

- **Anforderung SE.1:** *Kontrolle durch betroffene Person*:
  Die betroffene Person soll jederzeit in der Lage sein, die Datenfreigabe zu kontrollieren. Eine solche Freigabe soll auch nicht nur eine Ja/Nein-Entscheidung sein, sondern feingranular, wie es das Konzept des *Dynamic Consents* voraussetzt.

- **Anforderung SE.2:** *Automatische Durchsetzung von Einwilligungen*:
  Um die dynamischen Freigaben von Konzepten wie *Dynamic Consent* umzusetzen, wird zwingend eine automatisierte Durchsetzung der Einwilligungen benötigt.

- **Anforderung SE.3:** *Informierte Entscheidung*:
  Trotz der potenziellen Komplexität von digitalen Einwilligungen sollen Betroffene jederzeit eine informierte Entscheidung treffen können. Diese rechtliche Anforderung kann durch nutzerfreundliche Interfaces und Entscheidungsunterstützungssysteme, welche die Präferenzen der Nutzer und mögliche Risiken berücksichtigen, umgesetzt werden.

- **Anforderung SE.4:** *Proaktiv*:
  Es soll die Möglichkeit bestehen, ganze Kategorien von Daten proaktiv freizugeben. Dies soll so gestaltet werden, dass es jederzeit für die Betroffenen nachvollziehbar ist, welche Daten wann geteilt werden. Hierdurch wird ein breiter und umfassender Zugriff auf Daten gewährt, während die Patient:innen nach wie vor die Kontrolle behalten.

- **Anforderung SE.5:** *Forschungsfreundlich*:
  Neben der Stärkung der Patient:innen Interessen sollen souveräne Einwilligungen auch die Interessen von Forschenden berücksichtigen. Dies ist teilweise auch in anderen Anforderungen wie der automatischen Durchsetzung oder proaktiven Einwilligungen enthalten.

6.2.3 Formales Modell für souveräne Einwilligungen

Um den weiteren Entwurf der Komponenten und um eine formale Grundlage zu erhalten, wird ein formales Modell für souveräne Einwilligungen benötigt. Dies leitet sich zum einen aus den Anforderungen aus Abschnitt 6.2.2, der technischen Spezifikation für die Dokumentenverwaltung der ePA und der Mustereinwilligung für Forschungsprojekte der MII ab. Die technischen Spezifikationen für die Dokumentenverwaltung der ePA beschreibt die beteiligten Parteien und Funktionsweise für eine Datenfreigabe innerhalb der TI [Gem22]. Dieses Freigabemanagement wird detaillierter in Kapitel 2.1 betrachtet. Die Mustereinwilligung der MII ist deutschlandweit anerkannt, da sie von der DSK als datenschutzkonform betrachtet wird[2]. Zwar handelt es sich bei der Mustereinwilligung auch um ein Dokument, was potenziell breite Einwilligungen ermöglicht, dennoch ist die Systematik und vor allem die möglichen Eingabewerte, die die Vorlage bereitstellt, eine fundierte Basis für die Erstellung eines formalen Modells. Für die systematische Beschreibung von medizinischen Daten und deren Kategorien wird die medizinische Terminologie SNOMED-CT verwendet.

Aus diesen technischen Grundlagen und etablierten Modellen leitet sich das folgende formale Modell für souveräne digitale Einwilligungen ab, das in Tabelle 6.3 dargestellt wird. Zu jeder Einwilligung gehört ein Subjekt S und eine autorisierte Partei AP, in Form von Forscher:innen oder einem Forschungsprojekt. Die SNOMED-CT Codes werden als Liste $pRes$ von erlaubten Befunden und $dRes$ verbotenen Befunden für die entsprechende Partei geführt. Dies zusammen ergibt die Policy $P_{i,j} = (AP_j, pRes_j, dRes_j)$ eines Subjekts S_i für die autorisierte Partei AP_j, wobei in $pRes_j$ die SNOMED-CT Codes geführt werden, auf die Zugriff gewährt wird, und in $dRes_j$, die für die der Zugriff explizit untersagt ist.

[2] https://www.medizininformatik-initiative.de/de/medizininformatik-initiative-erhaelt-gruenes-licht-fuer-bundesweite-patienteneinwilligung (Letzter Zugriff: 27.11.2023)

Tabelle 6.3: Übersicht von Elementen des souveränen Einwilligung Modells

Element	**Erklärung**
S_i = Patient:in | Gesetzliche Vertreter:in	Subjekt
AP_j = [Forscher:in]	Autorisierte Partei
$pRes_j$ = [SNOMED CT Code]	Menge aller SNOMED CT Codes auf die AP_j Zugriff hat
$dRes_j$ = [SNOMED CT Code]	Menge aller SNOMED CT Codes auf die AP_j kein Zugriff hat
$P_{i,j} = (AP_j, pRes_j, dRes_j)$	Policy von Subjekt i für autorisierte Partei j
PU = [Zweck] | Dynamische Einwilligung	Forschungszweck
PBE = [Persönlicher Nutzen]*	Persönlicher Nutzen
SBE = [Gesellschaftlicher Nutzen]*	Gesellschaftlicher Nutzen
$BE = [PBE \mid SBE]^*$	Nutzen
DA_D = (k-Anonymity, l-Diversity)	Grad der Privatisierung von D
PS = Niedrig | Mittel | Hoch	Verarbeitungssicherheit
$D = (PS, DA_D)$	Datenverarbeitung
DA_{PUB} = (k-Anonymity, l-Diversity)	Grad der Privatisierung von P
$I = (false \mid true)$	Information
$PUB = ((false \mid true), DA_{PUB})$	Publikation
$T = (I, PUB)$	Transparenz
$RI = (PU, BE, D, T)$	Forschungsinformation
$Co = (P, RI)$	Einwilligung

Während dieser Teil der Einwilligungsdefinition ausreichend ist, um proaktive dynamische Einwilligungen zu definieren, sind für eine informierte Einwilligung noch weitere Elemente nötig. Diese Elemente werden als Informationen über das Forschungsprojekt zur Messung des Privatsphärerisikos für die Betroffenen verwendet. Sie sind ebenfalls aus der Mustereinwilligung der MII abgeleitet.

Dafür wird zunächst der Zweck PU benötigt. Weitere relevante Informationen über ein Forschungsprojekt können der mögliche persönliche Nutzen PBE oder ein gesellschaftlicher Nutzen SBE sein. Da diese in Kombination auftreten und es häufig auch mehr als einen Zweck gibt, werden diese kombiniert zu einer Liste von Zwecken $BE = [PBE|SBE]^*$.
Für die Messung eines möglichen Privatsphäre Einflusses ist der Grad der verwendeten Anonymisierungsmethoden relevant. Während es eine Vielzahl verschiedener Technologien gibt, beschränkt sich dieses Modell auf die traditionellen Methoden k-Anonymity und l-Diversity. Der Vorteil dieser Technologien ist, dass für das formale Modell eine eindeutig definierte Zahl k oder l einen Grad der Anonymisierung angeben kann. Erfasst wird dies sowohl für die Anonymisierung bei der Datenverarbeitung D als DA_D und für eine mögliche Veröffentlichung PUB mit D_{PUB}.
Ein weiterer Einfluss bei der Datenverarbeitung ist das Sicherheitsniveau. Im Rahmen des Modells wird eine dreistufige Skala dafür verwendet, mit $PS = Niedrig|Mittel|Hoch$. Zusammen ergibt sich das Objekt $D = (PS,DA_P)$ für die Datenverarbeitung. Eine Publikation der Daten ist nicht immer Teil eines Forschungsprojektes. Dies wird durch die booleschen Werte im Publikationsobjekt $PUB = ((false|true),DA_{PUB})$ abgebildet. Zuletzt definiert sich ein Forschungsprojekt auch durch die gewährleistete Transparenz. Teil davon sind Informationen über ein Forschungsprojekt mit $I = (false|true)$ und ein weiterer Teil die Publikation der Daten. Daraus ergibt sich für die Transparenz $T = (I,PUB)$. Alle Forschungsinformationen können nun als $RI = (PU, BE, D, T)$ zusammengefasst werden, die final mit der Policy zur Einwilligung $Co = (PU,RI)$ kombiniert werden.

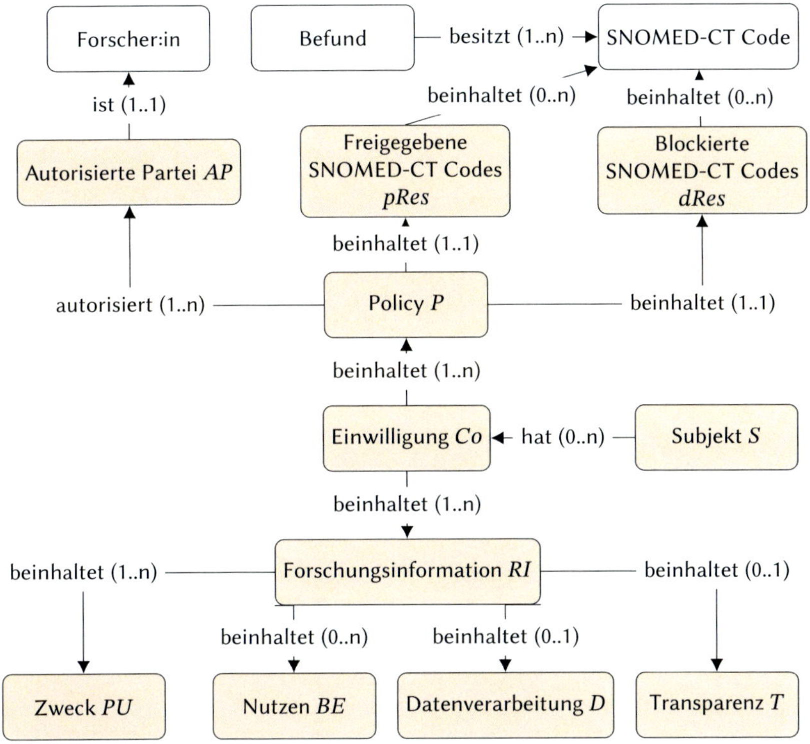

Abbildung 6.4: Schematische Darstellung des Modells für souveräne Einwilligungen

Abbildung 6.4 zeigt eine graphische Darstellung des Modells und seiner Beziehungen. Im Zentrum der Darstellung steht die Einwilligung, welche immer eine oder mehrere Forschungsinformationen beinhaltetet. Ein Subjekt muss nicht zwangsläufig eine Einwilligung erstellt haben, kann aber beliebige viele erstellen. Eine Einwilligung beinhaltet mindestens eine Policy, die mindestens eine Partei autorisiert. Es existiert stets eine Liste von freigegebenen SNOMED-CT Codes, die aber auch leer sein kann. Es gilt auch anzumerken, dass ein Befund mindestens einen, aber auch über mehrere verschiedene SNOMED-CT Codes klassifiziert werden kann. Das hier definierte Modell dient im Weiteren als formale Grundlage für die Konzepte der dynamischen

Einwilligung und von Privatsphärerisikoquantifizierungen, mit denen die Anforderungen für die souveränen digitalen Einwilligungen erfüllt werden.

6.3 Dynamische Einwilligungen

Dynamische Einwilligungen erfüllen die Anforderungen **SE.1** (Kontrolle durch betroffene Person), **SE.4** (Proaktiv) und **SE.5** (Forschungsfreundlich). Um den *Dynamic Consent* umzusetzen, müssen zuerst medizinische Daten kategorisiert werden. Anschließend wird aufgezeigt, wie im Rahmen dieser Dissertation *Dynamic Consent* mit XACML implementiert wird.

6.3.1 Kategorisierung von Gesundheitsdaten

In Kapitel 2.3.2 wurden bereits die Terminologien ICD und SNOMED-CT vorgestellt. Diese Terminologien dienen dazu, Befunde unter anderem einer Körperregion zuzuteilen oder in Arten von Erkrankungen einzuteilen. Neben dem Nutzen für Ärzt:innen, Forscher:innen, können Patient:innen die Daten in einer verständlicheren Form als Liste von allen Befunden sortieren. Durch Terminologien können die Daten in Kategorien unterteilt werden. Dies ist notwendig, um im Rahmen von *Dynamic Consent* nur Zugriff auf spezifische Daten zu erlauben und für den proaktiven Teil der Einwilligung Daten auch prospektiv für Kategorien von Daten zu erhalten. So können beispielsweise alle aktuellen und zukünftigen Befunde für Daten zur Herzgesundheit freigegeben werden.

Tabelle 6.4 zeigt einen Vergleich von ICD-10 und SNOMED-CT. Es gilt festzustellen, dass es sich bei ICD-10 um eine Terminologie mit wenigen Überkategorien und kleiner hierarchischen Tiefe handelt. Dadurch dass ICD-10 überschaubar ist, ist es möglich die Terminologie sowohl digital als auch in gedruckter Form zu verwenden. Durch die Größe ist ICD-10 auch ohne digitale Unterstützung leichter verständlich. Als Nachteil lässt sich mit ICD-10 allerdings keine komplette Erkrankungshistorie abbilden. Die Hierarchien haben

eine feste Granularität pro Kategorie und bilden weniger komplexe Beziehungen ab. So existiert keine Beziehung zwischen verschiedenen Kategorien und ein Befund kann beispielsweise nur genau einer festen Überkategorie zugeteilt werden.
SNOMED-CT hingegen stellt eine umfassende medizinische Terminologie mit variabler Granularität dar.

Tabelle 6.4: Vergleich von medizinischen Terminologien

ICD-10	SNOMED-CT
+ Für Menschen überschaubar + Weniger tiefe Hierarchien + Verständlicher + Gedruckt und elektronisch verfügbar	+ Umfassende medizinische Terminologie + Variable Granularität + Beziehungen und Referenzen zwischen Konzepten + Mehrschichtige Struktur + Einfache programmatische Suche via ECL
- Keine komplette Erkrankungshistorie - Fest Granularität - Weniger umfassende Beziehungen	- Hohe Komplexität - Tiefe Hierarchien - Erfordert Einsatz digitaler Technologien

Es existieren komplexe Beziehungen und Referenzen zwischen den Befunden. So kann etwa der Befund einer Herzmuskelentzündung sowohl Erkrankungen des Herzmuskels zugeteilt werden, als auch Erkrankung infolge einer viralen Infektion. Dies ist in einer mehrschichtigen Struktur verfügbar, die programmatisch mit der Anfragesprache ECL genutzt werden kann. Es gilt allerdings zu bemerken, dass SNOMED-CT eine hohe Komplexität besitzt und somit ohne digitale Technologien nicht verwendbar ist. Die tiefen Hierarchien der Referenzen sind zu komplex, um sie ohne Unterstützung effizient zu verwenden. Da SNOMED-CT die umfassendere Kategorisierung von medizinischen Daten bietet und somit potenzielle proaktive Freigabe von Befunden erleichtert, wird die Terminologie für die hier vorgestellte Implementierung von *Dynamic Consent* verwendet.

6.3.2 Dynamic Consent Umsetzung

Die Implementierung von *Dynamic Consent* baut auf Grundlagen aus Abschnitt 6.1 auf. Zur Umsetzung des Konzepts von *Dynamic Consent* in XACML werden zuerst formale Überlegungen für die Durchsetzung solcher Policies benötigt. Da *Dynamic Consent* hierarchische Freigaben ganzer SNOMED-CT Kategorien erlaubt, werden Funktionen benötigt, um die Hierarchien zu durchsuchen. Hierfür werden die Funktionen um Nachfolgeelemente, Vorgängerelemente und die direkten Elternelemente eines Codes zu erhalten aus ECL formalisiert. Eine Annahme des formalen Modells ist die Existenz eines SNOMED-CT Wurzelelements sno_{root}. Dies kann in der Praxis unter anderem das Element „Clinical Finding" sein, auf das alle klinischen Befunde folgen.

Definition 6.1 (Hierarchische Funktion für *Dynamic Consent* Modell). *Formale Definition von Funktionen, um Vorgänger- und Nachfolgercodes eines SNOMED-CT Codes zu erhalten.*

snoDesc : $SNO \rightarrow SNO^A$

$$sno_\alpha \mapsto \{sno_{\alpha+1}, sno_{\alpha+2}, ..., sno_{\alpha+A}\}$$

Gibt alle Nachfolger eines SNOMED-CT Codes an.

snoAnc : $SNO \rightarrow SNO^B$

$$sno_\beta \mapsto \{sno_{\beta-1}, sno_{\beta-2}, ..., sno_{\beta-B}\}$$

Gibt alle Vorgänger eines SNOMED-CT Codes an.

snoParent : $SNO \rightarrow SNO$

$$snoParent(sno_\gamma) = sno_{\gamma-1},$$

$$mit\ sno_{\gamma-1} \in snoAnc(sno_\gamma) \cap snoDesc(sno_{root}) \cap snoDesc(sno_{req})$$

Gibt Elternelement eines Codes an. Dies kann mehr als ein Element enthalten. Das Elternelement muss Nachfolger des Root Elements sno_{root} und des Anfrageelements sein und Vorgänger des sno_{γ} Elements sein.

Für die Freigabeentscheidung wird anschließend folgende Fallunterscheidung vorgenommen:

1 Keine Policy existiert für den spezifizierten Code und alle SNOMED-CT Vorgängerelemente wurden traversiert → Datenfreigabe abgelehnt.

2 Es existiert eine Policy für den spezifizierten Code → Policy wird evaluiert und entsprechend Zugriff gewährt.

3 Rekursive Auswertung von 1-3 für Elternelemente des Codes.

Für die Fallunterscheidung wird eine Funktion $conDec(\cdot)$ benötigt, die überprüft, ob eine Richtlinie für den gegebenen Code existiert. Dies erfolgt über die $pRes$ und $dRes$ Mengen des formalen Modells für souveräne Einwilligungen.

Definition 6.2 (Freigabeentscheidung). *Zugriffsentscheidung für einen gegebenen SNOMED-CT Code.*

$$conDec : SNO \rightarrow \{permit, deny\},$$

$$conDec(z) = \begin{cases} deny & ,\textit{falls} \;\; \neg pol(z) \wedge z = sno_{root} \\ con(z) & ,\textit{falls} \;\; pol(z) \\ conDec(snoParent(z)) & ,\textit{sonst} \end{cases}$$

$$pol : SNO \rightarrow \{true, false\}, \quad pol(y) = y \in pRes_j \cup y \in dRes_j$$

Prüft Existenz einer Richtlinie für y.

$$con : SNO \rightarrow \{permit, deny\}$$

Trifft Entscheidung auf Basis von $pRes$ und $dRes$.

Auf der Anfrageseite wird ein Tupel erstellt, das die anfragende Partei und die angefragten Kategorien als sno_{req} enthält. Als Ergebnis einer Anfrage werden die Codes und die entsprechende Zugriffsentscheidung freigegeben.

Definition 6.3 (Forschungsanfrage). *Modellierung einer Forschungsanfrage und deren Auswertung.*

$$\begin{aligned} Req : R \times SNO &\rightarrow SNO^{L+1} \times \{permit, deny\} \\ (AP_j, sno_{req}) &\mapsto snoDesc(sno_{req}) \cup \{sno_{req}\} \times con(sno_{req}) \end{aligned}$$

sno_{req} := *SNOMED-CT Codes der angefragten Kategorien*

Sei F nun die Menge aller Befunde f_i einer betroffenen Person. Hieraus lässt sich die Auswertung von *Dynamic Consent* definieren.

Definition 6.4 (Dynamic Consent Auswertung).
Sei $F = \{f_0, ..., f_h\} = Find_i \cap snoDesc(sno_{req})$.
Dies ist die Schnittmenge der Anfrage mit Nachfolgeelementen snoDesc und den vorhandenen Befunden $Find_i$ *der betroffenen Person i.*

$$Req(AP_j, sno_{req}) = \begin{cases} \{(sno_{req}, conDec(sno_{req}))\} & , F = \emptyset \\ \{(f_0, conDec(f_0)), ..., (f_h, conDec(f_h))\} & , sonst \end{cases}$$

Im ersten Fall existiert zum Zeitpunkt der Anfrage kein Befund für die angefragte Kategorie, deshalb wird $conDec(\cdot)$ nur für sno_{Req} ausgeführt. Ansonsten wird $conDec(\cdot)$ für alle zur Kategorie zugeordneten Befunde ausgeführt. Der folgende Term fasst die Fälle zusammen, in denen Zugriff gewährt wird.

$$Req(AP_j, sno_{req}) = \begin{cases} \{(sno_{req}, permit)\}, \\ \quad conDec(sno_{req}) \in pRes_j \;\wedge\; F = \emptyset \\ \{(f_0, permit), ..., (f_h, permit)\}, \\ \quad \forall f \in F : conDec(f) \in pRes_j \end{cases}$$

Diese formalen Definitionen können nun verwendet werden um XACML Richtlinien zu erstellen. Die Richtlinien enthalten pro anfragende Partei die Liste der SNOMED-CT Codes, die die betroffene Person freigegeben möchte und eine weitere Liste an Codes, die nicht geteilt werden sollen.

6.3.3 Integration

Das *Dynamic Consent* System ist im Rahmen einer prototypischen Forschungsschnittstelle implementiert.

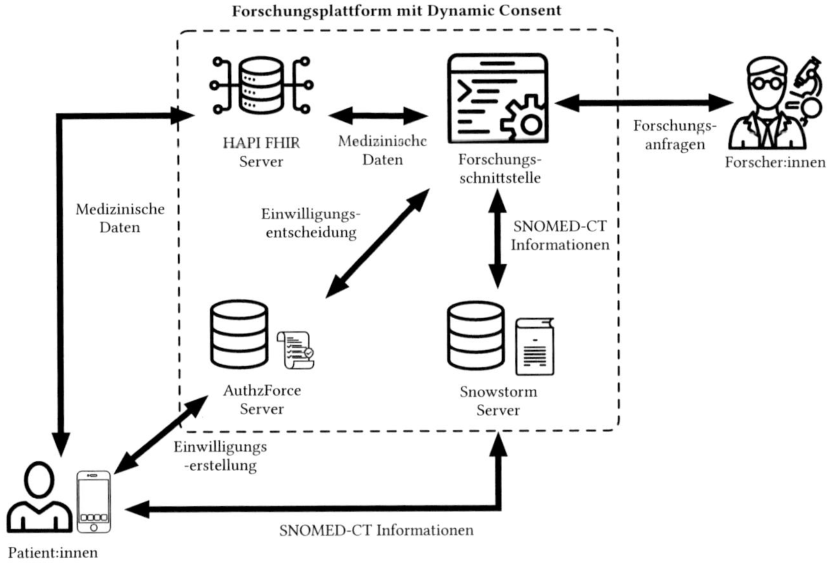

Abbildung 6.5: Systemarchitektur der prototypischen Dynamic Consent Implementierung

Abbildung 6.5 zeigt, wie die für SNOMED-CT und XACML benötigten Komponenten zusammenhängen. Die zwei agierenden Teilnehmenden am System sind Forscher:innen und Patient:innen. Die zentrale Anlaufstelle, das Forschungsdatenzentrum, bietet eine Schnittstelle für Forscher:innen. Alle Komponenten, die Teil des Forschungsdatenzentrums sind, sind durch die gestrichelte Linie abgegrenzt. Die Hauptkomponenten sind hauptsächlich Bestandteile, die bereits in Kapitel 2 beschrieben worden sind. So werden die Daten auf

Listing 6.1: Exemplarische *Dynamic Consent* XACML Richtlinie im ALFA Diaklet

```
namespace policyStructure {
  import policyStructure.attributes.*
  policyset patient {
    target clause parameters.patientId == "1234"
    apply denyUnlessPermit
    research_1
  }
  policyset research_1 {
    target clause parameters.researchId == "6789"
    apply denyUnlessPermit
    policy _permitAccess {
      target clause parameters.snomedId == "36971009"
      apply denyUnlessPermit
      rule permitAccess {
        permit
      }
    }
    policy _denyAccess {
      target clause parameters.snomedId == "38341003"
      apply denyUnlessPermit
      rule denyAccess {
        deny
      }
    }
  }
}
```

einem HAPI FHIR Server hinterlegt, für die XACML Richtlinien wird die Implementierung *AuthzForce*[3] verwendet und die Interaktion mit der SNOMED-CT Terminologie erfolgt über den *Snowstorm* Terminologie Server. Die Patient:innen interagieren mit einer *HealthHub*-App in der die Betroffenen für ihre Daten, die auf dem FHIR-Server hinterlegt sind, eine Freigabe Richtlinie erstellen können. Mithilfe des *Snowstorm* Terminologie Servers wird daraus eine XACML Richtlinie gemäß des *Dynamic Consents* Konzeptes erstellt und auf dem *AuthzForce*-Server hinterlegt.

Listing 6.1 zeigt eine exemplarische XACML Richtlinie. Zur besseren Lesbarkeit wird der Abbreviated Language For Authorization (ALFA) Dialekt verwendet, der kürzere und verständlichere Policies ermöglicht. Im Rahmen der

[3] https://authzforce.ow2.org (Letzter Zugriff: 27.11.2023)

Richtlinie gibt Patient:in mit ID 1234 die Befunde mit der SNOMED-CT Kategorie von Code 36971009 (Sinusitis) für Forscher:in mit ID 6789 frei, verhindert allerdings Zugriff auf Befunde unter der Codierung 38341003 (Hypertension). Die Regeln der Policy sind *denyUnlessPermit*. Das bedeutet, dass jeglicher Zugriffsversuch außer auf die explizit definierten Codes abgelehnt wird.
Die Forscher:innen können Daten durch die Spezifikation eines oder mehrerer SNOMED-CT Codes Anfragen an die Forschungsschnittstelle stellen. In diesem Fall ruft die Forschungsschnittstelle die passenden Befunde vom FHIR Server ab und prüft, ob für diese Freigaberichtlinien auf dem *AuthzForce* Policy Server hinterlegt sind. Als Resultat erhalten die Forscher:innen die freigegebenen Befunde über die Forschungsschnittstelle.
Die Implementierung in der *HealthHub* App ist eine rein technische Umsetzung des Prinzips, in dem die Nutzer:innen auf Kategorieebene ihre Gesundheitsdaten freigeben oder sperren können. Eine umfassende Betrachtung, wie ein solches Interface aussehen sollte, wird in Abschnitt 6.5 vorgenommen.

6.3.4 Anforderungsanalyse Dynamic Consent

Für die Evaluierung der *Dynamic Consent* Umsetzung wird eine Anforderungsanalyse erstellt. Die Anforderungen leiten sich aus den Voraussetzungen für souveräne Einwilligungen aus Abschnitt 6.2 ab. Eine Übersicht der Anforderung ist in Tabelle 6.5 dargestellt. Ein Haken (✓) symbolisiert die korrekte Umsetzung der Anforderung, während ein Kreis (○) das Fehlen anzeigt. Anforderung **DC.1** wird durch die Implementierung der Kategorieansicht umgesetzt. Hiermit können die Nutzer:innen ganze Kategorien an Daten freigeben. Die Implementierung erlaubt es auch, Einwilligungen nachträglich zu ändern, somit ist **DC.2** ebenfalls erfüllt. Da diese Modifikation direkt durch die Forschungsschnittstelle umgesetzt wird, ist auch **DC.10** erfüllt.
Die Kategorieansicht, die durch die Einteilung der medizinischen Daten in SNOMED-CT Kategorien erfolgt, ermöglicht auch die Erfüllung von Anforderung **DC.3** und **DC.4**.
Das System kann auf Basis der bestehenden Zugriffsrichtlinien auch eine Ansicht erstellen, wie in Anforderung **DC.5** gefordert.

Tabelle 6.5: Auflistung und Umsetzung der *Dynamic Consent* Anforderungen.

ID	Anforderung	Umsetzung
DC.1	Zugriffsfreigabe von umfassenden Daten möglich	✓
DC.2	Bestehende Einwilligungen dynamisch anpassbar	✓
DC.3	Feingranulare Einwilligungen (Einzelne Befunde)	✓
DC.4	Einwilligung feingranular widerrufbar (auch nur für einzelne Befunde)	✓
DC.5	Übersicht über Datenfreigabe	✓
DC.6	Zweckübersicht	○
DC.7	Überblick aller Datentransaktionen	○
DC.8	Teilnehmer:innen können miteinbezogen werden	○
DC.9	Forscher:innen können Teilnehmer:innen informieren	○
DC.10	Modifizierte Einwilligung werden sofort umgesetzt	✓
DC.11	Digitale Einwilligungen	✓

Bisher nicht implementiert sind nebenläufige Anforderungen wie eine Übersicht der bisherigen Forschungszwecke (**DC.6**). In der aktuellen Implementierung ist der Zweck zwar Teil der Einwilligung, wird aber nicht mehr separat dargestellt. Des Weiteren existiert auch keine Übersicht der konkreten Datenverwendung, wie es durch **DC.7** gefordert wird.
Auch die Transparenzanforderungen aus **DC.8** und **DC.9** zur Kommunikation zwischen Forscher:innen und Betroffenen sind in der bisherigen Implementierung nicht vorhergesehen. Das Fehlen dieser Eigenschaften ist darauf zurückzuführen, dass die hier vorgestellte Implementierung von *Dynamic Consent* sich hauptsächlich auf die technische Umsetzung fokussiert. Allerdings sind die fehlenden Kriterien **DC.8** und **DC.9** vor allem durch Implementierungsdetails in dem in Kapitel 8.2.1 vorgestellten *PatientHub* System umsetzbar. Auch die Transparenzanforderungen **DC.6** und **DC.7** lassen sich durch zusätzliches Logging in der Architektur mit einer Anzeige in der *PatientHub* App umsetzen. Die Erfüllung von **DC.11** kann als trivial erachtet werden, da es sich um ein digitales Konzept handelt.

Neben den Anforderungen für *Dynamic Consent* existieren noch datenschutzrechtliche Anforderungen, die sich aus der DSGVO ableiten. Eine Übersicht der hier betrachteten Anforderungen und den zugehörigen Artikeln der DSGVO ist in Tabelle 6.6 dargestellt.

Tabelle 6.6: DSGVO Anforderungen für *Dynamic Consent*

ID	Beschreibung	Artikel	Umsetzung
Reg.1	Einwilligung gemäß DSGVO	Art. 4 Abs. 11	✓
Reg.2	Einwilligung jederzeit widerrufbar	Art 7 Abs. 3	✓
Reg.3	Widerruf so einfach wie Erteilung	Art. 7 Abs. 3	✓
Reg.4	Zwecklimitierung	Art. 5 Abs. 1 b)	○
Reg.5	Explizite Einwilligung für einen oder mehrere Zwecke	Art. 9 Abs. 2 a)	○

Reg.1 fordert, dass eine Einwilligung frei gemäß dem Wunsch des Betroffenen zu erfolgen hat. Dies erfolgt in der Implementierung durch den frei wählbaren Umfang der Datenfreigabe durch die betroffene Person.
Der Widerruf erfolgt durch das Löschen der Einwilligung durch die Nutzer:innen. Dies erfolgt auf dieselbe digitale Art wie das Erteilen der Einwilligung. Somit können **Reg.2** und **Reg.3** als erfüllt betrachtet werden.
Die Zwecklimitierung aus **Reg.4** ist in der Implementierung nicht technisch forciert. Es wäre allerdings möglich, dass ein Zweck zwingend angegeben wird.
Die technische Durchsetzung ist allerdings nicht trivial. Dasselbe gilt für **Reg.5**. Hier wäre es analog möglich die Zweckangabe vorauszusetzen. Eine technische Kontrolle wäre damit allerdings auch nicht gegeben.

6.4 Privatsphärerisikoquantifizierungen für Einwilligungen

Um das Privatsphärerisiko von Einwilligungen für Forschungsprojekte zu quantifizieren, werden im vorliegenden Ansatz zwei Komponenten betrachtet: Risikoeintrittsfaktoren und Akzeptanzfaktoren.
Während die Risikoeintrittsfaktoren auf den Forschungsinformationen des Modells für souveräne Einwilligungen aus Abschnitt 6.2.3 basieren und für jedes Forschungsvorhaben von den verantwortlichen Personen angegeben werden, wird die Akzeptanz anhand von Voreinstellungen der betroffenen Person bestimmt. Die hier vorgestellte Quantifizierung wird im weiteren Consent Privacy Impact Quantification (CPIQ) genannt. Für die Betrachtung von Risikoeintrittsfaktoren wird folgendes Angreifende Modell definiert:

Definition 6.5 (CPIQ Risikoeintrittswahrscheinlichkeit durch Angreifende). *Die Angreifenden sind eine dritte Partei, die Zugriff auf alle öffentlichen Informationen des potenziellen Opfers haben. Die Angreifenden besitzen auch Wissen darüber, dass das Opfer in dem vorliegenden Datensatz ist. Das Ziel des Angriffs ist es, Zugriff auf die sensiblen Daten eines Opfers zu erlangen. Dafür versuchen die Angreifenden, Re-identifizierungsangriffe auf den Datensatz durchzuführen* *und Daten dem Opfer zuzuordnen. Der Angriff gilt als erfolgreich, sobald eine solche Zuordnung möglich ist. Somit ist die Wahrscheinlichkeit, dass ein Attribut einer betroffenen Person zugeordnet werden kann, die Risikoeintrittswahrscheinlichkeit.*

Konkret betrachtet CPIQ zwei Angriffsvektoren, über die Zugriff, auf die sensiblen Daten eines Forschungsprojekts erlangt werden kann. Einer der Vektoren ist ein mögliches Datenleck. In dem Modell wird die Wahrscheinlichkeit eines Datenlecks von der Verarbeitungssicherheit *Processing Security* (PS) abhängig gemacht. Zur Vereinfachung wird PS in drei Stufen unterteilt. Daraus ergibt sich für die Datenlecks-Eintrittswahrscheinlichkeit *Data Leakage Probability* (DLP):

Definition 6.6 (Datenlecks-Eintrittswahrscheinlichkeit DLP).

$$DLP = P(Datenleck) = \begin{cases} 0.75 \text{ } \mathit{falls}\, PS = niedrig \\ 0.5 \text{ } \mathit{falls}\, PS = mittel \\ 0.25 \text{ } \mathit{falls}\, PS = hoch \end{cases}$$

Der Risikoeintritt wird als statische Wahrscheinlichkeit dargestellt und hängt von PS ab. Da selbst bei der niedrigsten Stufe nicht davon ausgegangen wird, dass keinerlei Sicherheitsmaßnahmen getroffen werden, ist die Eintrittswahrscheinlichkeit hier 75% und nicht bei 100%. Da kein vollständiger Schutz existiert, ist die Eintrittswahrscheinlichkeit für die höchste Stufe umgekehrt immer noch bei 25%. Diese Werte können in einem erweiterten Ansatz detaillierter modelliert oder mit mehr Bedingungen verknüpft werden.
Der zweite Angriffsvektor verwendet Daten, die im Rahmen einer Publikation des Forschungsprojektes veröffentlicht werden. Dies wird über einen binären Wert *Publication Factor* (PF) angegeben.

Definition 6.7 (Publikationsindikator PF).

$$PF = P(Publikation) = \begin{cases} 1 \text{ } \mathit{falls\ Publikation\ existiert} \\ 0 \text{ } \mathit{sonst} \end{cases}$$

Der reine Zugriff auf die Daten ist noch kein Erfolg für Angreifende. Der Erfolg der Re-Identifizierung hängt vom Grad der Privatisierung DA_D und DA_P, wobei *Degree of Anonymization* (DA), der Daten ab. Für CPIQ wird lediglich l-Diversity, wie in Abschnitt 2 definiert, berücksichtigt. Für die Enthüllungswahrscheinlichkeit spielt es gemäß der Definition von l-Diversity eine Rolle, wie viele Datenpunkte eine betroffene Person innerhalb eines Datensatzes besitzt. Je mehr Datenpunkte, umso schwächer wird der Schutz vor Enthüllung durch Anwendung von l-Diversity. Dies wird in der Enthüllungswahrscheinlichkeit *Sensitive Attribute Exposure Probability* ($SAEP$) berücksichtigt. $SAEP$ stellt eine worst-case Wahrscheinlichkeit für das Ereignis dar, dass Angreifende in der Lage sind, Daten einem potenziellen Opfer zuzuordnen.

Definition 6.8 (Enthüllungswahrscheinlichkeit für sensitive Attribute $SAEP$).

$$SAEP = min(1, \frac{|R|}{l})$$

Mit $|R|$ als Anzahl von Datenpunkte eines Opfers und l als Parameter für l-Diversity.

Die Definition von $SAEP$ basiert auf dem Wissen der Angreifenden über die Zugehörigkeit eines Opfers zum Datensatz. Falls Angreifende Zugriff auf einen Datensatz haben, der mit l-Diversity geschützt worden ist, bedeutet dies, dass Angreifende aus l möglichen Attributen zu einem Opfer raten müssen. Aufgrund der vorliegenden Worst-Case Betrachtung sind Angreifende in der Lage, den Datensatz eines Opfers einer l-Diversity Äquivalenzklasse zuzuordnen. Da ein Opfer mehr als einen Datenpunkt besitzen kann, steigt die Wahrscheinlichkeit von $\frac{1}{l}$ zu $\frac{R}{l}$. Hieraus folgen zwei Schadenseintrittswahrscheinlichkeiten mit jeweils einer gesonderten $SAEP$ im Kontext der Datenverarbeitung D und der Veröffentlichung *Publication* (PUB):

Definition 6.9 (Risiko einer Re-Identifikation durch Datenleck (*Re-Identification Probability Data Leakage RPD*)).

$$RPD = P(Schadenseintritt_{Datenleck}) = DLP \cdot SAEP_D$$

Definition 6.10 (Risiko einer Re-Identifikation durch Publikation (*Re-Identification Probability Publication RPP*)).

$$RPP = P(Schadenseintritt_{Veröffentlichung}) = PF \cdot SAEP_{PUB}$$

Ein weiterer Einflussfaktor, der nicht direkt als Angriffsvektor dient, ist der Verarbeitungsort der Daten, da innerhalb des Modells nur Datenschutz auf Niveau der DSGVO als ausreichend betrachtet wird. Hierfür wird der Faktor *GDPR Non-Compliance Factor* (GNF) definiert, der angibt, ob die Verarbeitung der Daten an einem Ort mit einer gleichwertigen Regulation zur DSGVO stattfindet.

Definition 6.11 (Verarbeitungsort hat Regulation wie DSGVO).

$$GNF = \begin{cases} 1 \; falls \; Verarbeitungsort \; keine \; zur \; DSGVO \\ \hookrightarrow gleichwertige \; Regulierung \; besitzt. \\ 0 \; sonst \end{cases}$$

Es gilt festzustellen, dass das nicht Erfüllen von GNF als Schadenseintritt betrachtet wird.
Final werden alle Komponenten durch ihre komplementäre Eintrittswahrscheinlichkeit verknüpft zur vollständigen Re-Identifikationsrisiko-Eintrittswahrscheinlichkeit *Total Re-Identification Risk Probability* ($TRRP$).

Definition 6.12 (Vollständigen Re-Identifikationsrisiko-Eintrittswahrscheinlichkeit $TRRP$).

$$TRRP = P(Schadenseintritt_{Vollständig}) = 1-((1-RPD)\cdot(1-RPP)\cdot(1-GNF))$$

Da gewissermaßen jede Form der Datenfreigabe ein Risiko birgt, fokussiert sich CPIQ nicht nur auf Risikoeintrittsfaktoren, sondern berücksichtigt auch die Akzeptanz von Betroffenen für ein bestimmtes Forschungsprojekt. Die Akzeptanz gegenüber eines Forschungsprojektes basiert auf den persönlichen

Präferenzen der betroffenen Personen. Akzeptanz kann dazu dienen, mögliche Risikofaktoren aufzuwiegen, wodurch Einwilligungen bis zu einem gewissen Risikograd eher empfohlen werden.

Die Einflussfaktoren, die für die persönlichen Vorlieben berücksichtigt werden, sind Teil der Forschungsinformationen *Research Information* (*RI*) des formalen Modells aus Abschnitt 6.2.3. Diese Informationen sollen im Rahmen der Einwilligung von einem Forschungsprojekt bereitgestellt werden. Die erste Akzeptanzeigenschaft ist der Zweck *Purpose* (*PU*). Wie die meisten Akzeptanzeigenschaften ist *PU* ein binärer Faktor, der davon abhängt, ob ein Forschungsprojekt einen spezifischen oder einen dynamischen Zweck, wie *Dynamic Consent* ihn vorsieht, besitzt. Breite Einwilligungen stellen keinen ausreichenden Zweck dar.

Definition 6.13 (Zweck *PU*).

$$PU = \begin{cases} 0 \text{ falls kein spezifizierter Zweck oder breite Einwilligung} \\ 1 \text{ sonst} \end{cases}$$

Eine weitere Akzeptanzeigenschaft ist der mögliche Nutzen des Forschungsvorhabens. Hier handelt es sich ebenfalls um einen binären Wert, der davon abhängig ist, ob ein Forschungsprojekt einen potenziellen persönlichen Nutzen hat und/oder einen gesellschaftlichen Nutzen darstellen könnte. Die für CPIQ getroffene Annahme ist, dass klar ist, ob und welchen Nutzen ein Projekt haben kann. Es gilt zu bemerken, dass dies in der Realität nicht immer der Fall sein kann.

Definition 6.14 (Persönlicher Nutzen (*Personal Benefit PBE*)).

$$PBE = \begin{cases} 1 \text{ falls das Projekt einen oder mehrere mögliche persönliche Nutzen} \\ \hookrightarrow \text{hat} \\ 0 \text{ sonst} \end{cases}$$

Definition 6.15 (Gesellschaftlicher Nutzen *Social Benefit SBE*)).

$$SBE = \begin{cases} 1 \; \textit{falls das Projekt einen oder mehrere mögliche gesellschaftliche} \\ \hookrightarrow \textit{Nutzen hat} \\ 0 \; \textit{sonst} \end{cases}$$

Zur Umsetzung von Transparenz werden gemäß dem Modell die Eigenschaft Informiertheit I und der Publikationsindikator PUB benötigt. Diese sind analog ihrer Definition als binäre Werte zu definieren.
Die letzte Akzeptanzeigenschaft ist der Vertrauensfaktor TR in ein Forschungsprojekt. Dies ist eine sehr subjektive Eigenschaft und wird deshalb als $TR = 1$ definiert, da dieser Faktor lediglich von der Bewertung des Betroffenen abhängt. Somit dient TR als neutrales Element. Alle Eigenschaften können als Akzeptanzvektor $\overrightarrow{AV}$ zusammengefasst werden.

Definition 6.16 (Akzeptanzvektor $\overrightarrow{AV}$).

$$\overrightarrow{AV} = \begin{pmatrix} \textit{Zweck} \\ \textit{Sozialer Nutzen} \\ \textit{Gesellschaftlicher Nutzen} \\ \textit{Information} \\ \textit{Publikation} \\ \textit{Vertrauen} \end{pmatrix}$$

Die betroffene Person kann nun eine individuelle Bewertung jeder dieser Eigenschaften vornehmen und so den entsprechenden Wert gewichten. Im Rahmen von CPIQ wird die Bewertung auf einer dreistufigen Skala vorgenommen. Dies kann beliebig modifiziert werden oder auch stufenlos erfolgen. Im vorliegenden Fall werden die Relevanzstufen als *Rel* definiert.

Definition 6.17 (Relevanzstufen *Rel*).

$$Rel = niedrig \mid mittel \mid hoch$$

Mit diesen Stufen kann die Gewichtung für die Eigenschaften vorgenommen werden. Hierzu dient der Präferenzvektor $\overrightarrow{PRV}$ als zusammenfassendes Element.

Definition 6.18 (Präferenzvektor $\overrightarrow{PRV}$).

$$\overrightarrow{PRV} = \begin{pmatrix} w_{Zweck} \\ w_{Persönlicher\ Nutzen} \\ w_{Gesellschaftlicher\ Nutzen} \\ w_{Information} \\ w_{Publikation} \\ w_{Vertrauen} \end{pmatrix}$$

Ziel der Akzeptanzkomponenten ist es, einen Wertebereich zwischen 0 und 1 zu erreichen, da dadurch die Skalierbarkeit auf eine beliebige Metrik einfacher ist. Hierfür wird der $\overrightarrow{PRV}$ normalisiert, um den maximalen erreichbaren Akzeptanzwert $MRAV$ zu berechnen. Für diesen wird angenommen, dass jede der Eigenschaften gesetzt ist, was durch das Skalarprodukt mit einem Vektor $\vec{m}^T = (1\,1\,1\,1\,1\,1)$ dargestellt wird.

Definition 6.19 (Maximal erreichbare Akzeptanz $MRAV$).

$$MRAV = \langle \overrightarrow{PRV}, \vec{m} \rangle$$

Der maximal erreichbare Wert wird nun als Divisor verwendet um den tatsächlichen Wert der Akzeptanz durch das Skalarprodukt von $\overrightarrow{PRV}$ und $\overrightarrow{AV}$ zu errechnen.

Definition 6.20 (Akzeptanz).

$$Akzeptanz = \frac{\langle \overrightarrow{PRV}, \overrightarrow{AV} \rangle}{MRAV}$$

Nachdem die zwei Hauptkomponenten für eine Risikoquantifizierung, die Akzeptanz und die Risikoeintrittswahrscheinlichkeit, definiert worden sind, müssen diese Komponenten zur vollständigen CPIQ Berechnungen zusammengeführt werden.

Definition 6.21.

$$CPIQ = Akzeptanz \cdot (\frac{L}{2} \cdot (1 - \frac{1}{s})) + (1 - TRRP) \cdot (\frac{L}{2} \cdot (1 + \frac{1}{s}))$$

mit $s \geq 1$ und L als maximaler Wert.

Je höher der erreichte CPIQ Score, umso besser ist die angefragte Einwilligung für eine Datenfreigabe geeignet. L dient hierbei als Wert, um eine Skala zu definieren. Der empfohlene Wert ist $L = 100$, da damit eine Prozentskala erreicht werden kann. s dient als balancierender Faktor zwischen Risiko und Akzeptanz. Mit einer ungewichteten Akzeptanz würden 100% Risiko durch 100% Akzeptanz ausgeglichen werden und die Einwilligung einen 50% Wert erreichen. Während 50% kein empfehlenswerter Wert ist und darüber hinaus die Interpretation dieser Werte ein weiteres Implementierungsdetail ist, so ist ein solcher Ausgleich bei einem sicheren Risikoeintritt nicht sinnvoll. $s = 1$ stellt den Fall dar, in dem nur das Risiko die Endbewertung bestimmt. Je größer s ist, umso größer ist der Einfluss der Akzeptanz.

6.4.1 Implementierung in ein bestehendes Einwilligungsmanagement

Um die Umsetzbarkeit von CPIQ nachzuweisen und für die weitergehende Evaluation existiert eine Implementierung in eine erweiterte Version der *ConsentCreator* App aus Abschnitt 6.1.3. Diese App basiert auf der Architektur, die für *Dynamic Consent* in Abbildung 6.5 beschrieben ist. Abbildung 6.6 zeigt beispielhafte Screenshots aus der erweiterten App.

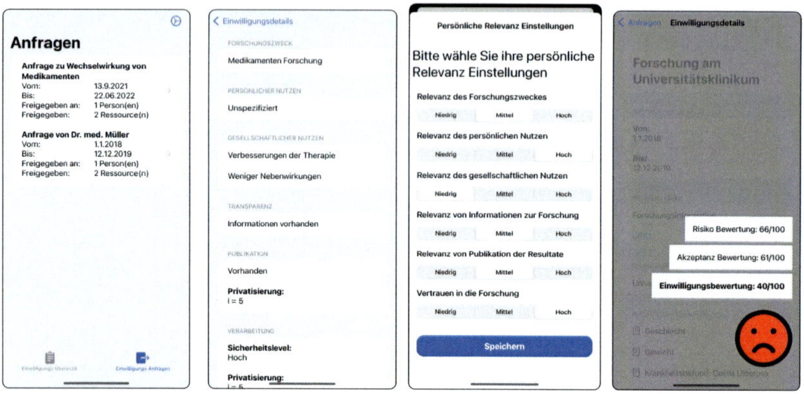

(a) Ansicht der Einwilligungsübersicht **(b)** CPIQ Forschungsinformationen **(c)** Einstellung des Präferenzvektors **(d)** Visualisierung des CPIQ Scores

Abbildung 6.6: Screenshots aus dem mit CPIQ erweiterten *ConsentCreator*

Screenshot 6.6a zeigt die Hauptansicht des erweiterten *ConsentCreators.* So können neue Einwilligungen erstellt und auch über einen weiteren Reiter in der Ansicht neue Anfragen für Einwilligungen zum Beispiel zur Teilnahme an einem Forschungsprojekt beantwortet werden. Diese Anfragen stellen typische Sekundär-Nutzungszwecke von persönlichen medizinischen Daten dar. Diese Anfragen beinhalten die für CPIQ benötigten Forschungsinformationen. Konkret wird dafür eine FHIR Consent Ressource um die entsprechenden Informationen erweitert.

Abbildung 6.6b zeigt eine Übersicht der Forschungsinformationen, wie sie sowohl die Nutzer:innen der App einsehen können, als auch von CPIQ verarbeitet werden.

Die Akzeptanzeinstellungen werden in der prototypischen Umsetzung einmalig festgesetzt und anschließend für alle Einwilligungen verwendet. Die entsprechende Oberfläche dafür ist in Abbildung 6.6c dargestellt. Aus den Einstellungen ergibt sich der Präferenzvektor $\overrightarrow{PRV}$. Diese Informationen werden anschließend an eine Serverkomponente, dem *CPIQ-Modul*, gesendet um die CPIQ Berechnung durchzuführen. Das Resultat der Berechnung wird in der App wie in Abbildung 6.6d dargestellt visualisiert. Zur Demonstration der rein technischen Machbarkeit wurde eine Ampelskala verwendet.

Tabelle 6.7: Überblick über die verschiedenen Evaluationsszenarien

Szenario	1		2		3		4		5		6	
Eigenschaft	$\overrightarrow{AV}$	$\overrightarrow{PRV}$	$\overrightarrow{AV}$	$\overrightarrow{PRV}$	$\overrightarrow{AV}$	$\overrightarrow{PRV}$	$\overrightarrow{AV}$	$\overrightarrow{PRV}$	$\overrightarrow{AV}$	$\overrightarrow{PRV}$	$\overrightarrow{AV}$	$\overrightarrow{PRV}$
PU	**X**	3	✓	3	✓	1	**X**	3	**X**	2	**X**	1
PBE	**X**	3	✓	3	✓	1	✓	3	✓	2	✓	1
SBE	**X**	3	✓	3	✓	1	✓	1	✓	1	✓	1
I	**X**	3	✓	3	**X**	3	✓	1	✓	1	✓	1
PUB	**X**	3	✓	3	✓	1	✓	1	✓	1	✓	1
TR	✓	1	✓	3	✓	1	✓	1	✓	1	✓	1
Bewertung	6%		100%		63%		70%		75%		83%	

Diese zeigt Rot und damit keine Empfehlung bei einem CPIQ Wert von 0% bis 50% ($L = 100$ und $s = 2$). Gelb wird angezeigt zwischen 50% und 75%. Eine quasi uneingeschränkte Empfehlung wird für einen Score über 75% mit einer grünen Ampel symbolisiert.

6.4.2 Analyse von CPIQ

Um zu verdeutlichen, welche Fälle CPIQ abdeckt, wird eine Analyse verschiedener markanter Konfigurationen (Worst-, Best-Cases und weitere interessante Szenarien) durchgeführt, um nachzuweisen, welche Akzeptanzfaktoren des Modells sich auf welche Aspekte auswirken. Dafür werden verschiedene Szenarien betrachtet, in denen jeweils verschiedene Akzeptanzfaktoren mit verschiedenen Präferenzeinstellungen erfüllt oder nicht erfüllt sind. Tabelle 6.7 gibt einen Überblick über die betrachteten Szenarien. Bevor die einzelnen Szenarien vorgestellt werden, gilt es anzumerken, dass in allen Fällen die Vertrauenseigenschaft erfüllt ist. Diese ist gemäß der Definition von CPIQ zwingende Voraussetzung, damit eine Einwilligung überhaupt berücksichtigt wird. Außerdem gilt $L = 100$ und $s = 2$.
Szenario 1 stellt den schlechtesten Fall dar. Alle Akzeptanzeigenschaften haben die höchste Relevanz, aber keine ist durch das Forschungsprojekt erfüllt. Dies führt zur erwarteten niedrigen Bewertung von 6%. Das zweite Szenario spiegelt den umgekehrten Fall aus Szenario 1 wider. Alle Faktoren haben die höchste Relevanz und sind erfüllt. Das führt zur erwarteten Bewertung von 100%.

In Szenario 3 wird gezeigt, wie groß der Einfluss einer nicht erfüllten Eigenschaft mit hoher Relevanz ist, während alle anderen erfüllten Eigenschaften eine niedrige Relevanz haben. Dies führt zu einer finalen Bewertung von 63%, was lediglich eine zufriedenstellende Akzeptanz ist.
Szenario 4 demonstriert den Einfluss einer Eigenschaft mit höchster Relevanz. Im Gegensatz zum analogen Szenario 3 beträgt die Bewertung nun 70%.
Dieselben Eigenschaften sind in Szenario 5 nur noch mit einer mittleren Relevanz angegeben. Dadurch steigt die finale Bewertung um 75%.
In Szenario 6 wird die Relevanz aller Eigenschaften auf niedrig gesetzt und eine Eigenschaft ist nicht erfüllt. Dies zeigt, dass nun der Einfluss einer Eigenschaft lediglich 17% ist und somit die finale Bewertung 83%.

Nach dieser Evaluierung für die Akzeptanz gilt es, das Risiko zu analysieren. Die grundsätzliche Annahme hierbei ist, dass das Risiko durch die Bewertung mit dem l-Diversity Modell eine untere Grenze darstellt. In realen Szenarien dürfte das Risiko durch verschiedene Faktoren niedriger ausfallen. Faktoren, die das Risiko beeinflussen, sind:

- Hintergrundwissen von Angreifenden: Es ist nicht immer klar, ob Angreifende eindeutig nachweisen können, ob ein Opfer im Datensatz ist.
- Umfang eines Datenlecks: Ein Datenleck muss nicht immer alle Daten enthalten.
- Tatsächliches Niveau der Datensicherheit: Im vorliegenden Modell werden nur drei feste Stufen berücksichtigt.

Das Ziel von CPIQ ist allerdings, eine Abschätzung für den schlimmsten Fall zu geben.
Die CPIQ Berechnung aus Definition 6.21 gewichtet das Risiko gegenüber der Akzeptanz für eine Einwilligung eines Forschungsvorhabens. Die Formel soll verhindern, dass eine hohe Akzeptanz ein mögliches Risiko komplett neutralisiert. Dies geschieht durch den Gewichtungsfaktor s. Je größer der Wert von s, umso größer ist der Einfluss der Akzeptanz, wobei der maximale Einfluss 50% ist. Abbildung 6.7 visualisiert verschiedene Akzeptanzwertungen A im Verhältnis zum Risiko R mit einem $s = 2$ und $L = 100$. In diesem Fall ist

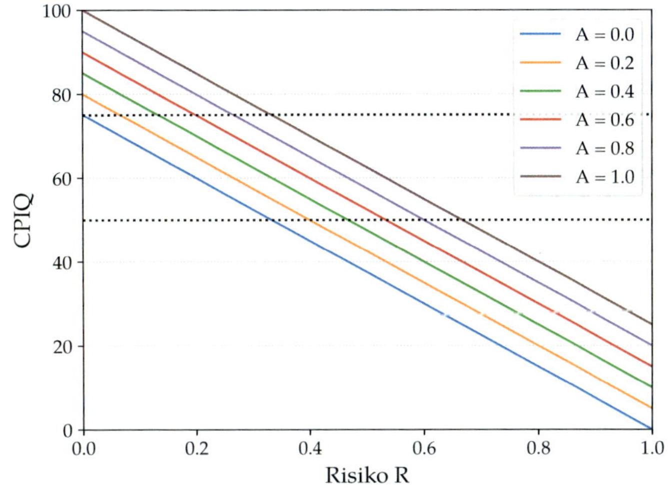

Abbildung 6.7: Visualisierung der CPIQ Formel mit verschiedenen Risikobewertungen R in Abhängigkeit von Akzeptanzbewertungen A mit $s = 2$ und $L = 100$

das Verhältnis von Akzeptanz zu Risiko 1:3. Die gestrichelten Linien zeigen die gewählte Eingruppierungen von Bewertungen zu *nicht empfehlenswert* für den unteren Bereich, zu *neutral* für den mittleren Bereich und *empfehlenswert* für den oberen Bereich. Die Visualisierung unterstreicht die Gewichtung von 1:3, da kein Akzeptanzwert eine Risikobewertung größer als 66% ausgleichen kann. So kann auch die maximale Akzeptanz $A = 1$ kein Risiko größer als ungefähr $R = 0.7$ ausgleichen, wodurch auch keine *neutrale* Bewertung erreicht werden kann.

6.4.3 Entscheidungstheoretische Betrachtung

Bisher wurde CPIQ rein modellgetrieben betrachtet. Für eine tiefergehende Entscheidungsunterstützung kann aber auch eine entscheidungstheoretische Betrachtung relevant sein. Eine Variante der Entscheidungstheorie ist die normative Entscheidungstheorie bei Risiko, mit der bestimmt werden kann, wie eine Entscheidung mit rationalen Kriterien getroffen werden kann [Lau18].

Tabelle 6.8: Entscheidungsmatrix für Datenfreigabe

Aktion/ Umweltzustand	$p(s_1) = \omega_1$ s_1	$p(s_2) = \omega_2$ s_2
Datenfreigabe a_1	Schaden (-1)	Kein Schaden bei Freigabe (1)
Keine Datenfreigabe a_2	Kein Schaden bei Freigabe (0)	Kein Schaden bei Freigabe (0)

Grundsätzlich ist die Entscheidung für eine Datenfreigabe binär: Daten können freigegeben werden oder nicht. Der pragmatische Ansatz hierfür ist, dass jegliche Datenfreigabe mit einem Risiko für die Privatsphäre verbunden ist. Rein isoliert entscheidungstheoretisch betrachtet kann eine Datenfreigabe also nie die präferierte Wahl sein, da Daten nicht zu teilen kein Risiko birgt. Allerdings ist die Absicht einer Datenfreigabe auch mit einem erwarteten Nutzen verbunden und dieser kann das damit verbundene Risiko überwiegen. Hiermit kann eine Datenfreigabe auch wieder aus entscheidungstheoretischer Sicht in Betracht gezogen werden und die Datenfreigabeempfehlung von CPIQ als Entscheidung unter Risiko betrachtet werden.
In diesem Fall können die Wahrscheinlichkeiten p_j für eine mögliche Umweltsituation s_j modelliert werden. Dadurch kann eine Entscheidungsmatrix definiert werden. Das Prinzip einer Entscheidungsmatrix ist es, alle möglichen Alternativen und Zustände darzustellen. Dies dient dazu, den Erwartungswert der möglichen Ergebnisse zu maximieren, wodurch die entscheidende Person eine rationale Entscheidung treffen kann.

Tabelle 6.8 zeigt die entsprechende Entscheidungsmatrix für die Datenfreigabe. Die möglichen Aktionen sind Datenfreigabe a_1 und keine Datenfreigabe a_2. Die möglichen betrachteten Umweltzustände infolge einer Datenfreigabe sind eine erfolgreiche Re-Identifizierung s_1, die einem Schadenseintritt gleichbedeutend ist und keine Re-Identifikation s_2. Die Wahrscheinlichkeit für eine Re-Identifikation kann als $\omega_1 = TRRP$ mit dem Wert der Risikoeintrittswahrscheinlichkeit aus CPIQ bestimmt werden. Keine erfolgreiche Re-Identifikation ist die komplementäre Wahrscheinlichkeit mit $\omega_2 = 1 - \omega_1$. Daraus resultieren die Endzustände *Schaden bei Freigabe*, was als -1 und negativer Effekt gewertet wird. Weiterhin gibt es *kein Schaden ohne Freigabe*, was als neutral und kein Effekt gilt. Zuletzt gibt es das erfolgreiche Ereignis *kein Schaden bei Freigabe* = 1. Um nun eine rationale Entscheidungsunterstützung zu ermöglichen, wird eine Nutzenfunktion benötigt, die jedem Endzustand einen Nutzwert zuordnen. Die Entscheidung kann dann auf Basis des Erwartungswerts der Nutzenfunktion getroffen werden. Wie in der Definition von CPIQ bereits festgestellt, ist Risiko allerdings nicht der einzige entscheidende Faktor (im Besonderen dadurch, dass wie zuvor festgestellt, eine risikofreie Datenfreigabe kaum möglich erscheint). Deshalb wird die Akzeptanz in der Nutzenfunktion berücksichtigt, um Risiko im Verhältnis der Akzeptanz abzubilden. Für die Akzeptanz werden die aus CPIQ modellierten Werte $\frac{\langle \overrightarrow{PRV}, \overrightarrow{AV} \rangle}{MRAV}$ verwendet. Da die Akzeptanz nur eine Rolle beim Schadenseintritt spielt, ergibt sich folgende Nutzenfunktion:

Definition 6.22 (CPIQ Nutzenfunktion).

$$u(e_{i,j}) = \left(e_{i,j} + \left(\frac{\langle \overrightarrow{PRV}, \overrightarrow{AV} \rangle}{MRAV} - an\right)\right) \cdot e_{i,j}^2$$

Wobei an der Akzeptanznormierer mit $0 \leq an \leq 1$ ist. Für eine ausbalancierte Akzeptanz erscheint ein Wert von $an = 0{,}5$ als empfehlenswert.
$e_{i,j}^2$ dient dazu, lediglich die Ereignisse zu betrachten, bei denen eine Datenfreigabe erfolgt. Keine Datenfreigabe bleibt ein neutrales Ereignis.

Gesucht ist nun der maximale Erwartungswert der Entscheidungsmöglichkeiten a_i, also $\max_j : \varphi_{a_i} = \sum_j \omega_j \cdot u(e_i, j)$.
Um die Anwendung dieser Nutzenfunktion zu verdeutlichen, folgt die Betrachtung eines Rechenbeispiels. Dafür wird der Fall einer Einwilligung betrachtet, für die mit CPIQ eine Akzeptanz von 0,7 und eine Schadenseintrittswahrscheinlichkeit von 0,4 berechnet worden ist. Der Akzeptanznormierer wird gemäß der Empfehlung als $an = 0{,}5$ definiert. Es wird nun das Maximum des Erwartungswertes der oben definierten Nutzenfunktion berechnet. Für $i = 1$, also die Ereignisse mit einer Datenfreigabe, ergibt sich folgende Rechnung: $0{,}4 \cdot ((-1 + (0{,}7 - 0{,}5)) \cdot (-1)^2) + 0{,}6 \cdot ((1 \cdot (0{,}7 + 0{,}5)) \cdot 1^2) = 0{,}4$.

Für $i = 2$ den Ereignissen ohne Datenfreigabe gibt sich durch den neutralisierenden Faktor $e_{i,j}^2$ 0. Der maximale Erwartungswert ist somit 0,4 und größer 0. Damit ist der erwartete Nutzen der Datenfreigabe positiv und zu empfehlen.

6.4.4 Risikoanalysen mit Hintergrundwissen

Während Abschnitt 6.4.3 eine fundierte Methode betrachtet, um CPIQ mit Methoden der Entscheidungstheorie zu berechnen, wird in diesem Abschnitt eine weitere Spezialisierung betrachtet, mit der die Risikoberechnung präzisiert werden kann. Konkret werden die freizugebenden Daten anhand der Zieldatenbank, in welche die Daten geteilt werden sollen, hinsichtlich ihres Privatsphäre Einflusses bewertet. Eine solche Betrachtung kann in Bezug auf den Privatsphäre Einfluss einen großen Unterschied machen, da einzigartige oder eindeutige Daten eine potenzielle Re-Identifikation vereinfachen können. Eine bestehende Datenbank vergrößert den Einfluss des möglichen Hintergrundwissens von potenziellen Angreifenden, die eine betroffene Person Re-Identifizieren möchten. Hierfür kann die Methode der Maximum Entropie verwendet werden, um Hintergrundwissen auf eine konservative Art und Weise zu modellieren und zu verwenden.

Das Prinzip von Maximum Entropie wurde 1957 von Jaynes und Anderen eingeführt [Jay57a, Jay57b]. Es basiert darauf, eine maximal unvoreingenommene Verteilung von Wahrscheinlichkeiten anhand bestimmter Voraussetzungen – auch überprüfbare Informationen genannt – zu finden. Diese Verteilung beschreibt dann die Verteilung mit der größten Entropie. Eine Voraussetzung für eine Verteilung kann unter anderem sein, dass die Summe zweier Ereigniswahrscheinlichkeiten p_1 und p_2 kleiner ist als 0.5. Zusätzlich wird für das Prinzip der Maximum Entropie je nach Definition eine allgemeine Voraussetzung angenommen, die definiert, dass die Summe aller betrachteten Wahrscheinlichkeiten 1 ergibt. Anhand der Voraussetzungen können nun Formeln definiert werden, unter denen die Verteilung die Voraussetzungen erfüllt und die Entropie maximiert.

Die in Abschnitt 6.4 beschriebenen Komponenten, die die Schadenseintrittswahrscheinlichkeit berechnen, basieren auf diversen Annahmen, wie der Verwendung von l-Diversity. In der Realität können solche Annahmen häufig nur schwer umgesetzt und schlicht nicht vorausgesetzt werden. In einem solchen Fall kann CPIQ keine akkurate Risikoberechnung durchführen. Deswegen soll mithilfe von Maximum Entropie eine unabhängigere Methode betrachtet werden, indem die Einzigartigkeit der sensitiven Attribute der Individuen innerhalb einer Datenbank gemessen wird, an die die Daten freigegeben werden sollen. Durch diese Betrachtung kann auch das mögliche Hintergrundwissen von Angreifenden realistischer berücksichtigt werden. Das klassischen CPIQ Modell setzt voraus, dass sensitive Attribute auch uniform verteilt sein müssen. Speziell für medizinische Daten ist dies aber nicht immer der Fall. Ein Beispiel dafür ist die Verteilung von Brustkrebserkrankungen, die sowohl Frauen als auch Männer betreffen können. Allerdings tritt Brustkrebs nur sehr selten bei Männern auf und es sind eindeutig häufiger Frauen betroffen[4]. Dieses Beispiel zeigt, dass Faktoren wie Geschlecht oder Alter einer Person einen starken Einfluss auf die Verteilung einer Erkrankung haben können. Diese Faktoren können als Voraussetzungen für eine Maximum Entropie Verteilung definiert werden, mit der dann eine maximal unvoreingenommene Verteilung basierend auf den verfügbaren Informationen beschrieben wird.

Die relevante Komponente aus CPIQ ist die in Definition 6.8 beschriebene $SAEP$ Eigenschaft. Um diese Risikoeintrittsberechnung mit einem Maximum Entropie Verfahren zu erweitern, wird ein Individuum $p = (\{qi_1,...,qi_n\},sa)$ eingeführt. sa bezeichnet das sensitive Attribut (beispielsweise eine Erkrankung) und qi_i die quasi-identifizierenden Merkmale, die p an eine Datenbank D freigeben möchte. D beinhaltet bereits Daten von anderen Individuen. Um die Voraussetzungen bkC_i für die Maximum Entropie zu definieren, wird eine Instanz BK benötigt, die Hintergrundwissen bereitstellen kann. In diesem Szenario werden öffentliche medizinische Statistiken, wie Krankheitsinzidenzen pro Geschlecht oder anderen demographischen Faktoren, als Hintergrundwissen bezeichnet. Eine Quelle für solche Informationen kann beispielsweise das

[4] Siehe hierzu: https://www.krebsdaten.de/Krebs/DE/Content/Krebsarten/Brustkrebs/brustkrebs_node.html (Letzter Zugriff: 27.11.2023)

Zentrum für Krebsregisterdaten (ZfKD) sein, das in Deutschland beim Robert Koch-Institut (RKI) angesiedelt ist und zur öffentliche Abfrage[5] aggregierte Daten zum Auftreten von Krebserkrankungen.

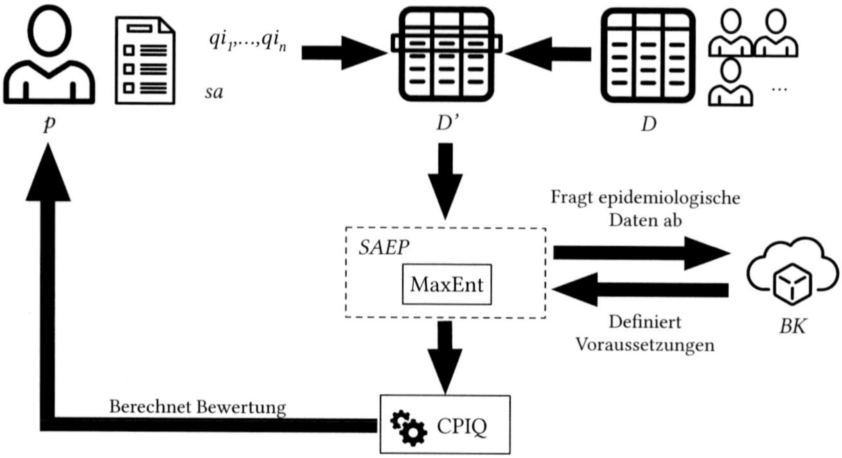

Abbildung 6.8: Schematische Darstellung des Ablaufes bei der Maximum Entropie CPIQ Erweiterung

Der komplette Ablauf für eine auf Maximum Entropie basierende Berechnung für CPIQ ist in Abbildung 6.8 zu sehen. *p* stellt Daten bereit, die zuvor mit dem Datensatz *D* des Forschungsprojekts kombiniert werden. Die Frage, wo und wie diese Kombination stattfindet, ist vielschichtig und komplex und wird deshalb im Rahmen dieser Dissertation ausgeklammert. Eine Möglichkeit wäre es, dass die Daten lokal bei den Patient:innen kombiniert werden können. Dies würde zu mehr Datenschutz für die Betroffenen sorgen, allerdings gleichzeitig verlangen, dass das Forschungsprojekt die dazugehörigen Daten teilen möchte und dies auch rechtlich möglich ist. Weiterhin spielt die benötigte Rechenleistung in Abhängigkeit von der Datensatzgröße eine relevante Rolle. Eine andere Variante wäre eine vertrauenswürdige Stelle, die

[5] https://www.krebsdaten.de/Krebs/DE/Datenbankabfrage/datenbankabfrage_stufe1_node.html (Letzter Zugriff: 27.11.2023)

von einem Dritten betrieben wird und die Zusammenführung und anschließende Bewertung vornimmt. Dies hätte zum Vorteil, dass es bereits zum Beispiel für die Krebsregister existierende vertrauenswürdige Stellen gibt. Hierfür müssten allerdings sowohl die Ressourcen als auch die regulativen Anforderungen geschaffen werden. Es gilt festzustellen, dass es eine Reihe von Realisierungsmöglichkeiten gibt, aber die Wahl und Umsetzung keinesfalls trivial ist.
D' wird als kombinierter Datensatz bezeichnet, mit dem anschließend $SAEP$ berechnet wird. Dafür werden die epidemiologischen Daten für das gegebene sensitive Attribut sa und die quasi-identifizierende Attribute $qi_1,...,qi_n$ benötigt. Im vorliegenden Fall wird die Inzidenz für eine gegebene Krankheit pro Geschlecht und pro Region verwendet. Um den Risikoeintritt zu bestimmen, wird die Differenz zwischen einer Gleichverteilung der Attribute (Re-Identifizierung nur durch Raten möglich) und der Maximum Entropie Verteilung mit den durch BK bestimmten Voraussetzungen bkC_i (Re-Identifizierung durch Hintergrundwissen erleichtert) berechnet. Diese Differenz wird anschließend durch einen festzulegenden Risikoeintritts-Grenzwert geteilt. Dieser Grenzwert soll die Größe einer maximalen Differenz erreichen, um zwischen uniformer Verteilung und der durch Maximum Entropie berechneten Verteilung bestimmen. $SAEP$ wird dann einen Wert zwischen 0 und 1 ausgeben. Je höher der Wert, desto größer ist das Re-Identifikationsrisiko.

Definition 6.23 (Maximum Entropie CPIQ). *UD sei die uniforme Verteilung aller Attribute in D. uR ist der Anteil eines Individuums in der Verteilung ($uR = \frac{1}{n}$). CD ist die Maximum Entropie Verteilung von D. cR_i ist die nach den Vorrausetzungen erhaltene Verteilung von einem Individuum p_i.*
Der daraus resultierende persönliche Risikoeintrittsfaktor ist $pRF_i = \frac{cR_i}{uR}$. $\perp$ definiert den Risikoeintritts-Grenzwert. Mit diesem kann das gewichtete Eintrittsrisiko berechnet werden $rr_i = \min(1, \frac{pRF_i}{\perp})$.
Der Wertebereich von rr ist zwischen 0 und 1.

Die Nutzbarkeit der CPIQ Erweiterung wird im Folgenden durch einige Experimente demonstriert. Im Szenario der Evaluation existiert eine Datenbank mit verschiedenen Patient:innen, die an unterschiedlichen Arten von Krebs erkrankt sind. Als Hintergrundwissen dienen die Informationen vom ZfKD, wie zuvor motiviert. Tabelle 6.9 zeigt einen Ausschnitt aus den entsprechenden Daten.

Tabelle 6.9: Ausschnitt aus Inzidenzdaten für Krebserkrankungen nach Alter und ICD-10 Code

ICD10 C*	C00-C14	C15	C16	C18-C21	C22	C50	...
Männlich Gesamt	17.2	9.0	14.8	51.5	9.4	0.7	...
Weiblich Gesamt	6.9	2.2	7.5	35.1	3.6	109.2	...

Darin enthalten sind alters- und regionalspezifische Inzidenzen. Im Rahmen des Szenarios wird zwischen einem hohen Risiko für Brustkrebs (C50 ICD-Code; älter als 60 Jahre) und einem niedrigen Risiko unterschieden. Da Inzidenz eine Populationsmetrik ist, wird der Anteil abhängig von der Inzidenz und dem vollständigen Datensatz berechnet. Der Datensatz hat das Format (qi_1,sa,qi_2) wobei qi_1 dem Geschlecht entspricht, qi_2 dem Alter und sa ist der ICD Code der Erkrankung. Für die Risikoeintritts Grenze wird $\perp = 3$ verwendet.

Konkret werden drei Szenarien betrachtet. Im ersten Fall wird zu dem bestehenden Datensatz eine Person mit niedrigem Risiko hinzugefügt.

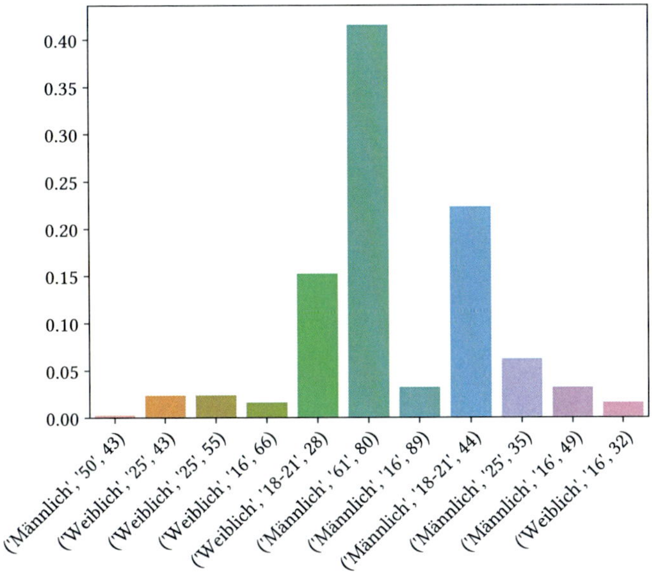

Abbildung 6.9: Szenario Datensatz D vor dem Einsetzen weiterer Daten in der Verteilung nach Voraussetzungen

Die Ausgangslage wird in Abbildung 6.9 gezeigt, die den Datensatz D vor dem Hinzufügen des zusätzlichen Individuums darstellt. Es zeigt sich, dass die männliche Person mit Brustkrebs (C50) ein sehr niedriges Risiko hat mit seinen Daten durch Hintergrundwissen verknüpft zu werden. Dies erscheint offensichtlich, da die Erkrankung sehr selten ist für Männer. Darüber hinaus scheint das Risiko für die Person mit Prostatakrebs (C61) deutlich erhöht. Diese Erkrankung betrifft ausschließlich Männer und ist dort eine sehr häufige Krebserkrankung. Die Person, die dem Datensatz hinzugefügt werden soll, ist eine Frau im Altersbereich niedriges Brustkrebsrisiko, die aber dennoch daran erkrankt ist. Die Daten sind $p_1 = ('Weiblich','50',40)$.

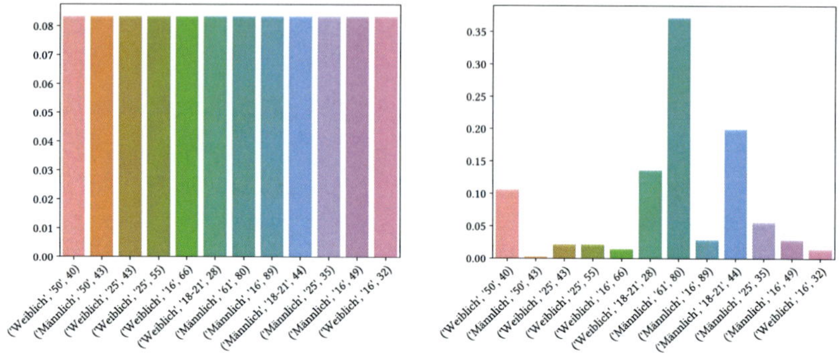

(a) Uniforme Verteilung

(b) Verteilung nach Voraussetzungen

Abbildung 6.10: D' nach Einsetzen von p_1

In Abbildung 6.10a wird der Datensatz nach dem Einsetzen der Daten unter der Annahme einer uniformen Verteilung gezeigt. Dies wird für die Berechnung der Differenz benötigt. Die Verteilung nach Auflösen der Voraussetzungen zeigt Abbildung 6.10b. Es lässt sich feststellen, dass das Risiko zur Re-Identifikation lediglich leicht erhöht ist. Die Berechnung von $SAEP$ ergibt 0,32, was als niedriges Risiko interpretiert wird.
Als zweites Szenario wird zum Ausgangspunkt aus Abbildung 6.9 eine Person mit einem statistisch erhöhten Risiko für eine Brustkrebserkrankung hinzugefügt. Die Daten für diese Person sind $p_2 = ('Weiblich', '50', 70)$.

Abbildung 6.11a zeigt die uniforme Verteilung, während Abbildung 6.11b die Verteilung nach Voraussetzungen zeigt. Hier ist zu sehen, dass das Risiko im Vergleich zu p_1 aus dem ersten Szenario stark erhöht ist. Innerhalb von D' hat p_2 das zweithöchste Risiko. $SAEP$ ergibt so den maximal Wert von 1.
Im dritten und letzten Szenario wird eine gleichförmigere Verteilung von Risiko betrachtet. Dazu werden drei Hochrisikopersonen hinzugefügt.

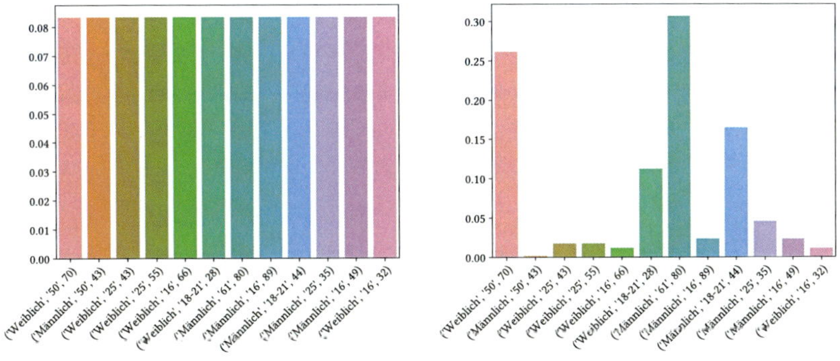

(a) Uniforme Verteilung **(b)** Verteilung nach Voraussetzungen

Abbildung 6.11: D' nach Einsetzen von p_2

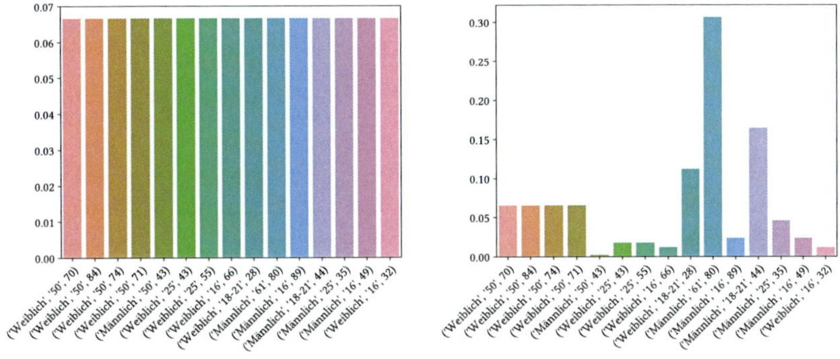

(a) Uniforme Verteilung **(b)** Verteilung nach Voraussetzungen

Abbildung 6.12: D' nach Einsetzen von drei Hochrisikopersonen

Abbildung 6.12 zeigt, dass das Risiko der einzelnen Hochrisikopersonen nun geringer ist als zuvor. Der *SAEP* Wert pro Person ergibt nur 0,33 was im Vergleich zum ersten Fall nur leicht erhöht ist.

Durch die experimentellen Szenarien zeigt sich trotz der kleinen Datenmengen, dass das Verfahren eine gute Methode ist, um Hintergrundwissen einzubeziehen. Durch diese Methode können öffentlich verfügbare Daten, wie die des ZfKDs verwendet werden um Hintergrundwissen zu modellieren. Es gilt anzumerken, dass der Ansatz vorwiegend in den Szenarien gut funktioniert, in denen Daten von Betroffenen einfach auf die Struktur mit quasiidentifizierenden Daten und sensitiven Daten abgebildet werden können. Das vorliegende Verfahren kann generell in ein Henne-Ei Problem laufen, da der naive Ansatz ergibt, dass in einem kleinen Datensatz jeder Freigabevorgang deutlich mehr Risiko birgt, als in einen bestehenden großen Datensatz.

6.5 Evaluation: Nutzendenstudie zu Interfaces für souveräne Einwilligungen

Die Umsetzung des Konzepts *Dynamic Consent* und Privatsphärerisikoquantifizierung aus Abschnitt 6.3 und 6.4 fokussieren sich rein auf die technisch nutzbare Umsetzung. Faktoren wie die Nutzbarkeit und Verständlichkeit durch die Patient:innen spielen hierbei nur eine untergeordnete Rolle. Für Konzepte, die sich gezielt an spezielle Nutzendegruppen richten, ist die Gebrauchstauglichkeit allerdings ein essenzieller Faktor. Deswegen wird im Folgenden eine Nutzendenstudie präsentiert, die die Oberflächen für *Dynamic Consent* und CPIQ auf Usability, welches ein geläufiger Begriff für die Gebrauchstauglichkeit von Nutzendenoberflächen ist, evaluiert. Für diese Evaluation wird sich an den von Shackel definierten Kriterien für hohe Usability orientiert [Sha81]. Diese Kriterien sind:

- Angemessene Funktion
- Leichte Nutzbarkeit
- Nutzung leicht zu erlernen
- Nutzung leicht zu merken
- Hoher Nutzwert

Die Evaluation wird als kollaborative Studie durchgeführt. Hierbei haben die Proband:innen eine Reihe an Aufgaben, die sie durchführen müssen. Diese

Durchführung soll durch ein lautes Aussprechen der Gedanken, ein sogenanntes *Think Aloud*, kommentiert werden. Diese Kommentare werden aufgezeichnet und für die Evaluation berücksichtigt. Im Anschluss an die Durchführung der Aufgaben wird ein Interview mit verschiedenen Fragen zu den Aufgaben und der Bewertung der Usability durchgeführt.
Um quantitative Resultate zu erfassen, wird ebenfalls ein sogenanntes SUS Interview durchgeführt. Mit der SUS wird eine numerische Bewertung der Usability vorgenommen. Die SUS wird aus einem Fragebogen mit 10 Fragen zur Wahrnehmung der Gebrauchstauglichkeit berechnet. Pro Frage können die Proband:innen mit einem Wert von einer fünfstufigen Likert-Skala antworten. Die Bewertung ergibt einen Wert zwischen 0 und 100 und ermöglicht eine vergleichsweise niederschwellige Messung der Usability.

Für CPIQ und *Dynamic Consent* werden drei Interfaces als relevant identifiziert. Die ersten zwei Oberflächen implementieren die Präferenzerfassung von CPIQ (vergleiche Abbildung 6.6c) und die Risikomessung für die Einwilligung (technische Umsetzung in Abbildung 6.6d).
Für *Dynamic Consent* wird die Erfassung der freigegebenen Befunde/Kategorien (vergleichbar mit Abbildung 6.3) betrachtet. Für die Nutzendenstudie werden die drei Ansichten in einem Ablauf von verschiedenen Datenfreigabeanfragen kombiniert, mit denen die Nutzer:innen interagieren sollen. Die verschiedenen Interfaces werden jeweils in drei Varianten implementiert. Die erste Variante stellt den Basisfall (**PA**) dar und basiert auf den ursprünglichen rein technischen Implementierungen. Diese technische Umsetzung wird mit den Prinzipien der Richtlinien von Shackel weiterentwickelt. Hierdurch entstehen zwei Varianten **A** und **B**, die sich durch im weiteren Verlauf beschriebene Details unterscheiden. Für die Studie wird folgender Ablauf gewählt und pro Variante durchgeführt:

1 Präferenzerfassung *(CPIQ Ansicht)*

2 Anzeige einer Liste von nicht bearbeiteten Datenfreigabeanfragen

3 Anzeige der CPIQ Bewertung für die Anfrage *(CPIQ Ansicht)*

4 Entscheidung über Freigabe oder keine Freigabe

- Falls keine Freigabe: **Zurück zu Schritt 2**

5 Auswahl von Daten zur Freigabe *(Dynamic Consent Ansicht)*

6 Übersicht der ausgewählten Daten

7 Freigabe der Daten

8 Falls noch Anfragen existieren: Zurück zu Schritt 2

- Falls keine Anfragen existieren: **Ende**

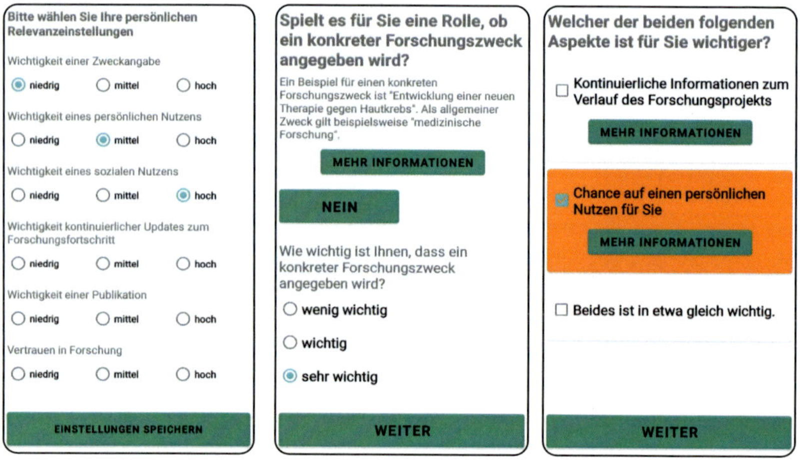

(a) Basis Variante (**PA**) **(b)** Variante **A** **(c)** Variante **B**

Abbildung 6.13: Nutzendeninterfaces für die CPIQ Präferenzeinstellung

Abbildung 6.13 zeigt die Oberfläche für die CPIQ Präferenzeinstellung. Die in Abbildung 6.13a abgebildete Basis Variante **PA** zeigt eine Übersicht aller für den Präferenzvektor relevanten Eigenschaften. In dieser Ansicht können die Nutzer:innen anhand einer dreistufigen Skala, symbolisiert durch die runden Knöpfe auswählen. Es werde alle Präferenzen auf einmal angezeigt.
Die Weiterentwicklung davon zeigt Variante **A** in Abbildung 6.13b. Diese Variante wählt eine schrittweise Abfrage der Eigenschaften. Zusätzlich werden zu jeder Eigenschaft detaillierte Informationen angeboten. Die dreistufige Skala ist in der Bezeichnung leicht abgeändert. Die interne Bedeutung bleibt aber identisch.

Die experimentelle Variante **B** befragt die Nutzer:innen nur indirekt nach der Gewichtung pro Eigenschaft. Die Abfrage erfolgt zunächst pro Faktor nur binär (ist die Eigenschaft wichtig oder nicht). Abschließend müssen die Nutzer:innen wie in Abbildung 6.13c dargestellt zwischen Eigenschaften unterscheiden. Durch diese paarweisen Vergleiche wird eine interne Gewichtung gemäß der CPIQ Definition vorgenommen.

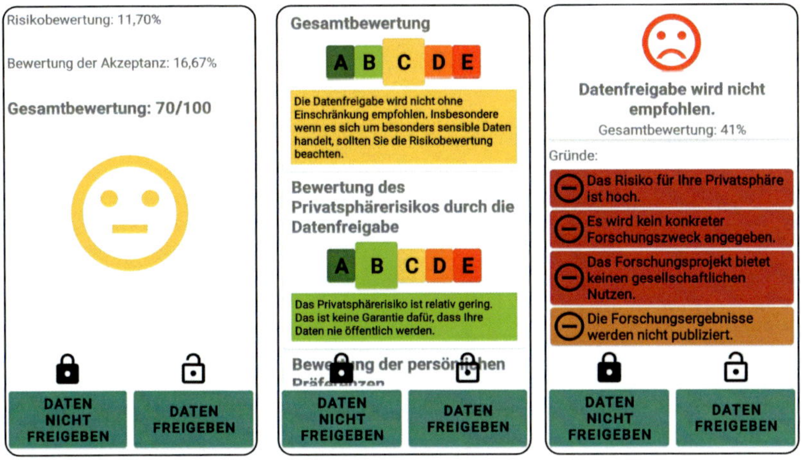

(a) Basis Variante (**PA**) **(b)** Variante **A** **(c)** Variante **B**

Abbildung 6.14: Nutzendeninterfaces für die Visualisierung der CPIQ Bewertung

Die verschiedenen Interfacevarianten der Visualisierung der CPIQ Bewertung werden in Abbildung 6.14 dargestellt. Diese Interfaces sind nicht trivial zu gestalten, da sie zu einem die Bewertung neutral darstellen sollen, diese aber auch leicht zu verstehen sein sollen. Im Basisfall **PA** wird eine Ampelskala mit einem Smiley Gesicht verwendet. Für eine neutrale Bewertung wird unter anderem ein neutrales Gesicht mit einer gelben Färbung verwendet. Dies ist in Abbildung 6.14a dargestellt. Zusätzlich wird noch die Bewertung von Akzeptanz und Risiko einzeln aufgeschlüsselt und die gesamte Bewertung angezeigt.

Variante **A** bedient sich der Analogie des sogenannten Nutri-Scores[6], der die Nährwerte von Lebensmitteln zusammenfassend bewertet und somit eine direkte Vergleichbarkeit ermöglicht. In Abbildung 6.14b ist eine entsprechende beispielhafte Darstellung zu sehen. Für CPIQ wird die Bewertung für Akzeptanz auf einer fünfstufigen Skala, die alphanumerisch benannt und farblich markiert ist, vorgenommen. Zusätzlich erhält jede Teilwertung noch eine Begründung für die Bewertung.

Die experimentelle Variante **B** ist in Abbildung 6.14c gezeigt. Hierbei handelt es sich um eine Kombination von der Smiley Darstellung aus **PA** mit detaillierten Begründungen, die zudem farblich markiert sind. Die Liste der Begründung zeigt ein Plus- oder Minus-Zeichen für positive oder negative Einflussfaktoren.

(a) Basis Variante (**PA**) **(b)** Variante **A** **(c)** Variante **B**

Abbildung 6.15: Nutzendeninterfaces für die Datenauswahl bei *Dynamic Consent*

Die Interfaces für die *Dynamic Consent* Daten- und Kategorieauswahl werden in Abbildung 6.15 gezeigt. Mit dieser Auswahl sollen verschiedene Kategorien

[6] https://www.bmel.de/DE/themen/ernaehrung/lebensmittel-kennzeichnung/freiwillige-angaben-und-label/nutri-score/nutri-score_node.html (Letzter Zugriff: 27.11.2023)

oder Befunde für die Datenweitergabe freigegeben oder verboten werden. Die Nutzer:innen sollten hierbei nachvollziehen können, welche Kategorien freigegeben sind und welche nicht. Außerdem soll die Navigation durch die Daten einfach sein. Die Basisvariante **PA** setzt dies mit einer ausklappbaren Liste, wie in Abbildung 6.15a gezeigt, um. Durch Drücken der Kategorie oder des Befundes wird die Freigabeeinstellung durchgeführt. Der Zustand wird dann durch *Grün* mit einem Haken für *Freigabe* und *Rot* mit einem Kreuz für *keine Freigabe* visualisiert.
Diese Visualisierung wird in Variante **A** deutlicher gestaltet, indem Schlösser den Freigabestatus visualisieren. Eine solche Ansicht zeigt Abbildung 6.15b. Variante **B** hat keine ausklappbare Hierarchie, sondern ermöglicht eine Navigation innerhalb der Hierarchie durch Wischen oder Auswahl der Befunde. Wie Abbildung 6.15c zeigt, wird hier die Übersicht nur auf die aktuelle Subkategorie beschränkt.

Die beschriebene Studie wird mit 10 Proband:innen durchgeführt. Für jede der Interface Varianten sollen sechs Datenanfragen bearbeitet werden. Die meisten Teilnehmer:innen waren Erwachsene im Alter unter 35 und hatten ein höheres Bildungslevel.

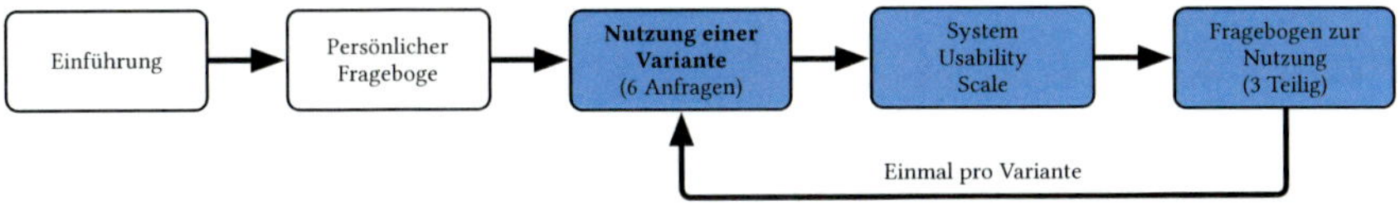

Abbildung 6.16: Visualisierung des Studienablaufs

Der Studienablauf pro Proband:in wird in Abbildung 6.16 gezeigt. Zuerst erhält jede Proband:in eine Einführung, welche den Ablauf einschließlich Funktion und Zwecke der Oberflächen erklärt und die Rolle der Proband:innen erklärt. Die Proband:innen sollen eine unabhängige Entscheidung über ihre Datenfreigabe treffen, so als würden wirklich persönliche Daten geteilt werden. Nach der Einführung wird ein Fragebogen zum Erfassen der demographischen Merkmale beantwortet. Die folgenden drei Schritte werden pro Variante wiederholt. Zuerst wird die Interface Variante genutzt und sechs Datenfreigabeanfragen bearbeitet. Zusätzlich sollen die Proband:innen die Nutzung als sogenannten *Think Aloud* kommentieren. Danach werden zwei Fragebögen ausgefüllt. Einer zur Berechnung des SUS und ein weiterer Fragebogen zur Nutzung der Variante. Durch diesen Fragebögen soll mehr quantitatives Feedback zu den Interface Varianten gesammelt werden. Die Fragen unterteilen sich in drei Teile zur Präferenzeingabe, der CPIQ Visualisierung und der *Dynamic Consent* Oberfläche. Die Proband:innen können diese Fragen ebenfalls mit einer fünfstufigen Skala bewerten (je höher, je besser). Die Fragen setzen sich wie folgt zusammen:

- **Präferenzeingabe**
  1 Optisch ansprechend
  2 Einfach zu bedienen
  3 Kategorien klar
  4 Aufwand angemessen
  5 Akkurat
- **CPIQ Visualisierung**
  1 Optisch ansprechend
  2 Verständlich
  3 Zusammensetzung klar
  4 Präferenz klar
  5 Risiko klar
- ***Dynamic Consent***
  1 Optisch ansprechend
  2 Einfache Nutzbarkeit
  3 Freigabestatus klar
  4 Aufwand angemessen

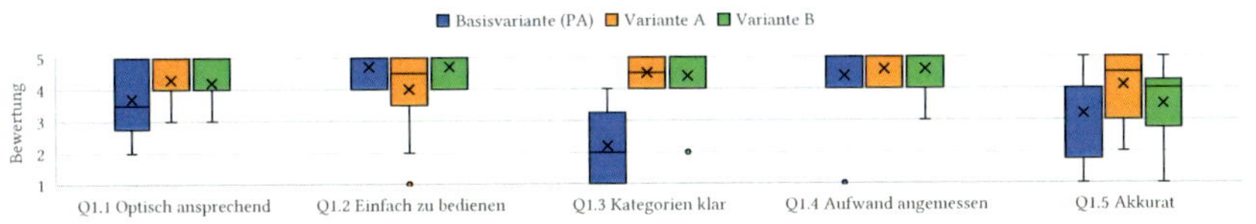

Abbildung 6.17: Ergebnisse der Fragen zur Präferenzeingabe unterteilt nach Varianten ($N = 10$)

Abbildung 6.17 zeigt die Resultate für die Befragung zur Präferenzeingabe. Dieser Übersicht lässt sich entnehmen, dass alle Varianten tendenziell ähnlich bewertet werden. Ein Ausreißer findet sich in Frage Q1.3. Hier wird gefragt, ob die Akzeptanzeigenschaften ausreichend erklärt sind. Die Auswertung zeigt, dass die Basisvariante **PA** keine Erklärungen wie die anderen zwei Varianten anbietet. Dieser Mangel wurde auch in den *Think Aloud* Kommentaren bestätigt. Weiteres Feedback bemängelt generelle Unklarheiten bei der Präferenzeinstellung, obwohl der Sinn dieser Abfrage bereits in der Einführung erklärt worden ist. Dies identifiziert einen Punkt, der in Zukunft detaillierter erklärt werden muss. Weiterhin wurde die Visualisierung von Variante **A** als zu komplex empfunden, weshalb es in Frage Q1.2 auch eine breitere Streuung der Bewertung mit deutlichen Ausreißern im Vergleich zu den anderen Varianten gibt.

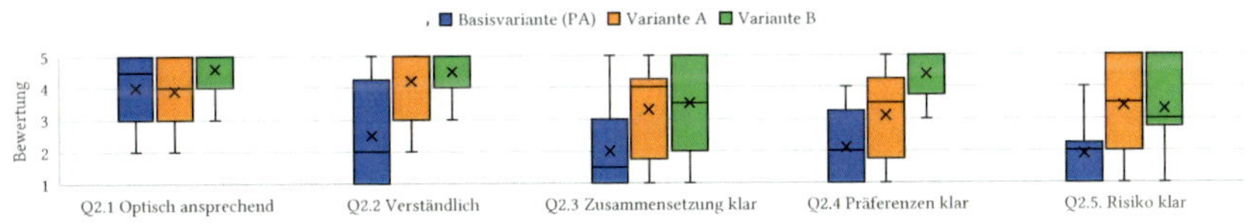

Abbildung 6.18: Ergebnisse der Fragen zur Visualisierung der CPIQ Bewertung unterteilt nach Varianten ($N = 10$)

Die Ergebnisse für die Fragen zur CPIQ Visualisierung sind in Abbildung 6.18 gesammelt. Hier zeigt sich für alle Fragen bis auf Frage Q2.1 ein relevanter Unterschied in der Bewertung zwischen der Basisvariante **PA** und den Varianten **A** und **B**. Insgesamt werden alle Varianten als optisch ansprechend bewertet, während Variante **B** sowohl als am verständlichsten und auch nachvollziehbarsten bewertetet wird. Ein großer Unterschied zeigt sich auch bei der Verständlichkeit der Bewertung in Frage Q2.2. **PA** schneidet hier am schlechtesten ab, wodurch sich zeigt, dass die hinzugefügten Erklärungen für **A** und **B** einen nennenswerten Mehrwert bieten. Ein relevanter Unterschied zwischen **B** und **A** findet sich lediglich in Frage Q2.4. Hier wird gefragt, ob die Akzeptanzeigenschaften klar sind. Diese sind in Variante **B** nochmals aufgeschlüsselt, was zu diesen Ergebnissen führen kann. Aus dem *Think Aloud* ergibt sich ebenfalls, dass die Basisvariante zu wenige Details zur Ergebniszusammensetzung bietet. Generell zeigt sich auch, dass sowohl Akzeptanz und Privatsphärerisiko noch detaillierter erklärt werden müssen, auch wenn Variante **A** und **B** bereits eine Steigerung darstellen.

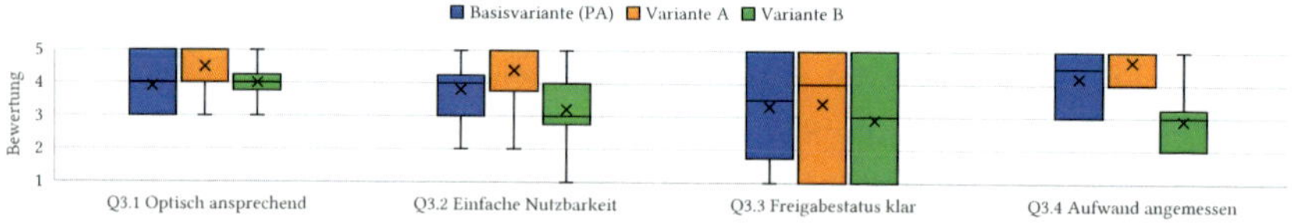

Abbildung 6.19: Ergebnisse der Fragen zur *Dynamic Consent* Darstellung unterteilt nach Varianten ($N = 10$)

Die Resultate der Fragen, die die Darstellung von *Dynamic Consent* behandeln, werden in Abbildung 6.19 gezeigt. Hier zeigen sich zwei Fragen mit einem relevanten Unterschied: Q3.2 und Q3.4. Für Frage Q3.4. schneidet **B** deutlich schlechter ab als die anderen Varianten. Ein Grund hierfür kann die komplexere und aufwändigere Navigation der Variante sein. Dies wird auch in den *Think Aloud* Kommentaren bestätigt. Auch in Frage Q3.2. schneidet der experimentelle Ansatz von Variante **B** schlechter ab. Dass bei diesen Oberflächen generell noch Verbesserungen nötig sind, wird auch durch das unklare und breit gestreute Resultat von Frage Q3.3. deutlich. Im *Think Aloud* bestätigt sich auch, dass es schwierig nachzuvollziehen ist, welche Daten letztlich über das Interface markiert sind und welche nicht.

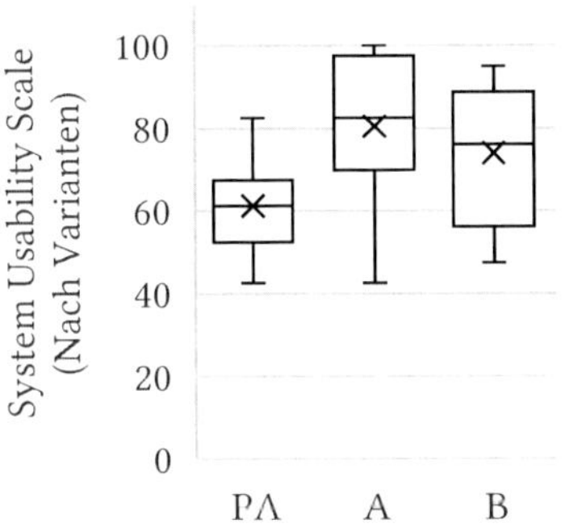

(a) SUS nach Variante

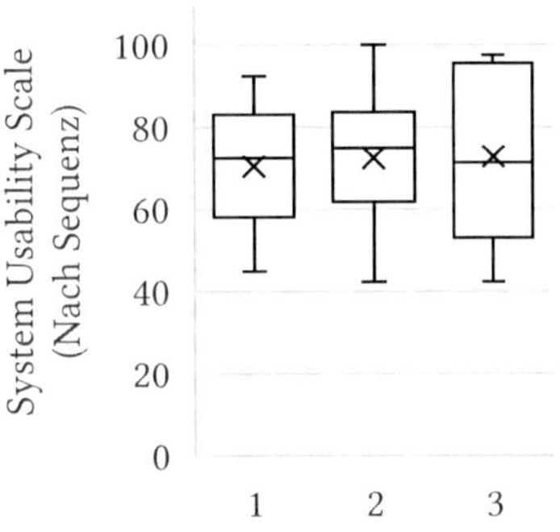

(b) SUS nach Testsequenz

Abbildung 6.20: Resultate der SUS Befragung ($N = 10$)

Final werden weitere quantitative Ergebnisse durch den SUS Fragebogen generiert. Das Resultat dieser Fragen findet sich in Abbildung 6.20. Da die Varianten in der Evaluation in randomisierter Reihenfolge durchgeführt worden sind, zeigt Abbildung 6.20b die Auswertung des SUS nach Reihenfolge in der Testsequenz. Diese Darstellung zeigt auch, dass die Reihenfolge keinen Einfluss auf den SUS hat. Abbildung 6.20a zeigt die Auswertung nach Variante. Es zeigt sich, dass der Medianwert für die Basisvariante **PA** 60,25 beträgt, 80.5 für **A** und 74 für Variante **B**. Hierdurch kann angenommen werden, dass **A** die beste Variante darstellt. Einen messbaren Unterschied kann allerdings nur zwischen Variante **A** und der Basisvariante nachgewiesen werden. In der Literatur wird eine gute Gebrauchstauglichkeit ab einem SUS größer als 70 nachgewiesen. Somit lässt sich die Ursprungsthese bestätigen, dass **PA** ohne Fokus auf Usability entwickelt worden ist und deshalb erhebliches Verbesserungspotenzial besitzt. **A** und **B** besitzen eine gute Usability, können aber dennoch in einigen Aspekten verbessert werden. Zusätzlich hat sich gezeigt, dass mehr und detailliertere Erklärungen gerade bei komplexen Themen wie der CPIQ Bewertung sehr viel zum Verständnis beitragen.
Es gilt allerdings auf einige Limitierungen der Studie hinzuweisen. So ist eine Proband:innenzahl von $N = 10$ nicht groß. Allerdings kann durch die umfangreiche Studie viel qualitatives Feedback beispielsweise durch das *Think*

Aloud erfasst werden, so dass auch diese Teilnehmer:innenzahl eine Aussagekraft besitzt. Ebenso entspricht die demographische Verteilung der Proband:innen nicht zwangsläufig der Zielgruppe und ist wenig divers. Auch hier kann eine Ausweitung des Teilnehmer:innenfeldes helfen, aussagekräftigere Ergebnisse zu produzieren.

6.6 Zwischenfazit

In diesem Kapitel wird das Konzept der digitalen souveränen Einwilligungen eingeführt. Um die Komponenten des Konzeptes systematisch zu spezifizieren, existiert auch ein formales Modell für digitale souveräne Einwilligungen. Als Grundlage dient das automatisierte digitale Einwilligungsmanagement, das im Vergleich zu den meisten verwandten Verfahren nicht nur digitalisierte Varianten von papierbasierten Einwilligungen ermöglicht, sondern auch einen automatischen Workflow anbietet, der diese Einwilligungen auch umsetzt. Auf dieser Basis wird das Verfahren zu einer Komponente der souveränen Einwilligungen mit *Dynamic Consent* weiterentwickelt. Durch *Dynamic Consent* können proaktiv und dynamisch Daten mit Forschungsprojekten geteilt werden. Im Gegensatz zu anderen Arten von Einwilligungen ist bei *Dynamic Consent* die betroffene Person stets in Kontrolle über ihre Daten und das Konzept wird als datenschutzfreundlich erachtet. Mit dieser Komponente lässt sich das in Kapitel 1.1 definierte **TZ.1** zur Umsetzung von digitalen Einwilligungen erfüllen.

Die zweite Komponente für eine souveräne Einwilligung ist die Entscheidungsunterstützung für eine Datenfreigabe durch eine Privatsphärerisikoquantifizierung. Das Verfahren CPIQ betrachtet im Gegensatz zu anderen existierenden Ansätzen die Ausgangslage der Betroffenen. Durch die Kombination von Risikoeintrittsfaktoren und Akzeptanzkomponenten wird eine umfassende Bewertung modelliert. Diese Modellierung ist an verschiedenen Stellen erweiterbar und generalisierbar. Dies wird in diesem Kapitel durch die entscheidungstheoretische Betrachtung und den Einsatz von Maximum Entropie als Hintergrundwissen demonstriert. Durch das CPIQ-Verfahren zur Messung des Privatsphäreeinflusses bei einer Datenfreigabe kann **TZ.2** als erfüllt betrachtet werden. Der Einsatz von souveränen Einwilligungen erleichtert durch die Einwilligungstechnologie die Nutzung für Forschungsprojekte, während die Betroffenen jederzeit, durch die Bewertung der Einwilligung unterstützt, eine informierte Entscheidung treffen können.

7 Einsatz von Privatsphäre wahrenden Technologien

Den zweiten Hauptstrang dieser Dissertation stellt der Einsatz von Privatsphäre wahrenden Technologien mit medizinischen Daten dar. Ein solcher Einsatz wurde auch in den Veröffentlichungen [App19, App22c, App22d, App23b] behandelt, deren Forschungsergebnisse im Rahmen dieses Kapitels verwendet werden. Zuerst werden die verschiedenen Technologien, die zum größten Teil bereits im Grundlagen-Kapitel 2 betrachtet worden sind, für ihre verschiedenen Anwendungsfälle eingeordnet. Danach wird der Einsatz von Differential Privacy für Datenspenden betrachtet. Diese Verfahren werden auch durch den Einsatz verschiedener Metriken evaluiert. Zuletzt wird die Erzeugung privater synthetischer Daten und die Anwendbarkeit dieser Verfahren in der Domäne Medizin untersucht. Dafür werden verschiedene Verfahren mit eigenen entworfenen Metriken auf Nutzbarkeit und Datenschutzniveau evaluiert werden.

7.1 Einordnung der Technologien

In Kapitel 2.4 werden die Grundlagen der relevantesten Privatsphäre wahrenden Technologien beschrieben. Diese werden nun hier nach Einsatzgebiet eingeordnet. Ziel ist es, diese Technologien zur Realisierung von **TZ.4** aus Kapitel 1.1, der Umsetzung einer prototypischen Forschungsplattform, zu verwenden. Neben den Technologien aus dem Grundlagen-Kapitel gibt es noch Verfahren, die sich in der Kategorie „kryptographische Verfahren“ einordnen können. Da diese im Rahmen der Arbeit nur am Rande betrachtet werden, sind diese nicht Teil der Grundlagen. Ein kryptographisches Verfahren ist Homomorphe Verschlüsselung [Arm15]. Hierbei wird ein Klartext so verschlüsselt, dass auf dem Chiffrat noch diverse Rechenoperationen durchgeführt werden können. So können zwei Chiffrate beispielsweise addiert werden und der entschlüsselte Klartext des Resultats entspricht dann der Summe der beiden Klartexte. Durch diese Methode können auch komplexere Berechnungen zur Datenanalyse durchgeführt werden, ohne dass Klardaten geteilt werden müssen. Ein Nachteil von Homomorpher Verschlüsselung ist allerdings der aktuell sehr hohe Bedarf an Rechenleistung, so dass ein Einsatz in vielen Szenarien auch am Zeitbedarf dieser Verfahren scheitert. Somit können auch diese Verfahren als Privatsphäre wahrend erachtet werden.

Tabelle 7.1: Einordnung verschiedener Privatsphäre wahrender Technologien

	Traditionelle Techniken	***Differential Privacy***	***Homomorphe Verschlüsselung***	***Synthetische Daten***
Privatsphäre Garantien	+	++		+
Genauigkeitserhaltend		+	++	+
Performanz	++	++		+
Vertrauenswürdige Instanz nötig	Ja	Teilweise	Nein	Teilweise
Limitierungen	Domänenwissen benötigt	Wahl von ϵ nicht trivial	Je nach Verfahren sehr Rechenintensiv	Datenqualität unklar

Um die Technologien zu bewerten, zeigt Tabelle 7.1 eine Einordnung nach Kriterien wie Privatsphäre Garantien, Genauigkeit, Performanz und weiteren

Faktoren. Viele PETs bieten die Möglichkeit der mathematischen Nachweisbarkeit der Privatsphäre Garantie. Für Differential Privacy (DP) ist der Nachweis der ϵ-DP ein essenzieller Bestandteil und kann somit als erfüllt erachtet werden. Da private synthetische Datenerzeugung in der Regel auf DP basieren, existiert in diesen Fällen eine mathematische Garantie. Diese ist allerdings nicht allgemeingültig. Als Traditionelle Techniken wird hier k-Anonymity, l-Diversity und weitere Variationen des Prinzips bezeichnet. Diese basieren ebenfalls darauf, dass der entsprechende Parameter k beziehungsweise l nachgewiesen werden kann, um den Grad der Privatisierung zu messen. Der Schutz der kryptographischen Verfahren basiert auf dem Verschlüsselungsprinzip. Während die Sicherheit spezifischer Verfahren formal nachweisbar ist, entspricht dies nicht den üblichen Privatsphäre Garantien.

Eine weitere relevante Eigenschaft von PETs ist der Erhalt von Genauigkeit nach der Anwendung der Verfahren. Bei den traditionellen Technologien kann keine generelle Annahme getroffen werden. Dies hängt stark von der Anwendung von Generalisierung und Unterdrückung von Elementen ab. Bei DP ist die Genauigkeit abhängig von dem angewendeten Rauschen und korreliert somit direkt mit der Privatsphäre Garantie. Je höher diese ist, umso geringer ist die erwartete Genauigkeit. Es gilt anzumerken, dass diese Korrelation zwar existiert, es aber noch weitere Parameter existieren, von denen die Genauigkeit abhängt. Homomorphe Verschlüsselung kann annähernd perfekte Genauigkeit ermöglichen, da die zugrunde liegenden Daten lediglich reversibel verschlüsselt und die Daten sonst nicht modifiziert werden müssen. Für die synthetische Datenerzeugung kann die Genauigkeit der Daten als offene Frage bezeichnet werden. Grundsätzlich können Verfahren darauf optimiert werden, so nah wie möglich an den Trainingsdaten zu sein, allerdings ist es aus Datenschutzperspektive unklar, ob diese nicht ein gegensätzliches Ziel ist, möglichst wenige Eigenschaften aus dem Trainingsdatensatz zu *kopieren*.

Hinsichtlich der Performanz der Verfahren lassen sich die traditionellen Technologien als auch DP als Verfahren mit geringem Rechenaufwand bezeichnen. Synthetische Datenerzeugungsverfahren benötigen allerdings durch die Trainingsphase und Modellerzeugung leistungsstarke Hardware, die für Maschinelles Lernen geeignet ist. Die kryptographischen Verfahren,

wie Homomorphe Verschlüsselung, ignorieren diesen Faktor zumeist vollständig und sind in der Regel sehr rechenintensiv.
Die vertrauenswürdige Instanz beschreibt eine Stelle, der eine betroffene Person vertrauen muss, wenn ihre Daten verarbeitet werden. Im Fall von den traditionellen Verfahren wird in jedem Fall eine Stelle benötigt, die die Ursprungsdaten besitzt und dann die entsprechenden Verfahren anwendet. Dieser Stelle gegenüber muss Vertrauen vorhanden sein. Für DP ist dies nicht immer der Fall. Es gibt auch Varianten, bei denen die Betroffenen ihre Daten vor dem Senden verrauschen. In diesem Fall muss der zentralen Instanz nicht vertraut werden. Im globalen Fall von DP benötigt die zentrale Instanz allerdings Vertrauen, da diese die Ursprungsdaten einsehen kann. Für die synthetischen Datenerzeugungsverfahren gilt dies analog. Homomorphe Verschlüsselung hat in dieser Hinsicht keine besonderen Anforderungen und benötigt durch die Sicherheit des Chiffrats keine vertrauenswürdige Instanz.
Jedes der Verfahren hat auch eigene Limitierungen. So benötigt die Nutzung von traditionellen Verfahren in der Regel Domänenwissen, um die entsprechenden Generalisierungshierarchien zu entwerfen. Bei DP ist die Wahl des Privatsphäre Budgets ϵ eine essenzielle Frage und definitiv nicht trivial. Für Homomorphe Verschlüsselung gilt es anzumerken, dass diese je nach Verfahren sehr rechenintensiv sein können. Bei den synthetischen Daten ist die Qualität der Daten nach wie vor nicht eindeutig zu klären und hängt auch stark vom verwendeten Verfahren und Anwendungsfall ab.
Für eine datenschutzzentrierte Forschungsplattform sollte der Grundsatz gelten: *So viel Privatsphäre wie möglich bei minimalem Verlust der Genauigkeit.* Um dies zu erreichen, müssen alle vorgestellten Technologien in eine entsprechende Forschungsplattform integriert und gemäß Einstellung der Nutzenden eingesetzt werden. Hierbei sollten für Nutzende, die möglicherweise kein Expertenwissen zu den eingesetzten Technologien besitzen, möglichst durch verschiedene Optionen die optimale Technik zum Einsatz vorgeschlagen werden. Zuerst gilt es zu unterscheiden, ob Daten zur weiteren Verarbeitung freigegeben werden sollen oder ob aggregierte Resultate verwendet werden können.

Definition 7.1 (Basiskonfiguration *BPPT*).

BPPT= agg | rel

Wobei agg für aggregierte Resultate steht und rel für eine Datenfreigabe.

Falls Daten freigegeben werden sollen, so bleibt die Wahl zwischen Homomorpher Verschlüsselung, die mehr Genauigkeit ermöglicht und synthetischer Datenerzeugung, die unter gewissen Voraussetzungen zu einer besseren Performanz und diverseren Daten für die Weiterverarbeitung führen können.

Definition 7.2 (Freigabekonfiguration *RPPT*).

RPPT= acc | per

Wobei acc für Fokus auf Genauigkeit steht und per für Performanz.

Bei der Verwendung von aggregierten Daten besteht die Wahl zwischen traditionellen Techniken wie k-Anonymity und DP. Hier sollte der Wunsch nach Datenschutz und Genauigkeit über die Wahl der Technik entscheiden. Während die eigentliche Genauigkeit beim Einsatz von traditionellen Techniken nicht herkömmlich vorherzusagen ist, lässt sich diese über einen Parameter wie k oder l abschätzen. Generell gilt es festzustellen, dass bei einem hohen Datenschutzbedürfnis DP grundsätzlich besser geeignet ist.

Definition 7.3 (Aggregationskonfiguration *APPT*).

APPT= acc | priv

Wobei acc für Fokus auf Genauigkeit steht und priv für eine solide Datenschutzgarantie.

Zusammen ergibt sich folgende Konfiguration:

Definition 7.4 (Forschungsplattform Konfiguration *CPPT*).

$$CPTT = \begin{cases} RPPT \begin{cases} = acc & \rightarrow \textit{Homomorphe Verschlüsselung} \\ = per & \rightarrow \textit{Synthetische Daten} \end{cases} & \text{falls } BPPC = rel, \\ APPT \begin{cases} = acc & \rightarrow \textit{Traditionelle Techniken} \\ = priv & \rightarrow \textit{Differential Privacy} \end{cases} & \text{falls } BPPC = agg \end{cases}$$

Durch eine solche Konfiguration soll es für Forschende auch ohne tieferes Domänenwissen möglich sein, die gewünschte Datenqualität durch eine Privatisierung zu spezifizieren. Das bedeutet, dass beispielsweise gewählt werden kann, ob ein gewisser Präzisionsverlust zu tolerieren ist. Es gilt anzumerken, dass eine solche Konfiguration beliebig um weitere Fälle und Unterscheidungen erweitert werden kann.

7.2 Differential Privacy für medizinische Datenspenden

Durch die zunehmende Verbreitung von sogenannten Lifestyle Fitness Geräten gewinnt die direkte Datenspende von den Nutzenden an Bedeutung. Als Lifestyle Fitness Gerät werden Smartwatches, Herzfrequenzzähler, Schrittzähler oder jede Art von weiteren Geräten, die alltägliche Gesundheitsdaten zu Nutzenden aufzeichnen, bezeichnet. Während diese Geräte zu Beginn vor allem Einblicke für die interessierten Nutzenden mit sich brachten, werden Daten dieser Art auch häufiger für die medizinische Forschung verwendet [Izm18]. Ein prominentes Beispiel für die Verwendung von Lifestyle Fitness Daten ist die Corona-Datenspende-App vom RKI[1]. Die App wurde verwendet, um mithilfe einer breit angelegten Datenspenden die Herzfrequenz und Aktivitätsdaten von Smartwatches wie der Apple Watch zu erhalten. Mithilfe dieser regelmäßigen Datenspende lässt sich eine Art nationaler Ruhepuls

[1] https://corona-datenspende.de (Letzter Zugriff: 27.11.2023)

für Deutschland berechnen. Da ein erhöhter Ruhepuls auch ein Indikator für Fieber ist, diente die Herzfrequenz als Fieberkurve für Deutschland.

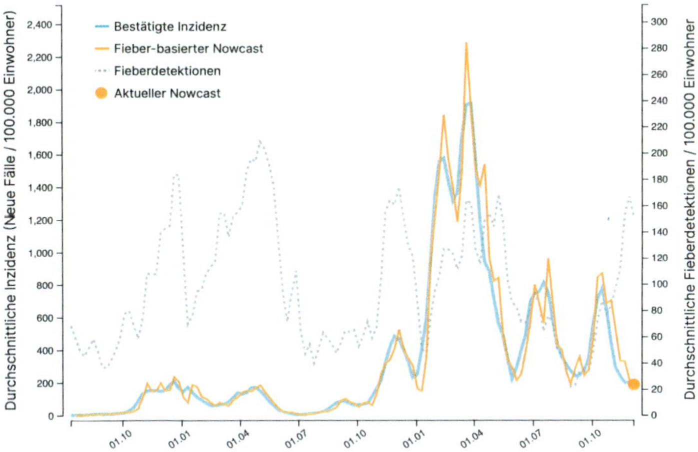

Abbildung 7.1: Graphische Darstellung der gesammelten Daten als Fiebermonitor (Quelle [Rob20a])

Abbildung 7.1 zeigt die Darstellung der gesammelten Daten und deren Visualisierung als populationsweiter Fiebermonitor. Die Hoffnung hierbei war es, den Verlauf der COVID-19 Pandemie vorherzusagen. Retrospektiv zeigt sich, dass die Daten zumindest Trends des Pandemieverlaufs korrekt vorhersagen konnte[2]. Weiterhin ist dieses Datenspende-Projekt vor allem ein Erfolg hinsichtlich der Teilnehmer:innenzahl von über 500.000 freiwilligen Spenden-den[3].

Auch wenn es sich bei vielen Szenarien *nur* um Lifestyle Fitness Daten handelt, gilt für diese auch ein hohes Datenschutzbedürfnis. Außerdem besteht das Potenzial diese Anwendungsfälle auch auf weitere Behandlungsdaten zu

[2] https://corona-datenspende.de/science/reports/detectionscompared/ (Letzter Zugriff: 27.11.2023)

[3] https://www.rki.de/DE/Content/InfAZ/N/Neuartiges_Coronavirus/Corona-Datenspende-2-0.html (Letzter Zugriff: 27.11.2023)

erweitern. Die Corona-Datenspende App selbst gibt an, die Daten in pseudonymisierter Form zu erheben und dass mögliche Ergebnisse ausschließlich anonym veröffentlicht werden[4]. Dennoch können gerade über Aktivitäts- und Herzfrequenzdaten eindeutige Muster erzeugt werden, durch die eine betroffene Person auch potenziell re-identifiziert werden kann [Ala21]. Zusätzlich muss ein Grundvertrauen gegenüber der Forschungsinstanz bestehen.
Durch Einsatz von lokaler DP kann zum einen, das Re-Identifizierungsrisiko gesenkt werden und zum anderen wird auch kein Vertrauen gegenüber der datensammelnden Stelle benötigt, da die Daten bereits vor dem Senden an diese privatisiert werden. Zur Umsetzung werden im Folgenden verschiedene Arten von Datenspenden mit DP betrachtet, zum einen die reine Datenspende von Lifestyle-Fitness Daten, als auch ein Szenario mit Fragebögen.

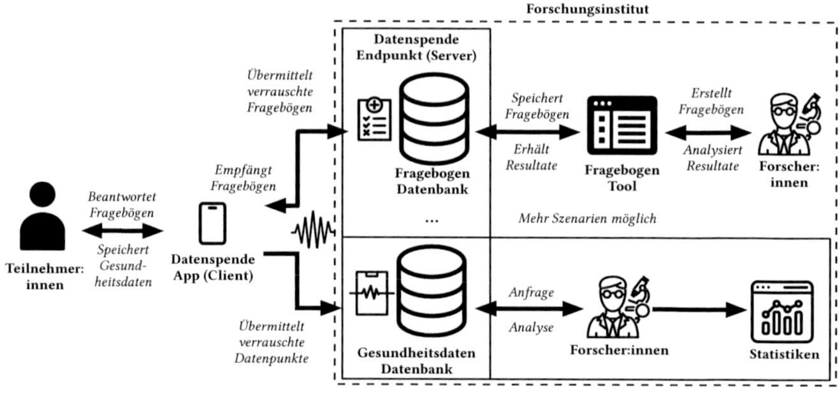

Abbildung 7.2: Szenario für eine Datenspenden-Plattform mit Differential Privacy

Das Szenario einer solchen Datenspende wird in Abbildung 7.2 gezeigt. Das Szenario zeigt die Teilnehmer:innen, die eine Datenspende App verwenden, um dort Fragebögen zu beantworten und Gesundheitsdaten aus Quellen wie einer Smartwatch zu speichern. Diese Anwendung kommuniziert mit einem Forschungsinstitut, welches einen Datenspenden Endpunkt anbietet. An diesem Endpunkt können verschiedene Anwendungsfälle realisiert werden.

[4] https://corona-datenspende.de/science/datenschutz-cda/ (Letzter Zugriff: 27.11.2023)

Konkret werden hier Fragebögen und die Gesundheitsdatenspende betrachtet. Im Fall der Fragebögen erstellen Forscher:innen mithilfe eines Tools Fragebögen, die in einer Fragebogen Datenbank gespeichert werden. Diese werden dann an die Datenspende App übermittelt und dort von den Teilnehmer:innen beantwortet. Diese Fragebögen werden anschließend durch lokale DP verrauscht und in der Datenbank hinterlegt. Hier können die verrauschten Resultate analysiert werden. Die Spende von Gesundheitsdaten funktioniert analog. Forscher:innen fragen über die Gesundheitsdatenbank Daten an, die von den Teilnehmer:innen verrauscht übermittelt werden. Diese können dann von den Forscher:innen analysiert werden. Generell sind für eine solche Plattform auch weitere Szenarien denkbar.

Eine für Datenspende geeignete Variante von lokaler DP stellt das Randomized Aggregatable Privacy-Preserving Ordinal Response (RAPPOR) Verfahren dar [Erl14]. RAPPOR verwendet eine Form der *Randomized Response* als DP Mechanismus. Die ursprüngliche Idee der *Randomized Response* ist es, Teilnehmenden einer Studie Abstreitbarkeit der eignen Antwort zu ermöglichen, falls diese sensible oder sehr private Informationen enthält [War65]. Hierfür werfen die Teilnehmer:innen eine Münze vor dem Beantworten der Frage. Falls diese Kopf zeigt, sollte die Antwort ehrlich erfolgen. Falls die Münze Zahl zeigt, wird ein erneuter Münzwurf durchgeführt und entsprechend dem Resultat, also beispielsweise bei Kopf „Ja“ und bei Zahl „Nein“ geantwortet, unabhängig von der echten Antwort. Die Verteilung der Antwort hängt nun von der Art der Münze ab (bei einer fairen Münze haben beide Antworten die Wahrscheinlichkeit 0,5).

Abbildung 7.3 zeigt einen exemplarischen Ablauf der *Randomized Response* bei einer Befragung. Durch diesen Ablauf bleibt bei Betrachtung einer einzelnen Antwort unklar, ob diese wahr oder unwahr ist. Über die gesamte Verteilung bei einer ausreichend großen Population kann allerdings mit Wissen über die Art der Münze eine Näherung an die echte Verteilung berechnet werden.
Die *Randomized Response*, wie sie bisher demonstriert worden ist, eignet sich eher für „Ja“/„Nein“-Fragen. RAPPOR erweitert den Ansatz und ermöglicht

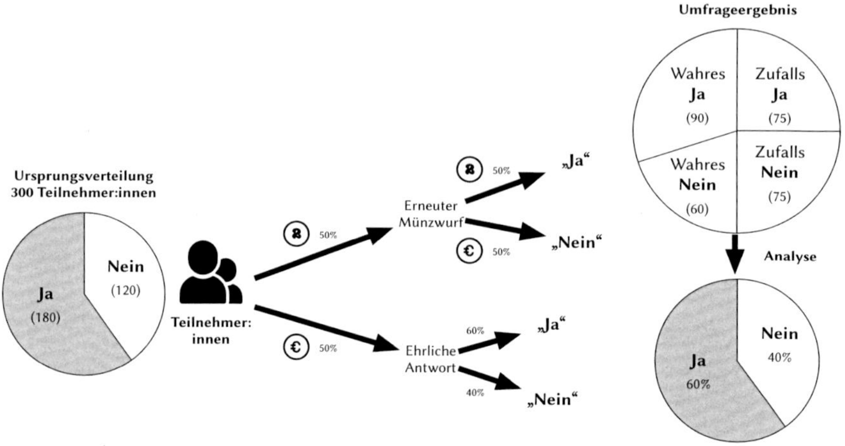

Abbildung 7.3: Exemplarischer Ablauf einer Studie mit *Randomized Response*

beliebige Zeichenketten als Antwortmöglichkeiten. Somit lässt sich das lokale DP Verfahren für beliebige Zeichenketten verwenden. Um dies zu ermöglichen, werden sogenannte Bloom-Filter verwendet, die eine Zeichenkette auf einen Bitvektor abbilden.

Der Ablauf des RAPPOR Verfahrens wird in Abbildung 7.4 schematisch dargestellt. All diese Schritte werden, wie bei einem lokalen DP Verfahren üblich, bei den Datenspender:innen durchgeführt, bevor die Daten an eine dritte Partei gesendet werden. Hierdurch ist kein tieferes Vertrauen gegenüber dieser Partei nötig. Die Länge des Bloom-Filters wird durch den Parameter k definiert. Je größer k, umso geringer ist die Möglichkeit von Hashkollisionen, wodurch die Präzision gesteigert wird. Allerdings hat ein großes k Einfluss auf die Rechenzeit des Verfahrens.
Zur Erzeugung wird der Eingabetext durch eine definierte Anzahl h an Hashfunktionen zu einem Hashstring verarbeitet, wovon das Resultat den Bloom-Filter B darstellt.

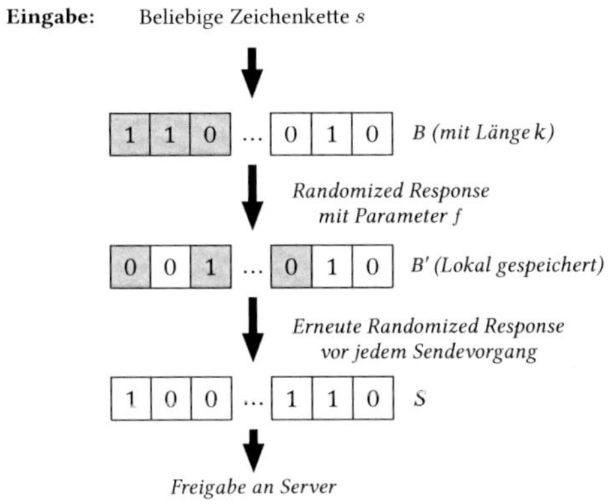

Abbildung 7.4: Schematischer Ablauf des RAPPOR Verfahrens

Anschließend wird die *Randomized Response* mit einer zu definierenden Verteilung bitweise auf B durchgeführt. Die Wahrscheinlichkeit eines Bitflips durch die *Randomized Response* wird mit der Wahrscheinlichkeit f beschrieben. Je höher der Wert von f, umso besser ist der Privatsphäreschutz, allerdings sinkt auch die Genauigkeit des Endergebnisses. f ist somit direkt mit dem DP Parameter ϵ verbunden. Das Resultat wird als B' bezeichnet und kann dem Server zur Weiterverarbeitung gesendet werden.
Um einen Langzeitschutz durch RAPPOR zu erhalten, muss noch zusätzlich die *Instantanous Randomized Response* angewendet werden. Dieser Schritt ist optional und vor allem dann relevant, wenn dieselben Werte erneut über einen längeren Zeitraum gesendet werden sollen. Vor jedem Senden wird B' nun erneut durch eine *Randomized Response* zu S verarbeitet und ausschließlich S gesendet. Dieser Vorgang wird vor jedem erneuten Sendevorgang wiederholt und dient dazu, das Individuum vor Re-Identifizierung und Datenleaks zu schützen.

7.2.1 Differential Private Datenspende

Die Differential Private Datenspende setzt den unteren Teil von Abbildung 7.2 um. Als Anwendungsszenario wird eine Forschungsfrage analog zu der

Corona-Datenspende-App betrachtet. Hierfür können Nutzer:innen Herzfrequenz und Aktivitätsdaten wie Schritte an das nicht näher spezifizierte Forschungsinstitut senden. Dadurch kann anschließend eine populationsweite durchschnittliche Ruheherzfrequenz errechnet werden. Für die Evaluation wird ein exemplarischer Datensatz verwendet, der entsprechende Daten beinhaltet. Besonders geeignet erscheint der *Crowd-sourced Fitbit* Datensatz, der Herzfrequenz Daten in einem fünfsekündigen Intervall, Schrittdaten in einem 60-Sekunden-Intervall und Schlafdaten von über 30 Individuen über 30 Tage gesammelt enthält [Fur16].

Tabelle 7.2: Ausschnitt aus dem *Crowd-sourced Fitbit* Datensatz

Id	Time	Heartrate	Steps	SleepStage	Calories
2022484408	2016-04-12 07:21:35	101	17	0	3
2022484408	2016-04-12 07:21:40	87	9	0	3
2022484408	2016-04-12 07:21:45	58	0	0	1

Tabelle 7.2 zeigt einen Ausschnitt der ersten drei Zeilen aus dem Datensatz. Die weiteren Einträge sind analog dazu. Die Daten in diesem Format werden von den Nutzenden erfasst und für die Analyse an ein zentrales Forschungsinstitut gesendet.

Potenzielle Angreifende probieren die Teilnehmer:innen der Studien zu Re-Identifizieren. Dies kann zum einen durch Hintergrundwissen erfolgen (Angreifende kennen bestimmte Daten, die verknüpft werden können) oder durch ein Datenleck (Angreifende können Muster aus diesen Daten rekonstruieren). Über die Herzfrequenz können mögliche Angreifende Wissen über die generelle Gesundheit der Teilnehmer:innen erhalten. Ferner enthalten die Verlaufsdaten Rückschlüsse auf mögliche Aktivitätsmuster innerhalb eines Tagesverlaufs, wie den Zeitpunkt des Schlafengehens oder die Trainingszeitpunkte der Betroffenen. Falls Angreifende Zugriff auf die Datenbank erhalten, kann Wissen über diese Eigenschaften der Teilnehmer:innen erlangt werden. Durch die Verwendung von Local Differential Privacy (LDP) können Angreifende allerdings durch das hinzugefügte Rauschen keine Sicherheit über die Echtheit und Aussagekraft der Daten erhalten. Auch können die Daten durch Hintergrundwissen nicht eindeutig zugeordnet werden.

Für die Umsetzung wird RAPPOR mit der Programmbibliothek *Pure-LDP* implementiert. Zusätzlich wird die Bibliothek um die *Instantanous Randomized Response* erweitert. Die Datenspende App dient hier als Client, welcher die oben beschriebenen Gesundheitsdaten erfassen kann. Für eine potenzielle Datenspende erhält der Client die notwendigen RAPPOR Parameter vom Server. Mit diesen Parametern kann das lokale Rauschen auf Basis der *Instantanous Randomized Response* durchgeführt und die verrauschten Daten zum Server gesendet werden. Der Datenspende Endpunkt als Server definiert ein RAPPOR Interface zur Gesundheitsdaten Datenbank und definiert alle benötigten Parameter. Auf Basis der an diesem Endpunkt gesammelten Daten können verschiedene Analysen durchgeführt werden. Im vorliegenden Szenario werden zum einen einfache Häufigkeitsmessungen von Herzfrequenzwerten durch Durchschnitts- oder Medianbildung durchgeführt. Dies kann analog für das Körpergewicht, Schlafdauer und Aktivitätsdaten durchgeführt werden. Für die an die Corona-Datenspende-App angelehnte Auswertung wird eine durchschnittliche Ruheherzfrequenzkurve aus den gespendeten Daten erstellt.

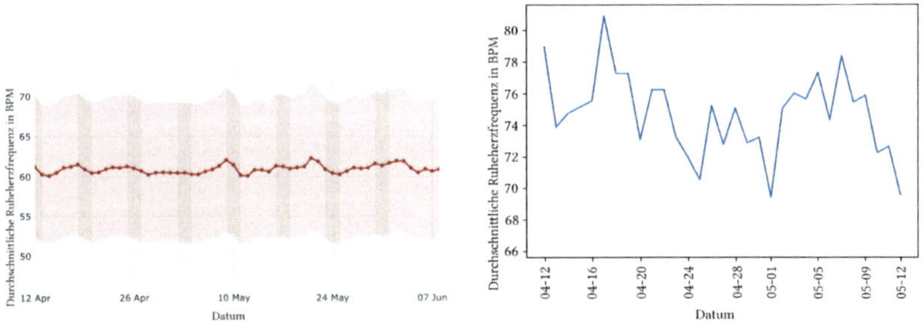

(a) Resultat der Corona-Datenspende-App (Quelle: [Rob20a])

(b) Mögliches Resultat des eigenen Verfahrens

Abbildung 7.5: Exemplarische Illustration der durchschnittlichen Ruheherzfrequenzen von Corona-Datenspende-App und eigenem Datenspende Verfahren

Abbildung 7.5 zeigt eine Gegenüberstellung der Ruheherzfrequenz, wie sie im Rahmen der Corona-Datenspende-App erfasst worden (Abbildung 7.5a) ist und wie sie durch das hier vorgestellte Verfahren gemessen werden kann

(Abbildung 7.5b). Es gilt anzumerken, dass die Verläufe nicht identisch sein sollen, da eine unterschiedliche Datenbasis verwendet wird. Die Abbildung soll lediglich die Verfahren illustrieren. Für die Auswertung der verrauschten Daten wird die Anzahl Schritte mit der durchschnittlichen Herzfrequenz als Assoziationsanalyse verknüpft. Da die Schritte ebenfalls verrauscht sind, werden diese in vier Aktivitätsklassen unterteilt: keine, niedrige, mittlere und hohe Aktivität. Durch die Unterteilung von Aktivität pro Minute können Durchschnittsherzfrequenzen pro Aktivitätsklasse erstellt werden. Die Ruheherzfrequenz entspricht nun der Herzfrequenz der Aktivitätsklasse „*keine Aktivität*“.

7.2.2 Differential Private medizinische Fragebögen

Dadurch, dass medizinische Fragebögen im Vergleich zu beliebigen Gesundheitsdaten, die teilweise große Wertebereiche besitzen, häufig nur aus einer Reihe von meist sehr begrenzten Fragen mit einer fest definierten Auswahl an Antwortmöglichkeiten bestehen, eignen sie sich sehr gut für Verfahren, die auf *Randomized Response* basieren. Medizinische Fragebögen haben verschiedene Anwendungsfälle. Einer der häufigsten Fälle ist die Erstanamnese bei einer Neuvorstellung in einer Gesundheitseinrichtung oder zu Beginn einer neuen Therapie. Ebenso können Fragebögen verwendet werden, um den Fortschritt einer Therapie abzufragen oder um Daten für Forschungsvorhaben zu erfassen. In solchen Fällen werden Daten wiederholt über längere Zeit abgefragt. Für die vorliegende Betrachtung machen nur Fragebögen Sinn, die im Rahmen von sekundärer Datennutzung verwendet werden, da es nicht sinnvoll ist, die Daten zu einer Erstanamnese in einem Behandlungskontext zu privatisieren.

In der Praxis sind die meisten Fragebögen papierbasiert. Allerdings existieren digitale Lösungen und Standards für Fragebögen. Im Datenstandard FHIR existiert eine *Questionnaire* Ressource, um Fragebögen und deren Antworten digital zu repräsentieren. Für das vorliegende Szenario wird angenommenen, dass ein Fragebogen mit einem nicht näher spezifizierten Fragebogen Tool erstellt wird. Es wird der obere Teil von Abbildung 7.2 umgesetzt. Der erstellte FHIR *Questionnaire* wird zu dem Datenspende Endpunkt Server hochgeladen, der wie zuvor als RAPPOR Server dient. Die Forscher:innen müssen

Listing 7.1: Single Choice Antwort als FHIR *Questionnaire* Ressource

```
{"linkId" : "5",
  "text": "Wie oft haben Sie Einschlafprobleme?",
  "answer": [{ "valueCoding" : {"display": "Häufiger als 5 Nächte"}]
}
```

nun ein entsprechendes Datenschutzniveau in Anlehnung an ϵ wählen. Der Server wählt daraufhin die RAPPOR Parameter entsprechend, so dass die Forscher:innen keine Expertise für das Verfahren haben müssen. Die Größe für den Bloom-Filter k wird im *Single-Choice* Fall durch die Anzahl an möglichen Antworten definiert. Für den *Multiple-Choice* Fall wird die Länge durch die Größe der Potenzmenge aller Antwortmöglichkeiten definiert (was der Anzahl aller möglichen Antwortkombinationen entspricht). Im Fall von Fragen nach einem Wert definiert sich k durch minimale und maximale Werte. Der Server kann den Fragebogenersteller auch durch Genauigkeitsschätzungen bei der Auswahl des Datenschutzniveaus unterstützen (Wie viele Teilnehmer:innen werden benötigt und weiteres). Die Datenspende App als Client empfängt die Fragebögen im FHIR-Format mit den entsprechenden Parametern und bietet den Nutzer:innen eine graphische Oberfläche, um diese zu beantworten. Listing 7.1 zeigt eine Beispielantwort auf eine Frage im FHIR *Questionnaire* Format. Initial wird nach der Beantwortung durch den Nutzer die Klartextantwort erstellt. Vor dem Sendevorgang zum Server wird die RAPPOR Technologie angewandt und die Antwort mit Bloom-Filtern und der *Randomized Response* codiert. Eine so codierte Antwort ist in Listing 7.2 dargestellt. Diese codierte Antwort wird an den Server gesendet, wo die Daten durch RAPPOR geschätzt werden und von den Forscher:innen analysierten werden können.

Listing 7.2: Single Choice Antwort als FHIR *Questionnaire* Ressource nach Bloom-Filter Codierung durch RAPPOR

```
{"linkId" : "5",
  "text": "Wie oft haben Sie Einschlafprobleme?",
  "answer": [{"valueCoding" : {"display": "[1, 0, 0, 1]"}]
}
```

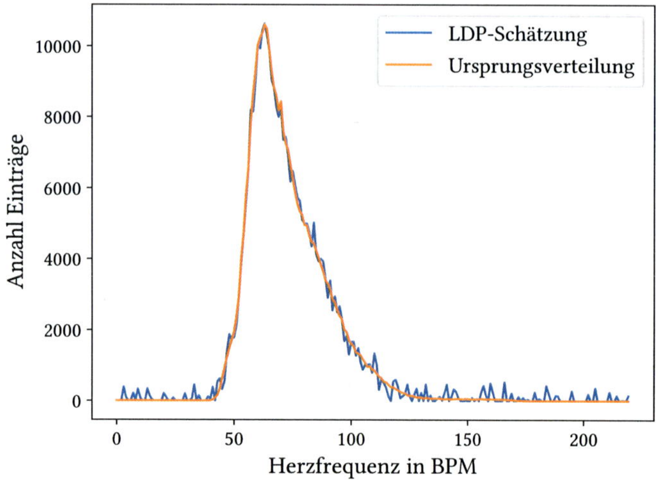

Abbildung 7.6: Schaubild der Häufigkeitsfrequenz von Herzfrequenzwerten in BPM

7.2.3 Evaluation: Nutzbarkeit von privaten Datenspenden

Zuerst wird das in Abschnitt 7.2.1 beschriebene Szenario betrachtet. Abbildung 7.6 zeigt ein Histogramm der Herzfrequenzen aller Teilnehmer:innen des Datensatzes. Da nur 15 der 30 Teilnehmer:innen einen vollständigen Herzfrequenzverlauf haben, konnten nur diese Individuen berücksichtigt werden. Für die LDP Schätzung wurden die RAPPOR Parameter so gewählt, dass ein $\epsilon = 3$ erhalten wird. Dieses Histogramm zeigt, dass der Verlauf der Schätzung weitestgehend dem Verlauf der Originaldaten entspricht. Auffällig sind vorrangig die Ausreißer in den Randbereichen. Für Durchschnittswerte werden sich dieser Fehler zum einen teilweise auslöschen und zum anderen können durch Postprocessing solche Ausreißer verhindert werden. Es gilt anzumerken, dass es eine gewünschte Eigenschaft von DP ist, nicht dem tatsächlich identischen Verlauf zu entsprechen. Außerdem sind 15 Datensätze recht wenig, wie die folgenden Auswertungen zeigen.

Um den Effekt von mehr Teilnehmer:innen auf die Genauigkeit zu zeigen, wurden heuristisch ähnliche Daten zu den Daten aus dem Fitbit Datensatz erzeugt. So stehen für die Experimente zusätzlich Datensätze mit 45 Teilnehmer:innen und 75 Teilnehmer:innen zur Verfügung. Abbildung 7.7 und 7.8 zeigen die zusätzlichen Experimente, um den Einfluss von n Teilnehmer:innen und von verschiedenen ϵ Konfigurationen zu verdeutlichen

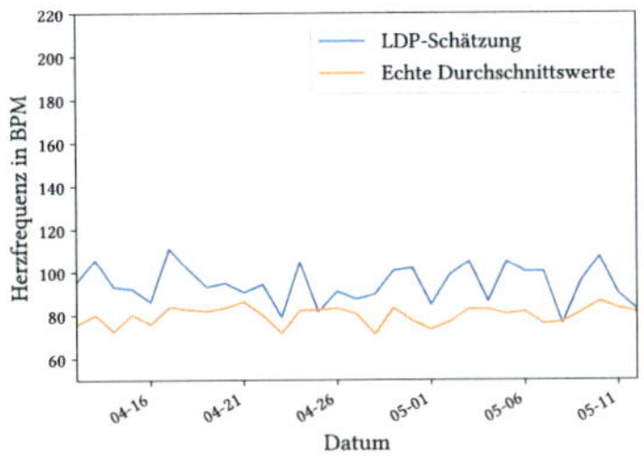

(a) $n = 1$

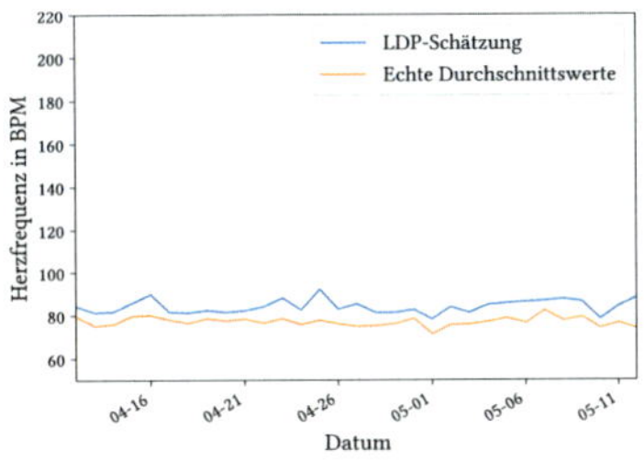

(b) $n = 15$

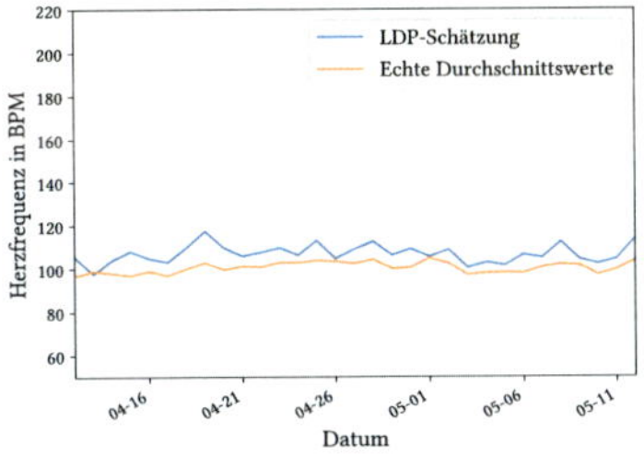

(c) $n = 45$

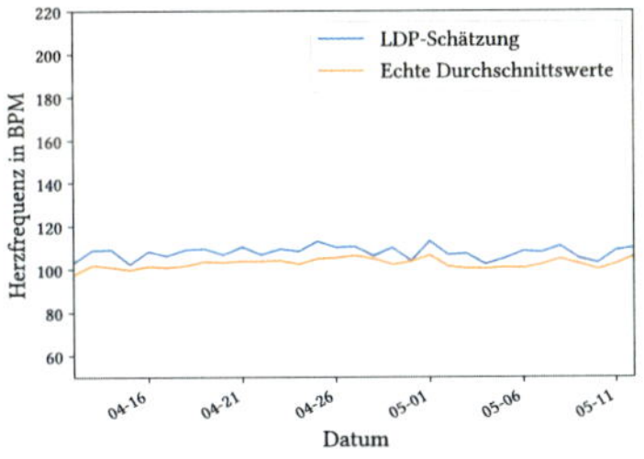

(d) $n = 75$

Abbildung 7.8: Durchschnittliche Herzfrequenz für n Teilnehmer:innen bei $\epsilon = 3$

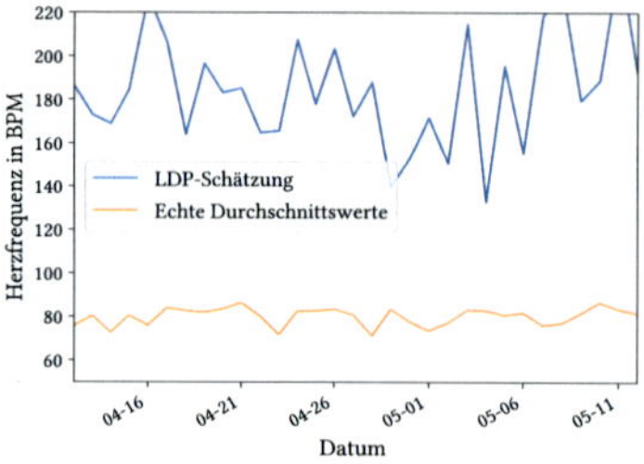

(a) $n = 1$

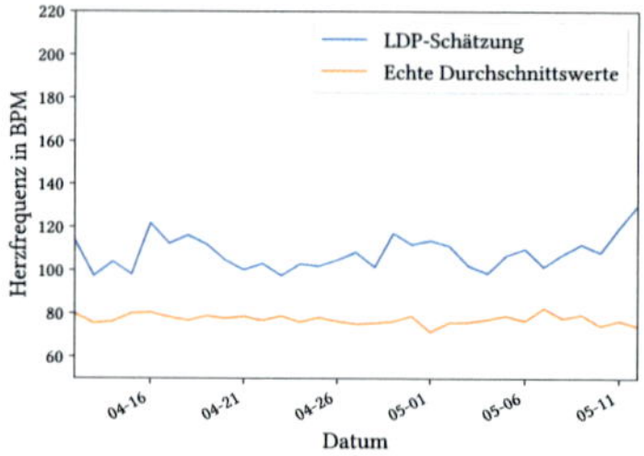

(b) $n = 15$

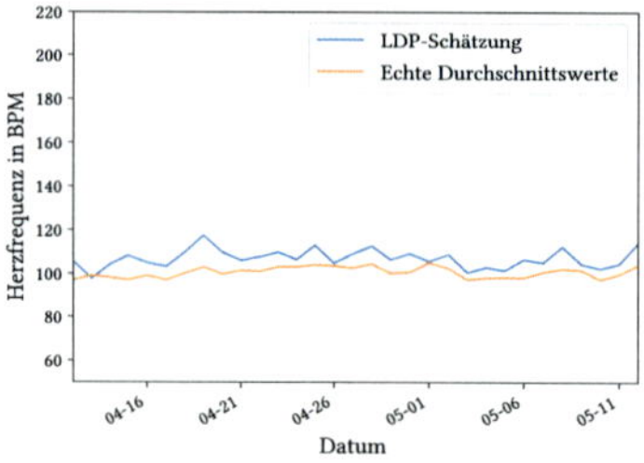

(c) $n = 45$

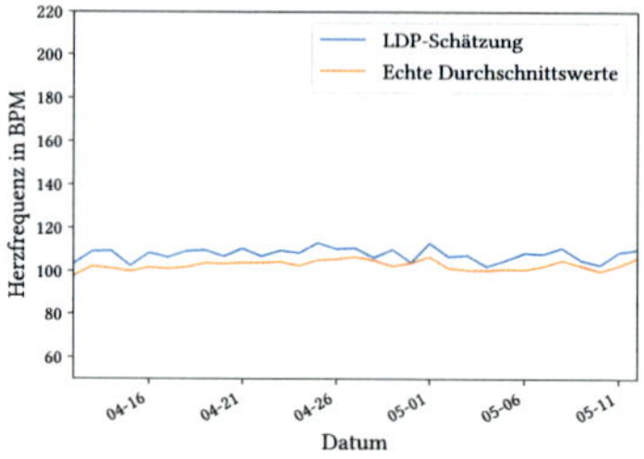

(d) $n = 75$

Abbildung 7.7: Durchschnittliche Herzfrequenz für n Teilnehmer:innen bei $\epsilon = 1$

Für ein einzelnes Individuum zeigt Abbildung 7.7a eine sehr große Diskrepanz zwischen der Originalverteilung und der LDP-Schätzung. Für ein einzelnes Individuum sind die hier vorgestellten Verfahren mit einem kleinen ϵ Wert wie $\epsilon = 1$ nicht einsetzbar, da die Werte zu stark voneinander abweichen. Für ein $\epsilon = 3$ zeigt Abbildung 7.8a ein stärkeres Angleichen durch das verringerte ϵ. Dennoch ist die LDP-Schätzung für eine weitere Datenverarbeitung zu stark. Wenn alle 15 Proband:innen (die vollständige Daten liefern) des Fitbit Datensatzes berücksichtigt werden, gleicht sich dieser Unterschied auch bei $\epsilon = 1$ an. Abbildung 7.7b zeigt ein deutlich geringerer Unterschied, aber dennoch können diese Werte kaum für eine sinnvolle Analyse verwendet werden. Eine annähernd gleiche Kurve findet sich in Abbildung 7.8b bei $\epsilon = 3$. Hiermit werden brauchbare Daten erzeugt. Eine weitere Annäherung der Schätzung zeigt sich auch in Abbildung 7.7c. Selbst bei einem Wert von $\epsilon = 1$ werden die Daten brauchbar. Eine Steigerung des Privatsphäre Budgets führt auch kaum noch zu einem nennenswerten Anstieg der Genauigkeit, wie Abbildung 7.8c zeigt. Zuletzt tritt auch bei $n = 75$ von möglichen Teilnehmenden kaum noch eine Verbesserung auf. Der Unterschied zwischen $\epsilon = 1$ in Abbildung 7.7d und $\epsilon = 3$ in Abbildung 7.8d ist marginal. Zusätzlich kann festgehalten werden, dass ab $n = 45$ eine Sättigung hinsichtlich der Annäherung von Schätzung und Original auftritt. Abbildung 7.7d und 7.8d zeigen die Abbildungen mit unterschiedlichen ϵ zu dieser Feststellung.

Die weiteren Evaluationen werden anhand der privaten Fragebögen durchgeführt. Hierfür werden auch verschiedene Metriken eingesetzt, die den Einfluss von RAPPOR in Kombination mit Fragebögen zeigen. Eine Frage wird hierbei als Bitvektor mit der Länge d für eine Stelle pro Antwortmöglichkeit repräsentiert. Ein entsprechendes Bit wird durch das RAPPOR Verfahren mit der Wahrscheinlichkeit f geflippt beziehungsweise randomisiert. Um den Genauigkeitsverlust messen zu können, werden verschiedene Metriken eingesetzt, welche die Differenz zwischen zwei Wahrscheinlichkeitsverteilungen messen (als die die Antwortverteilungen betrachtet werden kann). Diese Metriken können den erwarteten Unterschied durch den Einsatz von RAPPOR bei verschiedenen Freiheitsgraden wie n, d oder ϵ quantifizieren. Für die Experimente wird die Hellinger Distanz (HD) verwendet. Die HD ist definiert als:

Definition 7.5 (Hellinger Distanz (HD)). *Die Hellinger Distanz misst die Differenz zwischen zwei Wahrscheinlichkeitsverteilung* $P = (p_1,\ldots,p_k)$ *und* $Q = (q_1,\ldots,q_n)$.

$$H(P,Q) = \frac{1}{\sqrt{2}} \left\| \sqrt{P} - \sqrt{Q} \right\|_2$$

Wobei die Wurzelfunktion elementweise auf P und Q angewendet wird.
Der Wertebereich ist zwischen 0 und 1. Je kleiner der Wert ist, umso ähnlicher sind die Verteilungen.

Abbildung 7.9 zeigt die Messungen (Durchschnitt von 100 Durchläufen) der HD in Abhängigkeit von verschiedenen Freiheitsgraden.

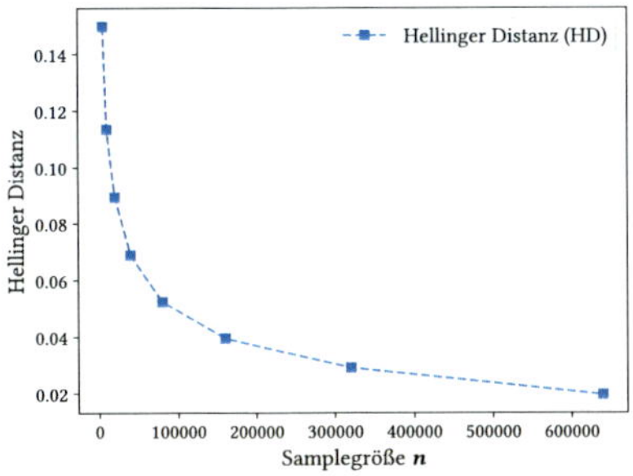

(a) Freier Parameter n mit $d = 11$ und $\epsilon = 1$

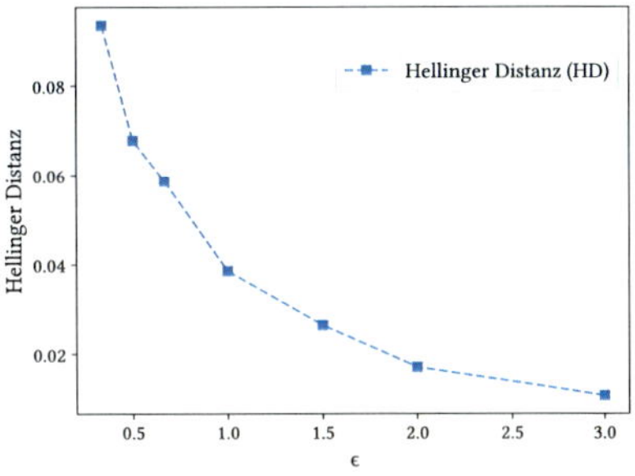

(b) Freier Parameter ϵ mit $d = 11$ und $n = 80000$

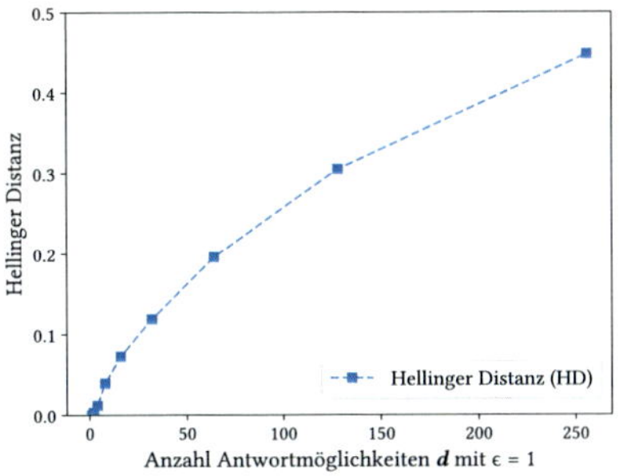

(c) Freier Parameter d mit $\epsilon = 1$ und $n = 80000$

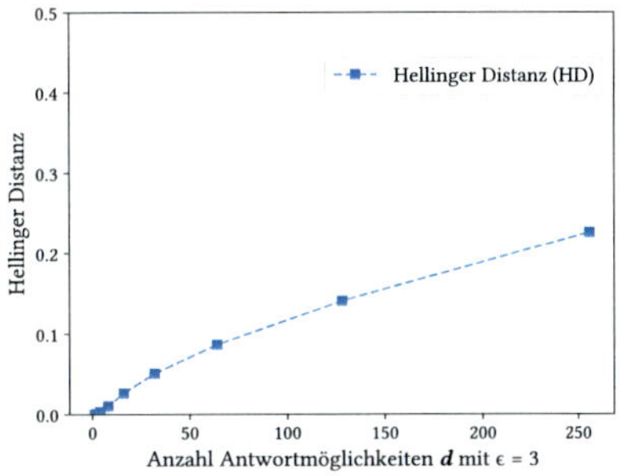

(d) Freier Parameter d mit $\epsilon = 3$ und $n = 80000$

Abbildung 7.9: Genauigkeitsvergleich der Verteilungen in Abhängigkeit zu verschiedenen Parametern.

Die Abhängigkeit von der Teilnehmer:innenzahl n wird in Abbildung 7.9a gezeigt. Die verwendeten Stufen sind 5000, 10000, 20000, 40000, 80000, 160000, 320000 und 640000. ϵ beträgt hier 1 und die Frage hat $d = 11$ Single-Choice Antwortmöglichkeiten. Es ist zu sehen, dass selbst mit einer relativ kleinen Teilnehmer:innenzahl wie $n = 5000$ die HD zwischen den beiden Verteilungen ungefähr 0,15 beträgt und somit nur einen geringen Unterschied nachweist. Verglichen mit den vorherigen Experimenten zur Herzfrequenzdatenspende wird hier eine größere Samplegröße benötigt. Dies liegt daran, dass bei den Fragebögen lediglich eine Frage isoliert betrachtet wird und

bei den Herzfrequenzdaten von über einem Monat geteilt werden. In Abhängigkeit der Samplegröße lässt sich zuerst ein steiles Abfallen der Distanz sehen, mit einem Sättigungseffekt ab ungefähr 100000 Teilnehmer:innen. Dies zeigt, dass die Teilnehmer:innenanzahl ab einer kritischen Größe keine Rolle mehr spielt. Die Corona-Datenspenden-App hat auch gezeigt, dass solche Teilnehmer:innenzahlen nicht völlig unrealistisch sind[5].
Abbildung 7.9b zeigt die HD in Abhängigkeit von ϵ. Die Samplegröße ist $n = 80000$ und $d = 11$. Bereits bei einem kleinen ϵ von 0.3 wird eine akzeptable Distanz mit ~ 0.1 erreicht. Wie erwartet zeigt sich eine abfallende HD bei wachsenden ϵ. Die relativ guten Werte, auch mit kleinem ϵ, lassen sich durch die große Teilnehmer:innenzahl (eine Sättigung ergibt sich wie gesehen bei ungefähr 100000) und der geringen Anzahl an Antwortmöglichkeiten mit einem Wert von 11 erklären.
Die Abbildungen 7.9c und 7.9d zeigen den Einfluss der Antwortmöglichkeiten. Für beide ϵ Werte lässt sich derselbe Trend beobachten. So steigt der Abstand je größer d. Der Anstieg ist bei $\epsilon = 1$ auch recht steil und endet bei einem Abstand von ungefähr 0,5 bei einem $d > 250$. Eine solche Schätzung ist nicht mehr verwendbar. Der Anstieg $\epsilon = 3$ ist deutlich flacher als bei dem kleineren Wert. Hier steigt die HD auf ungefähr 0.25 bei mehr als 250 Antwortmöglichkeiten.
Insgesamt zeigt die Auswertung nach Freiheitsgraden, dass die Verfahren mit einer kleinen Anzahl an Antwortmöglichkeiten und einer soliden Teilnehmer:innenzahl gute Ergebnisse erzielen. Sollte dennoch eine größere Zahl an Antwortmöglichkeiten benötigt werden, so lässt sich dies durch die Wahl eines größeren ϵ ausgleichen. Gerade zur Anzahl an Antwortmöglichkeiten, gilt es anzumerken, dass bereits $d = 11$ mit 11 Antwortmöglichkeiten eine große Zahl für eine Single-Choice Frage darstellt.

Neben den reinen Metriken wird auch der Rechenbedarf des RAPPOR Verfahren gemessen. Durch die zusätzliche Codierung und Encodierung wird zusätzliche Rechenzeit benötigt. Abbildung 7.10 zeigt die Laufzeitmessung in Abhängigkeit von verschiedenen Parametern bei festem $\epsilon = 1$, durchgeführt

[5] https://www.rki.de/DE/Content/InfAZ/N/Neuartiges_Coronavirus/Corona-Datenspende-2-0.html (Letzter Zugriff: 27.11.2023)

auf einem Rechner mit einem Intel i7-8565U 1,8GHz Quad-Core CPU mit 16GB RAM. Die Experimente wurden 100-Mal wiederholt und der Durchschnitt ermittelt.

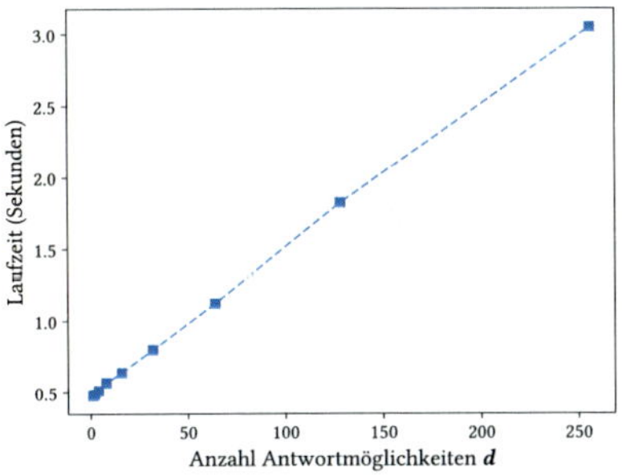

(a) Laufzeit in Abhängigkeit von d bei $n = 80000$

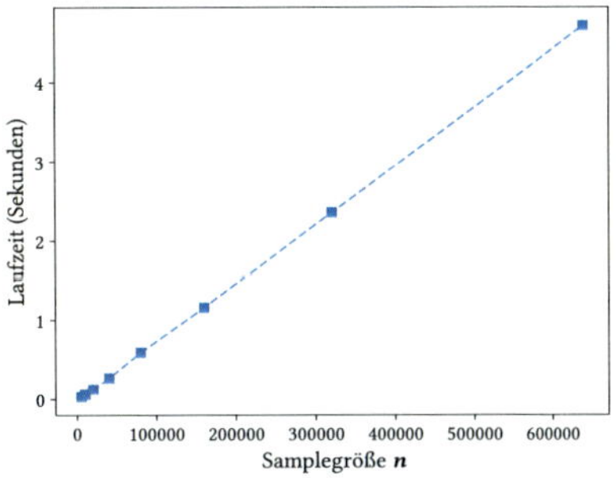

(b) Laufzeit in Abhängigkeit von n bei $d = 11$

Abbildung 7.10: Durchschnittliche Laufzeit der RAPPOR Berechnung für private Fragebögen von 100 Durchläufen bei $\epsilon = 1$

Sowohl Abbildung 7.10a für d als auch Abbildung 7.10b für n zeigen ein lineares Wachstum der Laufzeit in Abhängigkeit des entsprechenden Parameters. Die generelle Laufzeit bewegt sich im Bereich weniger Sekunden auf einem handelsüblichen Laptop Computer. Dies zeigt, dass der Overhead, der potenziell durch die Anwendung von RAPPOR entsteht, zu vernachlässigen ist.

Final wird analog zu der Datenspende auch für die Fragebögen ein Real-World-Szenario betrachtet. Hierfür wird der Nation Survey of Children's Health[6] Fragebogen verwendet. Der Datensatz besteht aus Datenpunkten von mehr als 95000 Erziehungsberechtigter von Kindern gesammelten Antworten zu 300 Fragen über spezifische Symptome und den medizinischen Zustand der Kinder. Die Fragen sind in der Mehrheit Single-Choice Fragen (mit „Ja", „Nein" oder „Unbekannt" als Angabe). Weitere Fragen verlangen numerische Angaben wie Gewicht oder Alter. Der Fragebogen wurde analog

[6] https://www.cdc.gov/nchs/slaits/nsch.htm (Letzter Zugriff: 27.11.2023)

zu Listing 7.1 zu FHIR abgebildet. Abbildung 7.11 zeigt zwei Single-Choice Fragen bei $\epsilon = 1$.

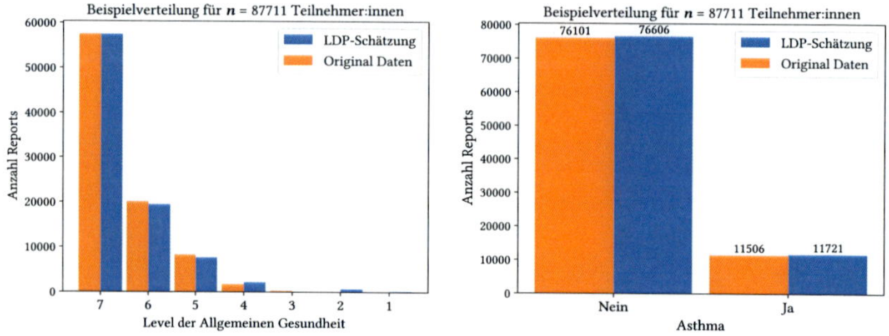

(a) Bewertung der allgemeinen Gesundheit

(b) Befragung zu Asthma

Abbildung 7.11: Single-Choice Fragen aus dem NSCH-Datensatz. Verwendung von $\epsilon = 1$ für LDP-Schätzung.

Die Resultate zeigen lediglich einen geringen Unterschied zwischen LDP-Schätzung und den Originaldaten trotz des recht hohen Privatsphäreniveaus. Wie beschrieben, sind auch numerische Fragen Teil des Fragebogens. Bei diesen Fragen muss für das RAPPOR Verfahren ein Wertebereich definiert werden, damit die Antworten auf den Bloom-Filtern abgebildet werden können. Dafür muss innerhalb des FHIR-Formats ein Minimum-, Maximum- und Granularitäts-Wert bestimmt werden. Abbildung 7.12 zeigt den Unterschied, den die Granularität für die LDP-Schätzung ausmachen kann. Abbildung 7.12a zeigt eine kontinuierliche Abbildung des Gewichts (also in Schritten von 1 Pfund) von 0 bis 300 Pfund, während Abbildung 7.12b eine feste Granularität in 10er-Schritten verwendet. Diese Eingruppierung verbessert die Genauigkeit der Auswertung stark. Allerdings kommt mit der Eingruppierung an sich ein Verlust an Präzision einher.

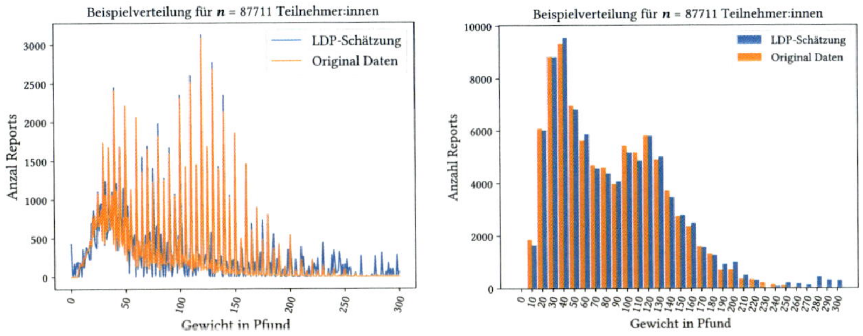

(a) Granularität = 1 (300 Wahlmöglichkeiten) **(b)** Granularität = 10 (30 Wahlmöglichkeiten)

Abbildung 7.12: Numerische Frage aus dem NSCH-Datensatz mit verschiedener Granularität. Verwendung von $\epsilon = 3$ für LDP-Schätzung.

7.3 Private Daten durch synthetische Datenerzeugung

Um die Privatsphäre Garantien von synthetischen Datenerzeugungsverfahren zu betrachten, wird im Folgenden erst ein Einsatzszenario zur Verwendung mit Gesundheitsdaten beschrieben. Innerhalb dieses Szenarios werden dann verschiedene Technologien zur synthetischen Datenerzeugung eingesetzt und evaluiert.

7.3.1 Einsatzszenario

Die Erzeugung privater synthetischer Daten erfordert im Gegensatz zur privaten Datenspende einen bereits bestehenden Ausgangsdatensatz. Das Ziel ist es, den sensitiven Quelldatensatz als Trainingsdatensatz für einen synthetischen Datengenerator zu verwenden, um damit einen privaten synthetischen Datensatz zu erzeugen. Die Idee hierbei ist es, Daten für all die Fragestellungen zu liefern, für die reine auf DP basierende Verfahren nicht optimal geeignet sind. Dies betrifft vorrangig Fragestellungen, die über Durchschnitts-/Medianberechnungen hinausgehen. Der synthetische Datensatz dient nun als anonymisierter Datensatz, der zu beliebigen Datenverarbeitungen oder Analysen dienen kann.

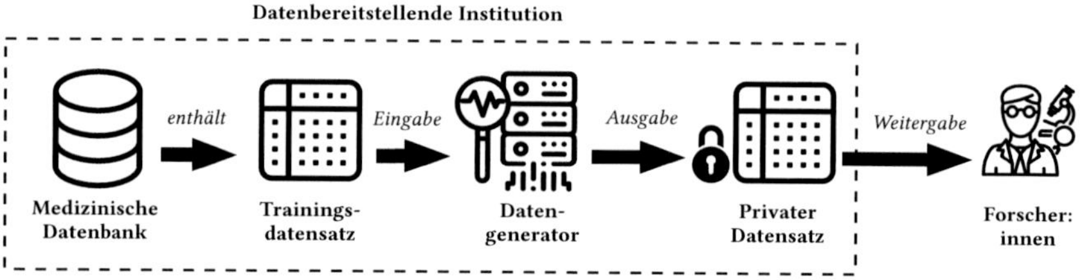

Abbildung 7.13: Schematische Darstellung eines Einsatzszenarios für private synthetische Datengeneratoren

Abbildung 7.13 visualisiert ein solches Szenario. Voraussetzung ist eine Partei, die Daten besitzt und diese für die Forschung verfügbar machen möchte. Dieser Ursprungsdatensatz wird komplett oder in Teilen als Trainingsdatensatz für den synthetischen Datengenerator verwendet. Der erzeugte private Datensatz kann von Forschenden verwendet werden.
Als Anwendungsszenario für die synthetische Datenerzeugung wird analog zu Abschnitt 7.2 die Analyse von Herzfrequenzdaten betrachtet. Hierfür wird ebenfalls der *Crowd-sourced Fitbit* Datensatz verwendet, der allerdings nicht wie zuvor von den Nutzenden übertragen wird, sondern von einer Institution bereitgestellt wird. Eine Eigenschaft, die durch den Verlauf von Herzfrequenzen identifiziert werden kann, ist eine Tachykardie. Eine Tachykardie beschreibt den Zustand einer Herzfrequenz, die 100 Schläge pro Minute überschreitet. In den meisten Fällen kann ein solcher Zustand durch körperliche Aktivität, Stress oder Aufregung erklärt werden. Eine Tachykardie im Ruhezustand kann allerdings ein Indikator für ernstzunehmende gesundheitliche Probleme sein. Ziel des hier betrachteten Anwendungsfall soll es sein, die Herzfrequenz auf die Zeit innerhalb einer Tachykardie zu untersuchen.

Abbildung 7.14 zeigt einen Ausschnitt aus dem *Crowd-sourced Fitbit* über den Verlauf eines Tages. Dieser Verlauf zeigt bereits, dass eine Herzfrequenzkurve auch ohne identifizierende Daten Rückschlüsse über das Verhalten einer Person zulässt. Der hier vorliegende Verlauf zeigt beispielsweise, dass die Herzfrequenz zu Nachtzeiten niedriger ist, da die Person vermutlich schläft. Eine Schlafenszeit lässt sich so ableiten.

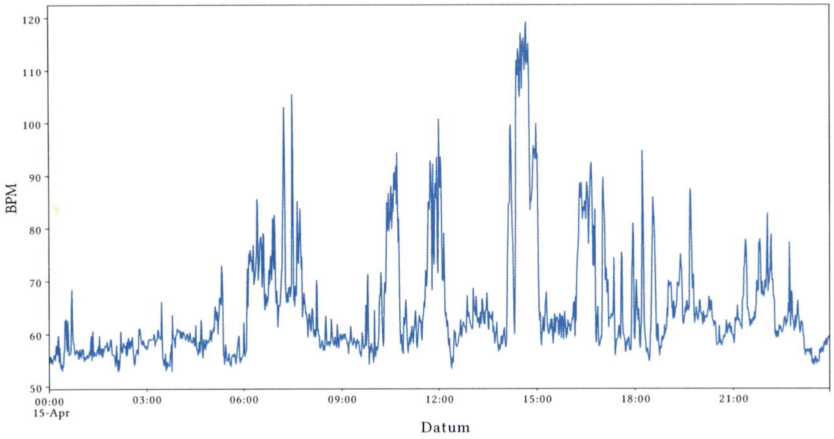

Abbildung 7.14: Herzfrequenz Verlauf über einen Tag eines Individuums aus dem *Crowdsourced Fitbit* Datensatz

Zusätzlich zeigt der Verlauf einige Spitzen in der Herzfrequenz, die auf körperliche Aktivitäten hindeuten kann. Hieraus lässt sich ein Aktivitätsprofil der betroffenen Person abbilden, mit dessen Hilfe und Hintergrundwissen eine Person re-identifiziert werden kann. Prinzipiell würden sich solche Daten auch via DP analysieren lassen. In diesem Fall ist DP aber nicht geeignet, da es sich hier nicht um einen typische Durchschnitts- oder Mediananalyse handelt. Außerdem wird eine genaue Schätzung der Minuten mit einer Herzfrequenz größer 100 Schläge benötigt. Deshalb ist eine statische Analyse des kompletten Datensatzes besser geeignet.
Um dennoch eine Datenschutzgarantie zu erhalten, werden die in Kapitel 2.4.3 beschriebenen synthetischen Datengeneratoren verwendet. Das zugrundeliegende Prinzip ist es, die statischen Eigenschaften der Daten durch den synthetischen Datengenerator zu erhalten, aber gleichzeitig die Aktivitätsmuster

zu verschleiern. Im Idealfall sollte ein Datensatz entstehen, der dieselben Eigenschaften (also in diesem Fall dieselbe Anzahl an Tachykardie Minuten) besitzt, aber sich nicht anhand des Herzfrequenzverlaufs den ursprünglichen Teilnehmer:innen zuordnen lässt.
Typischerweise wird für die privaten Datengeneratoren mit DP ϵ als Maß für die Privatsphäre Garantie verwendet. Während die mathematische Definition von ϵ eindeutig ist und davon ausgegangen werden kann, dass ein kleines ϵ ein höheres Niveau an Datenschutz garantiert, so ist die Bedeutung für einen konkreten Anwendungsfall nicht trivial. Hierfür können an Anwendungsfälle angepasste Metriken hilfreich sein. Um diese zu definieren, wird ein Angreifendenmodell benötigt. Die hier betrachteten Angreifenden haben die Möglichkeit Aktivitätsmuster aus der Herzfrequenz zu extrahieren. Zusätzlich besitzen die Angreifenden Hintergrundwissen über mögliche Opfer, das mit den Aktivitätsmustern verknüpft werden kann. Ein Beispiel dafür ist die Aufstehenszeit des Opfers. Durch diese Kombination können Angreifende die scheinbar anonymen Daten mit den Opfern verknüpfen und diese so re-identifizieren.

Definition 7.6 (Re-Identifikationsangreifende). *Re-Identifikationsangreifende kombinieren die medizinischen Daten eines Opfers mit ihrem Hintergrundwissen, um das Ziel auf Basis von anonymisierten Herzfrequenzdaten zu re-identifizieren. Hierfür werden explizit Aktivitätsdaten aus den Herzfrequenzdaten für die Re-identifizierung verwendet. Die Angreifenden sind erfolgreich, wenn es gelingt, ein bestimmtes Individuum mit Herzfrequenzdaten zu verknüpfen, die keine identifizierenden Merkmale besitzen.*

Um die Erfolgswahrscheinlichkeit eines solchen Angriffs einschätzen zu können, wird eine konkrete Metrik benötigt. Da das Angriffsziel die Muster der Herzfrequenz sind, wird gemessen, wie stark sich diese zwischen der privatisierten und der echten Herzfrequenz unterscheiden. Dies wird durch die Tachykardie Privacy (TP) gemessen. Ziel soll es sein, eine synthetische Herzfrequenzkurve zu erhalten, deren Steigung sich an einem Punkt so stark wie möglich von der echten Kurve unterscheidet. Hierfür wird die Ähnlichkeit der Ableitung der interpolierten Herzfrequenzkurven über alle Zeitpunkte gemessen. Dies erfolgt über die Funktionen $f'_{real}(t)$ and $f'_{privat}(t)$, womit die

Ableitung der jeweiligen Herzfrequenzkurven zum Zeitpunkt $t \in T$ gemessen wird. T ist die Menge aller Zeitpunkte für die Herzfrequenzkurven mit 1 als frühesten Zeitpunkt und t_n als letzten Zeitpunkt. Zusätzlich wird ein Faktor Privacy Impact Factor (PIF) als Privatsphäreeinflussfaktor benötigt. Dieser misst den Einfluss der relativen Abweichung von den Ableitungen.

Definition 7.7 (Tachykardie Privacy (TP)).

$$TP = \frac{\sum_{t \in T} min\left(\frac{|f'_{real}(t) - f'_{private}(t)|}{f'_{privat}(t)}, PIF \right)}{|T| \cdot PIF}$$

TP misst die Ähnlichkeit zwischen den Ableitungen der realen und privatisierten Herzfrequenzdaten und bringt dieses Verhältnis in Relation zur Kurve der echten Daten. Aus Datenschutzsicht führt eine maximal unterschiedliche Ableitung zu einer maximal unterschiedlichen Herzfrequenzkurve. Hierdurch können Re-Identifikationsangreifende kein Hintergrundwissen über Aktivitätsmuster verwenden.
PIF definiert den maximalen Unterschied zwischen den Kurven. Ein PIF $= 1$ *bedeutet, dass jeder Unterschied der größer als 100% ist, nicht berücksichtigt wird aufgrund der Minimum-Funktion. Es empfiehlt sich ein PIF* $= 3$.
Der Wertebereich von TP *ist zwischen 0 und 1. Je größer* TP, *umso unterschiedlicher sind die Daten und umso besser ist der Privatsphäreschutz gemäß des Angreifenden Modells.*

Die Nützlichkeit der Daten ist relevant, um die Kosten des Privatsphäreschutzes zu messen. Die Nützlichkeit kann mit der hier eingeführten Tachykardie Utility (TU) gemessen werden. Dafür wird der Unterschied zwischen den echten Tachykardie Minuten (Minuten mit einer Herzfrequenz größer 100 BPM) und dem privatisierten Wert gemessen.

Definition 7.8 (Tachykardie Utility (TU)).

$$TU = 1 - min\left(1, \frac{|Private\ Minuten - Reale\ Minuten|}{Reale\ Minuten}\right)$$

TU misst den Unterschied zwischen den privaten und den realen Tachykardie Minuten. Dafür wird der absolute Unterschied zwischen den zwei Werten verwendet und durch den echten Wert geteilt, um die Differenz in Relation zu setzen.
Durch die Minimum-Funktion wird der Wert auf 100% begrenzt, da ein größerer Unterschied keinen Einfluss mehr auf die Nützlichkeit der Daten hat.
Der Wertebereich von TU ist zwischen 0 und 1. Je größer TU, umso besser wird die Nutzbarkeit der Daten bewertet.

Um den Ansatz auf einen beliebigen Use-Case zu generalisieren, muss zuerst das Angriffsziel definiert werden. Anschließend muss definiert werden, wie dieses Ziel gemessen werden kann. Um den Trade-Off zwischen Datenschutz und Nutzbarkeit der Daten zu quantifizieren, wird darüber hinaus ein messbarer Wert für die Nutzbarkeit benötigt.

7.3.2 Evaluation: Genauigkeit und Privatsphäreschutz von privaten synthetischer Datengenerierung

Um die Methoden der privaten synthetischen Datengenerierung zu evaluieren, werden diese mit den in Abschnitt 7.3 vorgestellten Use-Case spezifischen Metriken TU und TP verwendet. Für die Implementierung wird das *SmartNoise* Framework eingesetzt, welches neben Methoden für DP auch verschiedene Datensynthetisierer anbietet. Konkret wird MWEM DP-CTGAN und PATE-CTGAN implementiert, die bereits in Abschnitt 2.4.3 eingeführt worden sind. Aus dem *Crowd-sourced Fitbit* Datensatz werden 24 Stunden von vier Individuen betrachtet. Hierdurch sinkt die Größe von 2,5 Millionen Einträgen auf ungefähr 35000, was zu einer deutlich besseren Handhabung für die Evaluation hinsichtlich Modelltrainingszeiten führt. Außerdem wird die Frequenz der Daten auf minütliche Einträge reduziert und somit zwischen allen Individuen angeglichen.
Um die Metriken zu berechnen, werden die einzelnen Herzfrequenzverläufe in einminütiger Frequenz geglättet und somit die starken Ausreißer reduziert. Um die Ableitung für TP zu berechnen, werden sowohl für die originalen als auch die synthetischen Daten kubische Splines interpoliert und der Verlauf dieser für jede Minute abgeleitet. Diese Werte werden addiert und durch die

Anzahl Minuten multipliziert mit dem PIF, der für die Evaluation auf den Wert 3 gesetzt wird. Für die TU werden alle Tachykardie Minuten im Rohdatensatz und der synthetisierten Variante gezählt und dann die absolute Differenz berechnet.
Jedes Experiment wurde 20-Mal durchgeführt und die Ergebnisse sind die Durchschnittswerte aller Läufe. Als Hardware wird ein GPU-Server mit 2x Intel Xeon 4210 2,2 GHz CPUs, 8x NVIDIA GeForce RTX 2080 TI GPUs und 144 GiB RAM verwendet. Das Betriebssystem ist CentOS 7 und es wird Python in Version 3.8.12 verwendet.

Um eine Vergleichbarkeit zu ermöglichen, werden die Metriken zuerst in einem reinen DP Szenario evaluiert. Hierfür wird der von *SmartNoise* bereitgestellte Laplace-Mechanismus verwendet, um Rauschen über alle Herzfrequenzwerte der einzelnen Individuen zu addieren. Damit soll eine nicht-interaktive DP Datenveröffentlichung simuliert werden. Durch solch eine Veröffentlichung erhalten Forscher:innen den kompletten privatisierten Datensatz, wodurch mehr Möglichkeiten zur Verfügung stehen als im interaktiven Szenario. Allerdings bietet eine solche Datenfreigabe auch mehr Angriffsvektor, wenn etwa ganze Muster in den Datensätzen rekonstruiert werden können. Abbildung 7.15 zeigt die TP und TU Metriken für diese Evaluation. Bezüglich der TP zeigt sich, dass dieser Wert, wie in Abbildung 7.15a dargestellt, unabhängig von ϵ klein bleibt. Selbst mit einem geringen $\epsilon = 0{,}5$ wird lediglich ein Wert von ungefähr 0,3 erreicht. Hinsichtlich der Nutzbarkeit zeigt Abbildung 7.15b, dass der Wertebereich etwas mehr als bei TU variiert, aber in den meisten Fällen wird ein sehr hoher TU erreicht. Während die Nutzbarkeit gut ist, ist der TP Wert nicht zufriedenstellend. Dies kann dadurch erklärt werden, dass das Laplace Rauschen auf den gesamten Datensatz gelegt wird und somit selbst bei kleinem ϵ keine so großen Ausreißer erzeugt, dass der Verlauf der Herzfrequenzkurve massiv verändert wird. Dies zeigt die Notwendigkeit für synthetische Datengeneratoren, die dadurch, dass sie komplett neue Datensätze erzeugen, hier bessere Werte erzielen können.
Für die reine Anwendung von DP sollte lediglich ein interaktives Szenario mit Begrenzungen auf Teile der Daten in Betracht gezogen werden. Hierdurch

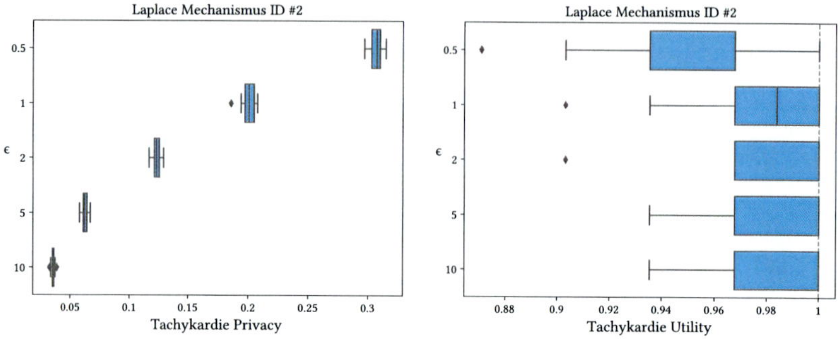

(a) Messung der TP mit PIF = 3

(b) Messung der TU

Abbildung 7.15: Box Plots für die TP und TU eines Individuums unter Einsatz von DP mit Laplace Mechanismus mit verschiedenen ϵ Werten. Durchschnittswert aus 20 Durchläufen.

kann verhindert werden, dass komplette Muster aus den Daten extrahiert werden können.

Bevor nun die Ergebnisse für die TU und TP Messungen folgen, gilt es anzumerken, dass von den vier verwendeten Individuen Nummer 4 ein Ausreißer im Vergleich zu denen anderen innerhalb dieser Evaluation ist. Dieses Individuum liefert deutlich weniger Daten als die Anderen (Daten erst ab 9 Uhr morgens, während der Rest über den ganzen Tage liefern) und innerhalb dieser Daten treten deutlich mehr Tachykardie Minuten auf.
Abbildung 7.16 zeigt die Messung der TP mit den künstlichen erzeugten Daten aus den Trainingsdaten der vier Individuen mit unterschiedlichen Verfahren. Wie erwartet sinkt TP je größer ϵ wird. Dies kann durch den sinkenden Median bei DP-CTGAN und PATE-CTGAN bei allen Individuen beobachtet werden. Für MWEM zeigt sich, dass der Einfluss von ϵ geringer ist als bei den anderen Verfahren. Die erste Proband:in in Abbildung 7.16a zeigt den höchst TP Wert bei ϵ mit DP-CTGAN. Dieser Wert ist ungefähr 0,9, kann aber als Ausreißer betrachtet werden. Bei Betrachtung der Median Werte wird der höchste Wert bei $\epsilon = 1$ mit circa 0,87 erreicht. Der kleinste Median wird bei $\epsilon = 5$ erreicht, allerdings treten bei $\epsilon = 10$ noch kleinere Ausreißer auf. Der maximale Wert für $\epsilon = 2$ lässt sich auch für Individuum #2 in Abbildung 7.16b beobachten. Es wird mit PATE-CTGAN bei $\epsilon = 10$ der kleinste Medianwert erreicht.

Individuum #3 wird in Abbildung 7.16c gezeigt. Hier lassen sich dieselben Beobachtungen wie bei #1 und #2 feststellen. Der Ausreißer mit Individuum #4 unterscheidet sich von den anderen Daten.

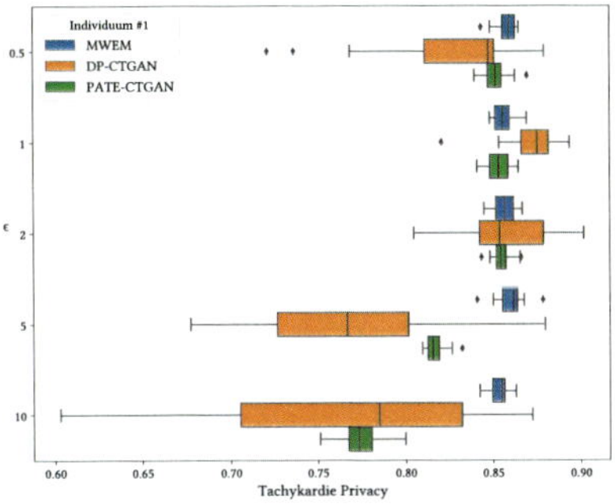

(a) TP für Individuum #1

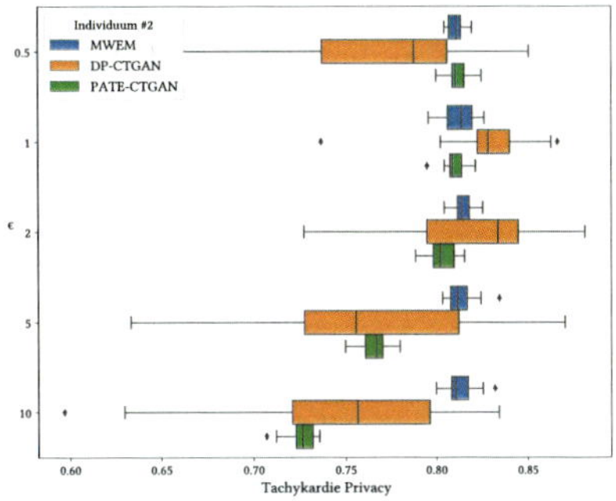

(b) TP für Individuum #2

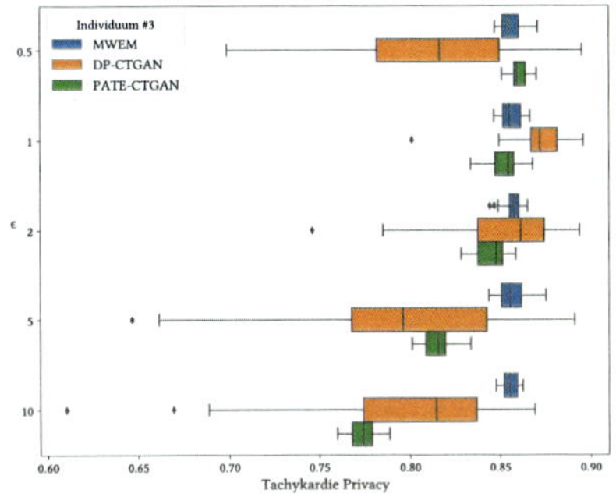

(c) TP für Individuum #3

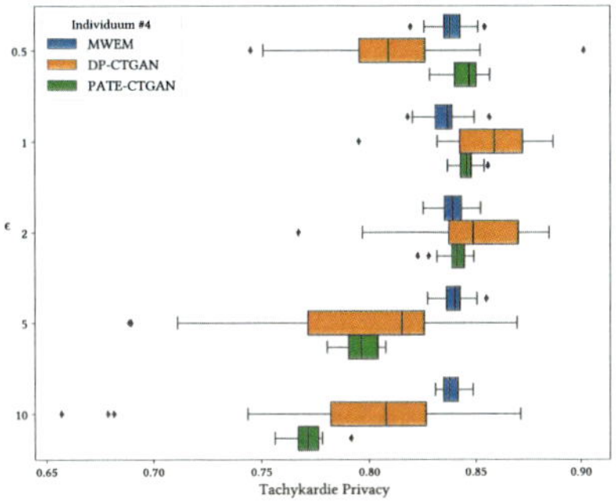

(d) TP für Individuum #4

Abbildung 7.16: Boxplots der Messungen der TP der durch MWEM, DP-CTGAN und PATE-CTGAN erzeugten Daten der verschiedenen Individuen bei 20 Durchläufen

Wie Abbildung 7.16d zeigt, treten für alle Werte und Methoden deutlich mehr Ausreißer als bei den anderen Individuen auf.

Zusammenfassend lässt sich insbesondere bei PATE-CTGAN der erwartete Verlauf bezüglich wachsendem ϵ beobachten. DP-CTGAN verhält sich ähnlich, zeigt aber eine breitere Streuung der Werte je größer ϵ wird. Außerdem kann beobachtet werden, dass der Wert von TP trotz steigendem ϵ nur verhältnismäßig langsam absinkt. Dies kann daran liegen, dass das verwendete

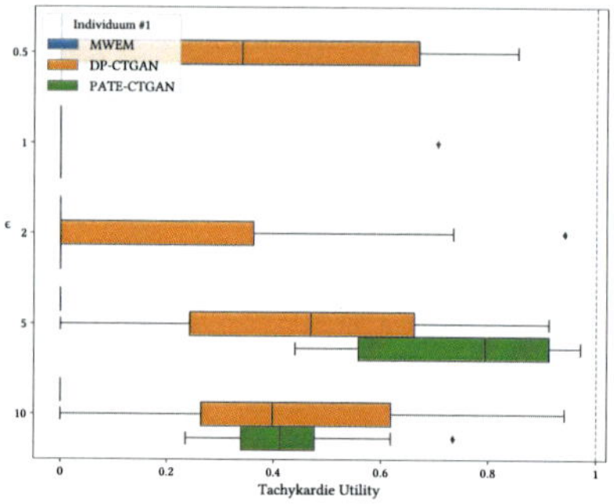

(a) TU für Individuum #1

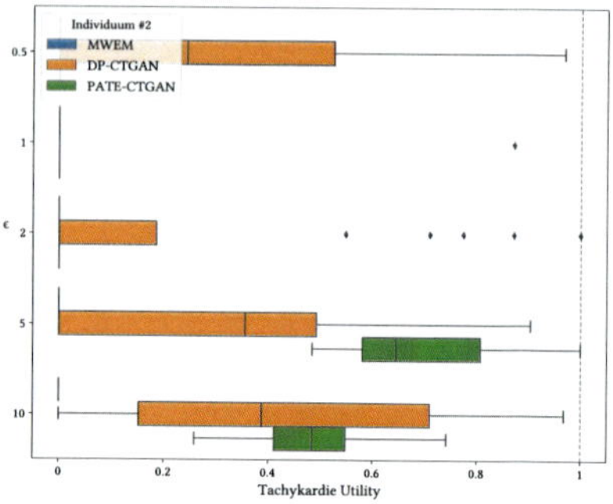

(b) TU für Individuum #2

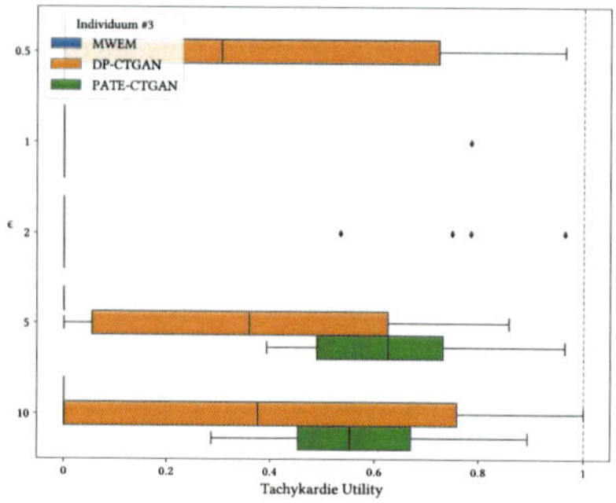

(c) TU für Individuum #3

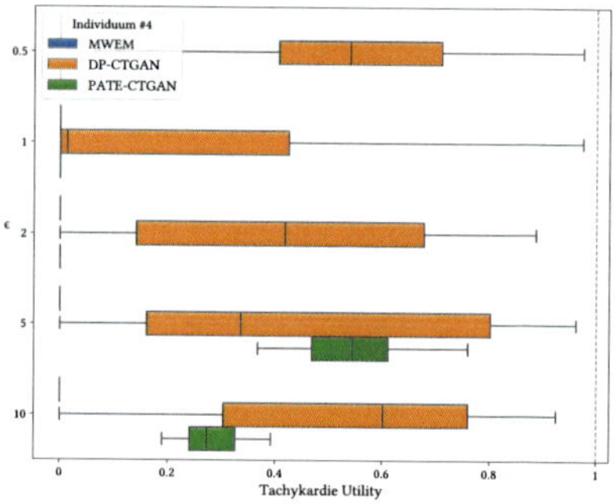

(d) TU für Individuum #4

Abbildung 7.17: Boxplots der Messungen der TU der durch MWEM, DP-CTGAN und PATE-CTGAN erzeugten Daten der verschiedenen Individuen bei 20 Durchläufen

Rauschen auf den Gradienten der Modelle nur einen begrenzten Einfluss hat und die Charakteristiken nicht komplett ändern kann. Individuum #4 lässt auch darauf schließen, dass die Datengeneratoren schlechter mit Ausreißer Daten funktionieren.

Die Resultate für die Messung der TU Metrik werden in Abbildung 7.17 dargestellt. Generell kann festgestellt werden, dass die Werte für MWEM bei allen Individuen nicht brauchbar sind. Unabhängig vom ϵ Wert wird das Ergebnis 0 erreicht. PATE-CTGAN hingegen zeigt einen Anstieg mit steigendem ϵ. Für kleine Werte ist der Wert 0, steigt dann aber bei $\epsilon = 5$ und produziert hier bereits nutzbare Werte. Allerdings zeigt sich eine Sättigung, da der Wert

bei $\epsilon = 10$ wieder sinkt. DP-CTGAN schneidet generell besser ab als PATE-CTGAN. Auch hier ist ein ähnlicher Sättigungseffekt zu sehen und die Werte schwanken sehr zwischen den verschiedenen ϵ Parametern. Wie bei TU zeigt sich auch hier wieder eine vergleichsweise breite Streuung bei allen Experimenten.
Im Allgemeinen sind die Werte für TU eher als gemischt zu betrachten. Mit hohen ϵ Werten können zwar gute Werte erreicht werden, allerdings zeigt die Schwankung auch bei wachsendem ϵ, dass ein Optimum nicht immer zuverlässig ist. Aus Sicht der TU ist DP-CTGAN die beste Technologie für ein ϵ bis 5. Ab $\epsilon = 5$ erreicht PATE-CTGAN bessere TU Werte, kann aber bei den kleineren ϵ Werten nicht mithalten. Dieses Phänomen wird auch so in der Literatur beobachtet [Ros20]. Dies lässt sich auf die unterschiedliche Anwendung des DP Mechanismus zurückführen. DP-CTGAN fügt Rauschen lediglich zwischen den verschiedenen Trainingsepochen hinzu, während bei PATE-CTGAN jedes Gewicht eines Teacher Networks verrauscht wird. Dadurch kann eine geringere Fehlerfortpflanzung entstehen.

Während sich zeigt, dass die Wahl des Optimums für die Nutzbarkeit bei TU nicht rein von ϵ abhängt, gilt es den optimalen *Privacy-Utility-Trade-Off* zu finden. Hierfür wird folgende Metrik verwendet:

Definition 7.9 (Privacy-Utility Ratio).

$$\textit{Privacy-Utility Ratio} = \frac{TU + TP}{2}$$

Je näher der Wert an 1 ist, umso geringer ist der Trade-Off zwischen Nutzbarkeit und Privatsphäreschutz.

Die Idee hinter der Definition ist, dass die Wahl von ϵ im Optimalfall TU und TP maximieren soll. Abbildung 7.18 zeigt den Verlauf der Ratio für Individuum #2 und die verschiedenen Technologien. Die roten Karo-Symbole markieren die optimale Wahl des Wertes für ϵ pro Technologie. Für alle Technologien liegen diese Optima zwischen 6 und 7,5. Bei größeren ϵ Werten gleicht der TU Gewinn den Verlust bei TP nicht mehr aus. Während hier exemplarisch

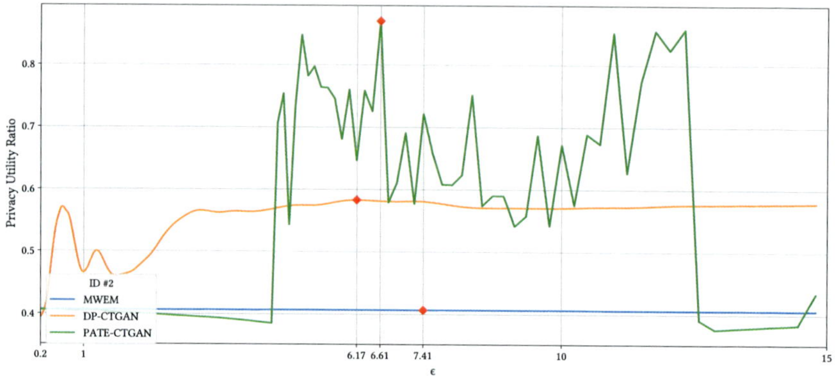

Abbildung 7.18: Abbildung der Privacy-Utility Ratio für Individuum #2 mit Markierung der Optima pro Technologie

Individuum #2 abgebildet ist, lässt sich dies für alle Individuen ähnlich beobachten. ϵ Werte von 6 erscheinen im ersten Moment hoch, allerdings gibt es gerade echte Anwendungen wie den US Census, die noch höhere ϵ Werte verwenden (beispielsweise ein $\epsilon = 17{,}14$ bei der Census Auswertung) und hierfür einen Mehrwert an Datenschutz zeigen [Gar22].

Zuletzt analysiert Abbildung 7.19 die Laufzeit der Verfahren.

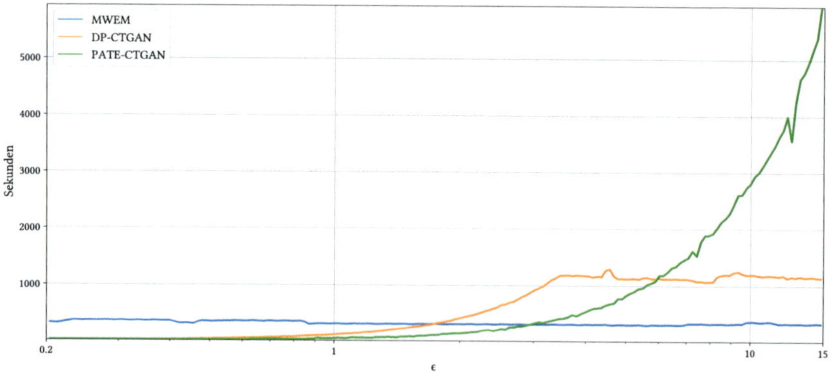

Abbildung 7.19: Laufzeitmessungen für MWEM, DP-CTGAN und PATE-CTGAN (Logarithmische ϵ Skala)

Es kann beobachtet werden, dass die Laufzeit für wachsendes ϵ bei DP-CTGAN und PATE-CTGAN exponentiell ansteigt. Bei DP-CTGAN ist allerdings ein Plateau ab einem Wert von 7 zu beobachten, was dazu führt, dass die Laufzeit nicht mehr relevant ansteigt. Für MWEM bleibt die Laufzeit weitestgehend gleich und unabhängig von ϵ. Dies lässt sich dadurch erklären, dass MWEM Histogramm basiert ist und DP-CTGAN und PATE-CTGAN Deep-Learning basierte Verfahren sind, die mit steigendem ϵ in mehr Trainingsepochen trainiert werden müssen.

Neben diesen Resultaten gilt es auf die Limitierungen dieser Evaluation hinzuweisen. Diese Evaluation beschränkt sich rein auf den *Crowd-Sourced Fitbit* Datensatz mit Herzfrequenzmessungen. Der Datensatz wird im Rahmen dieser Evaluation detailliert analysiert, allerdings lassen sich die Resultate nicht zwangsläufig für Datensätze aus anderen Domänen generalisieren. Zusätzlich sind die Metriken TU und TP stark auf den Anwendungsfall fokussiert.
Bei der Privacy-Utility Ratio wurde außerdem keine Gewichtung der TU oder TP vorgenommen. Dadurch könnte beispielsweise bei perfekter TU und einem $TP = 0$ ein lokales Maximum auftreten, das sicherlich aus Datenschutzsicht nicht optimal ist. Da die Wahl der Gewichtung allerdings nicht trivial ist, wurde für diese Evaluation der naive Ansatz verwendet.
Außerdem werden lediglich die Datensynthetisierungsmethoden des *Smart-Noise* Frameworks verwendet. Die Betrachtung weiterer Technologien könnte die Resultate weiter untermauern. Dennoch stellt dies Evaluation eine Use-Case spezifische detaillierte Analyse dar und zeigt generelle Beobachtung bei Verwendung von privaten Datengeneratoren.

Zusammenfassend lässt sich feststellen, dass für $\epsilon < 1$ PATE-CTGAN am besten hinsichtlich TP abschneidet. Für größere Werte gibt es kaum einen Unterschied zwischen DP-CTGAN und PATE-CTGAN. Es gilt allerdings die Streuung von DP-CTGAN bei steigendem ϵ zu beachten. Hinsichtlich TU schneidet DP-CTGAN besser ab, allerdings kann PATE-CTGAN mit größeren ϵ Werten gleichziehen. Dies führt, wie die Laufzeitmessung zeigt, aber auch zu längeren Trainingszeiten. Die Privacy-Utility Ratio zeigt, dass ein höheres ϵ bis zu einem Wert von ungefähr 7 zu einem starken Zugewinn an Nutzbarkeit bei gleichzeitig solidem Datenschutzniveau führt. MWEM erscheint generell für diesen Anwendungsfall ungeeignet.

7.4 Zwischenfazit

Dieses Kapitel betrachtet den Einsatz von Privatsphäre wahrenden Technologien für die Verwendung von medizinischen Daten. Zuerst werden die verschiedenen Technologien analysiert und für eine bestimmte Art der Verwendung eingruppiert. Dadurch werden Empfehlungen und Richtlinien in Form einer Konfiguration für eine Forschungsplattform definiert, die für den Einsatz der verschiedenen Technologien in Betracht gezogen werden können. Als relevanteste Technologien werden DP und die private synthetische Datenerzeugung erachtet. Der Einsatz dieser Technologien wird im Detail betrachtet und evaluiert. So wird konkret das Szenario einer privaten Datenspende unter dem Einsatz von lokaler DP beschrieben. Darüber hinaus wird der Einsatz von privaten synthetischen Daten für private statistische Datenanalysen auf einem Datensatz beschrieben. Die zwei Verfahren zeigen, dass der Einsatz von Privatsphäre wahrenden Technologien eine solide Datenschutzgarantie für die Verwendung von persönlichen medizinischen Daten bieten kann. Die vorgestellten Szenarien und Verfahren werden anhand von konkreten Anwendungsfällen beschrieben, lassen sich aber unter Anpassung der erweiterten Betrachtungen potenziell für diverse weitere Fälle verwenden. Ebenso wird eine Herangehensweise gezeigt, um eigene Datenschutzmaße zu entwickeln, die für die synthetische Datenerzeugung konkret umgesetzt werden.
Es gilt festzustellen, dass der Einsatz von Privatsphäre wahrenden Technologien einen Preis bei der Nutzbarkeit der Daten hat. Das durch DP erzeugte Rauschen, welches auch bei der privaten synthetischen Datenerzeugung zum Tragen kommt, verändert die Daten leicht, wodurch ein Genauigkeitsverlust entsteht.
Diese umfassende Untersuchung zu Einsatzmöglichkeiten von Privatsphäre wahrenden Technologien erfüllt damit das in Kapitel 1.1 definierte **TZ.3**.

8 Prototypische Umsetzung einer datenschutzzentrierten Forschungsplattform

In diesem Kapitel soll auf Basis der in Kapitel 4 definierten rechtlichen Grundlagen und den in Kapitel 6 und 7 detailliert beschriebenen Technologien die prototypische Umsetzung einer datenschutzzentrierten Forschungsplattform dargestellt werden. Diese soll die Patient:innen Miteinbeziehung durch die Integration von souveränen digitalen Einwilligungen und Datenschutz bei gleichzeitiger Nutzbarkeit für die Forschung durch den Einsatz von Privatsphäre wahrenden Technologien ermöglichen. Zuerst wird der Entwurf für eine solche Plattform beschrieben und anschließend die prototypische Umsetzung dargestellt. Als qualitative Evaluation wird die vorgestellte prototypische Architektur mit den in dieser Dissertation beschriebenen Methoden formal analysiert. Der beschriebene Prototyp dient der Erfüllung des in Kapitel 1.1 definierten **TZ.4** zur Umsetzung einer datenschutzzentrierten Forschungsplattform.
Teile der Architektur wurden im Rahmen einer Arbeit von Leitner und Appenzeller entworfen und werden hier angepasst dargestellt [Lei20]. Dieses Kapitel baut auf diesen Vorarbeiten auf.

8.1 Entwurf

Der folgende Entwurf definiert zunächst das Einsatzszenario der datenschutzzentrierten Forschungsplattform. Der Zusammenhang der einzelnen Komponenten wird anschließend in der Architektur erläutert.

8.1.1 Einsatzszenario

Das ideale Einsatzszenario einer prototypischen Forschungsplattform ist in einer Institution, die über eine große Anzahl an medizinischen Daten von Patient:innen verfügt. Ein Beispiel für eine solche Institution ist ein Universitätsklinikum. Die vorhandenen Daten sollen der Forschung datenschutzgerecht zur Verfügung gestellt werden. Hierfür können sogenannte Datenkurator:innen auf die Daten zugreifen, die idealerweise über eine FHIR-Datenbank oder auch über andere Formate wie tabellarische Daten zur Verfügung gestellt werden können. Anhand dieser Daten können nun über eine Anwendung verschiedene Privatsphäre wahrende Technologien angewandt werden. So besteht die Möglichkeit, auf die Daten ein traditionelles Verfahren wie k-Anonymity oder l-Diversity anzuwenden. Als Alternativen stehen auch der Einsatz von DP und die Erzeugung von synthetischen Daten zur Verfügung. Die so geschützten Daten können nun über eine Forschungsschnittstelle Forschenden zur Forschungsnutzung zur Verfügung gestellt werden. Forschenden werden somit explizit Daten zur Verfügung gestellt, die analysiert werden können. Anfragen von Forschenden nach spezifischen Daten könnten somit über ein externes Antragsverfahren gestellt werden. Dies hätte den Vorteil, dass auch weitere Gremien in diesen Prozess integriert werden können (Datenschutzbeauftragte, Ethikkommissionen und weitere).
Neben den Daten, die durch die Datenbank bereitgestellt werden, können Patient:innen direkt Daten mit den Methoden der Privatsphäre wahrenden Datenspende bereitstellen und spenden. Dies soll über eine Smartphone-App ermöglicht werden, mit der Patient:innen auch ihre Betroffenenrechte ausüben können. Eine solche App ermöglicht neben der Datenspende auch die Einsicht in die erfassten und bereits vorhandenen Daten der Betroffenen und ermöglicht eine explizite Datenfreigabe (auch ohne weitere Privatisierung) durch Einwilligungsmanagement.
Im Einsatzszenario treten die folgenden Anwender:innen auf:

- **Datenkurator:innen:** Die Datenkurator:innen erstellen privatisierte Datensätze für Forscher:innen. Dafür können sie aus verschiedenen Privatsphäre wahrenden Technologien wählen. Die Datenkurator:innen werden durch Konfigurationen wie aus Kapitel 7 oder verschiedene Parameterschätzungen unterstützt.

- **Patient:innen:** Die Patient:innen können über ein Smartphone ihre Daten einsehen, Privatsphäre wahrend Daten spenden und über ein Einwilligungsmanagement die Datenfreigabe feingranular steuern.
- **Forscher:innen:** Können auf Daten, die von den Datenkurator:innen erzeugt und zugeteilt worden sind, zugreifen. In der Praxis ist es sinnvoll, Daten gemäß den Anforderungen von Forscher:innen freizugeben. Dies kann beispielsweise über ein nicht näher beschriebenes Antragsprinzip funktionieren.

8.1.2 Architektur

Die Architektur des Prototyps wird in Abbildung 8.1 dargestellt. Das Schema lässt sich im Groben in zwei Bestandteile aufteilen. Die App *PatientHub* für Patient:innen und das *PrivaHub* Datenkurationssystem.

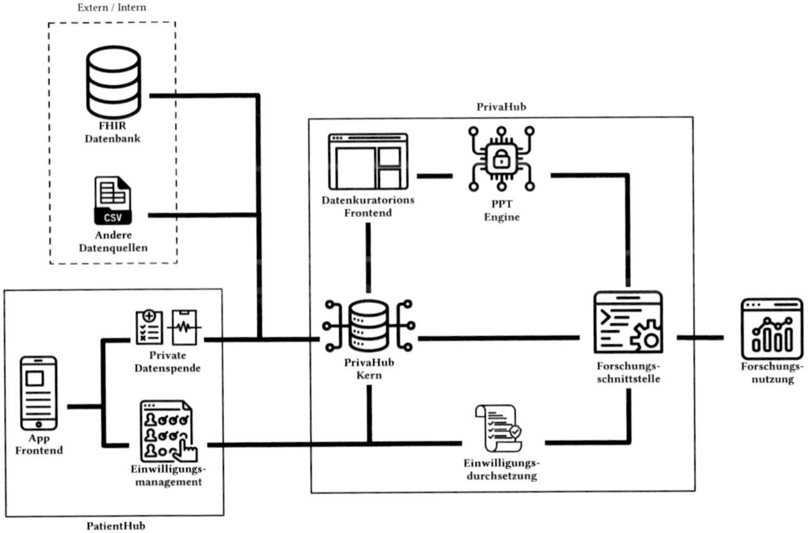

Abbildung 8.1: Schematische Darstellung der Architektur der prototypischen Umsetzung

Die *PatientHub* App besteht aus einem App-Frontend als Benutzungsoberfläche, über das die Betroffenen mit dem System interagieren. *PatientHub* greift konkret auf die private Datenspende und das Einwilligungsmanagement zu.
PrivaHub selbst besteht aus einem Kern, in dem alle Daten- und Kommunikationsstränge zusammenlaufen. Die private Datenspende gelangt direkt in den *PrivaHub* Kern. Ansonsten kann der Kern auf sowohl interne, als auch externe Datenquellen im FHIR Format zugreifen oder auf tabellarische Daten.
Zur Interaktion bietet *PrivaHub* ein *Datenkurations-Frontend* an, über das Nutzer:innen verschiedene Daten zu verschiedenen Forschungsvorhaben privatisiert freigeben können.
Für die Privatisierung beziehungsweise den Einsatz von Privatsphäre wahrenden Technologien steht die *PPT-Engine* Komponente zur Verfügung. An dieser Stelle wird auch die zuvor definierte Konfiguration aus Definition 7.4 eingesetzt. Zum einen besteht die Möglichkeit, händisch die passende Technologie zu wählen, zum anderen auf Basis der Konfiguration.
Da Betroffene via *PatientHub* Einwilligungen erstellen können, existiert innerhalb *PrivaHub* eine Komponente, die entsprechende Einwilligungen bei Datenfreigaben durchsetzt. So existieren für den Kern zwei Wege der Datenfreigabe. Zum einen die privatisierte Freigabe mit Daten, die aus der *PPT-Engine* stammen und so in die *Forschungsschnittstelle* fließen und zum anderen Daten, die direkt von Betroffenen stammen und deren Freigabe via *Einwilligungsdurchsetzung* geregelt wird. Der direkte Weg vom *PrivaHub* Kern zur *Forschungsschnittelle* wird vor allem für Daten verwendet, die schon von potenziellen Clients vor der Freigabe privatisiert werden.

8.2 Prototypische Umsetzung

Die zuvor beschriebene Architektur ist in ihren Teilaspekten prototypisch umgesetzt. Die Umsetzung der einzelnen Teile wird im Folgenden beschrieben.

8.2.1 Smartphone Applikation für Patient:innen: PatientHub

Die *PatientHub* Smartphone Applikation wurde mit dem Cross-Plattform Framework *ReactNative*[1] entwickelt. Dieses Framework ermöglicht die Entwicklung von Smartphone Applikationen für Android und iOS ohne speziellen Code pro Plattform. Wie die Architektur in Abbildung 8.1 zeigt, besteht die *PatientHub* Applikation aus dem Frontend und der Integration von privaten Datenspenden und dem Einwilligungsmanagement. Die App erhält zusätzlichen Zugriff auf eine FHIR-Datenbank, welche die Daten der Betroffenen enthält. Diese Datenbank muss nicht zwangsläufig mit der Datenquelle von *PrivaHub* identisch sein. Dies ist vorwiegend für das Szenario der Datenspende sinnvoll. Grundsätzlich soll die App aber Einblick in die in *PrivaHub* verwendeten Daten für die Betroffenen ermöglichen.

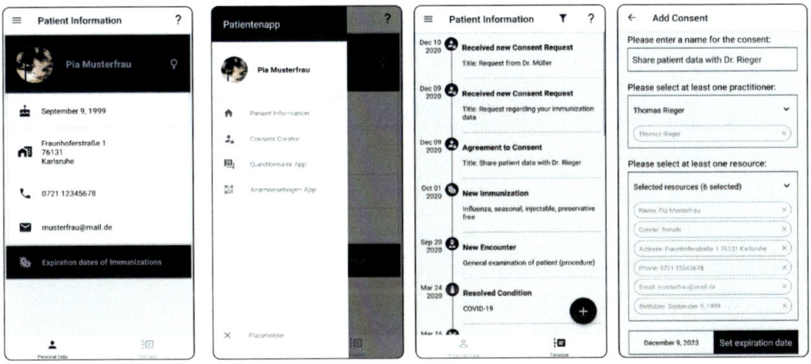

(a) Ansicht der Patient:innen Stammdaten

(b) Funktionsmodulübersicht von *PatientHub*

(c) Chronologische Ansicht der Befundsdaten der Nutzer:in

(d) Editor für Einwilligungen

Abbildung 8.2: Screenshots des *PatientHub* Prototyps

[1] https://reactnative.dev (Letzter Zugriff: 27.11.2023)

Abbildung 8.2 und 8.3 zeigen Screenshots des *PatientHub* Prototyps. Die App startet mit der Ansicht der Stammdaten der Nutzer:in. Diese Ansicht ist in Abbildung 8.2a zu sehen. Hier erhält die Nutzer:in einen Überblick über alle erfassten Stammdaten und kann diese gegebenenfalls ändern. Solche Änderungen können direkt ins System zurückgespielt werden. Neben den Stammdaten gibt es noch die Möglichkeit weitere relevante Daten anzuzeigen. In diesem Fall sind es die anstehenden Impfauffrischungen. Dies wird angezeigt, falls die Nutzer:in den entsprechenden Reiter klickt.

Bei Interaktion mit dem Menü-Knopf in der oberen linken Ecke erscheint das Anwendungsmenü, welches eine Übersicht aller verfügbaren Funktionsmodule darstellt. Abbildung 8.2b zeigt diese Ansicht. Durch Auswahl der entsprechenden Option wird das entsprechende Modul angezeigt. Die vorliegende Version von *PatientHub* integriert das Stammmodul, wie zuvor erwähnt, ein Einwilligungserstellungsmodul, eine Fragebogenapp, die beide im Weiteren erläutert werden, und eine Anamnesebogen-Anwendung, mit der die Betroffenen beim Besuch einer neuen Ärzt:in/Einrichtung initial ihre Daten übertragen und notwendige Fragen beantworten können.

Ausgehend von der Stammdatenansicht kann eine chronologische Ansicht der Daten als Timeline angezeigt werden. Wie in Abbildung 8.2c dargestellt, können die Betroffenen hier alle über sie erfassten Daten einsehen.

Abbildung 8.2d zeigt eine Komponente des Einwilligungsmoduls. Hier wird die Erstellung einer Einwilligung an eine bestimmte Partei gezeigt. Hierfür kann diese Partei bestimmt und entsprechende Daten ausgewählt werden. Die App integriert auch die Möglichkeiten des Dynamic Consent aus Kapitel 6.3. Eine bereits erteilte Einwilligung kann anschließend in der Detailansicht, wie in Abbildung 8.3a gezeigt, betrachtet werden. Hier werden nochmals die Parteien an die Daten geteilt, in welchem Zeitraum die Daten und welche Daten freigegeben werden, angezeigt. Zusätzlich kann die Einwilligung auch widerrufen werden.

Forschungsanfragen und generelle Anfragen sammeln sich in der Darstellung aus Abbildung 8.3b. Hier werden die aktuellen Anfragen aufgelistet und die Nutzer:innen können die Anfragen annehmen oder ablehnen. An dieser Stelle ist auch das CPIQ System aus Kapitel 6.4 implementiert.

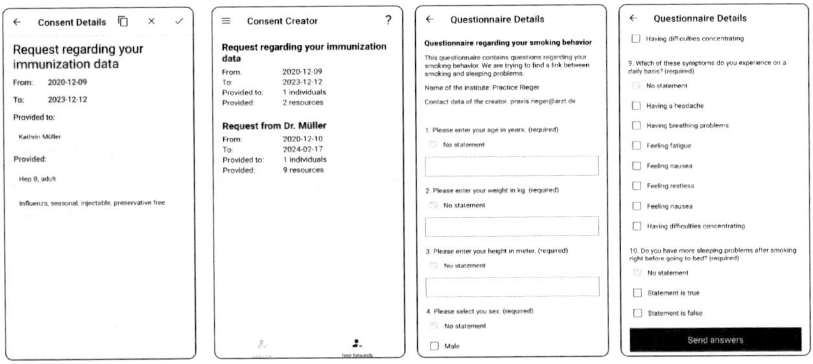

(a) Detailansicht einer Einwilligung **(b)** Übersicht von Einwilligungsanfragen **(c)** Ansicht des Fragebogenmoduls **(d)** Weitere Ansicht des Fragebogenmoduls

Abbildung 8.3: Weitere Screenshots des *PatientHub* Prototyps

Abbildung 8.3c und 8.3d zeigen Ansichten des Fragebogenmoduls. Hier können die Nutzer:innen medizinische Fragebögen, die zu Forschungs-, Therapie- oder Kontrollzwecken dienen, beantworten. Die App stellt Fragebögen im FHIR Questionnaire Format dar und erzeugt bei Beantwortung der Fragen auch wieder eine entsprechende FHIR-Ressource, damit die Daten weiterverwendet werden können. An dieser Stelle kann für Forschungsanfragen auch das Szenario der Privatsphäre wahrenden Datenspende aus Kapitel 7.2 integriert werden.

8.2.2 Datenschutzfreundliches Datenkurationssystem: PrivaHub

PrivaHub ist als Webapplikation auf Basis von *ReactJS*[2] entwickelt. Das Konzept der Webapplikation ermöglicht es, *PrivaHub* mit jedem gängigen Browser zu nutzen. *PrivaHub* besteht, wie in Abbildung 8.1 aus dem Kern, der die Anbindung an die Datenquellen und die App verwaltet. Es existiert

[2] https://react.dev (Letzter Zugriff: 27.11.2023)

ein Modul, das die Privatsphäre wahrenden Technologien verwaltet. Hierbei werden verschiedene Programmbibliotheken für die Implementierung verwendet. Für klassische Verfahren wie k-Anonymity kommt das *ARX*[3] Modul zum Einsatz. Differential Privacy ist via der *SmartNoise*[4] Bibliothek implementiert. Die synthetische Datenerzeugung basiert ebenfalls auf SmartNoise, welches MWEM, DP-CTGAN und PATE-CTGAN implementiert. Die Einwilligungsdurchsetzung basiert auf den Konzepten aus Kapitel 6.
Die folgenden Abbildungen zeigen Screenshots aus dem Datenkurations-Frontend, mit dem hauptsächlich die Datenkurator:innen interagieren.

Um einen Datensatz für Forscher:innen zu erstellen, können die Datenkurator:innen entweder aus tabellarischen Daten wie einer Comma Separated Values (CSV) Datei wählen oder direkt auf eine FHIR-Datenbank zugreifen. Diese Datenbank kann sowohl intern als auch extern angebunden werden. Die Annahme hierbei ist, dass die Daten auf der FHIR-Datenbank private Daten enthalten, welche von den Datenkurator:innen eingesehen werden dürfen. Abbildung 8.4 zeigt die Datensatzerstellung mit einer FHIR-Datenbank als Quelle. Die Datenkurator:innen können wählen, welche Befunde auf Basis von ICD-10 Codes verwendet werden. Zusätzlich kann innerhalb der Daten nach Alter und Geschlecht gefiltert werden. Nach dem Erstellen dieses Projektes können die Datenkurator:innen wählen, ob k-Anonymity oder DP zur Privatisierung verwendet werden soll. Alternativ kann auch auf Basis der ausgewählten Daten ein neuer privater synthetischer Datensatz erzeugt werden. Wenn die Daten erzeugt worden sind, können die Datenkurator:innen diese Forscher:innen beziehungsweise einem Forschungsprojekt zuteilen. Dieser Prozess kann durch die Konfiguration für die Auswahl von Privatsphäre wahrenden Technologien aus Definition 7.4 unterstützt werden. Zusätzlich kann eine Vorschau der privatisierten Daten betrachtet werden, wie in Abbildung 8.5 dargestellt. Die *Forschungsschnittstelle* ist die Komponente, mit

[3] https://arx.deidentifier.org (Letzter Zugriff: 27.11.2023)
[4] https://smartnoise.org (Letzter Zugriff: 27.11.2023)

Abbildung 8.4: Erstellung von Forschungsdaten aus einer FHIR Datenquelle

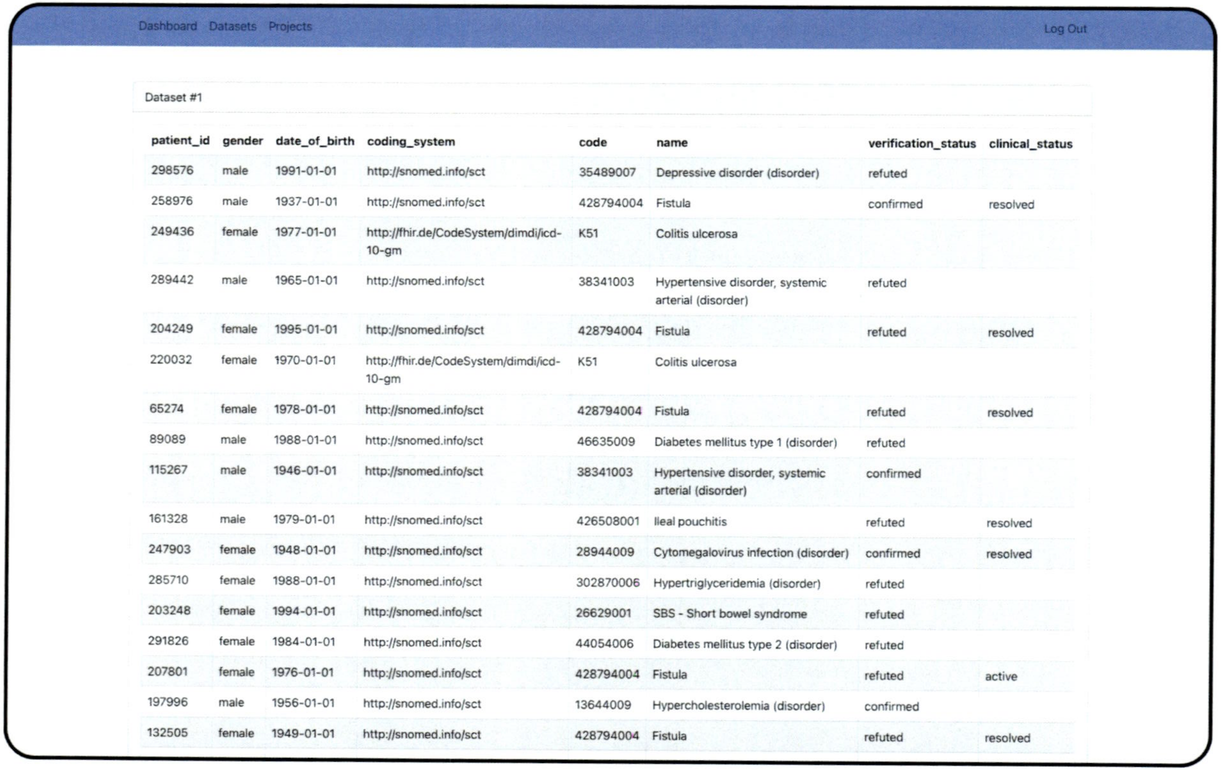

patient_id	gender	date_of_birth	coding_system	code	name	verification_status	clinical_status
298576	male	1991-01-01	http://snomed.info/sct	35489007	Depressive disorder (disorder)	refuted	
258976	male	1937-01-01	http://snomed.info/sct	428794004	Fistula	confirmed	resolved
249436	female	1977-01-01	http://fhir.de/CodeSystem/dimdi/icd-10-gm	K51	Colitis ulcerosa		
289442	male	1965-01-01	http://snomed.info/sct	38341003	Hypertensive disorder, systemic arterial (disorder)	refuted	
204249	female	1995-01-01	http://snomed.info/sct	428794004	Fistula	refuted	resolved
220032	female	1970-01-01	http://fhir.de/CodeSystem/dimdi/icd-10-gm	K51	Colitis ulcerosa		
65274	female	1978-01-01	http://snomed.info/sct	428794004	Fistula	refuted	resolved
89089	male	1988-01-01	http://snomed.info/sct	46635009	Diabetes mellitus type 1 (disorder)	refuted	
115267	male	1946-01-01	http://snomed.info/sct	38341003	Hypertensive disorder, systemic arterial (disorder)	confirmed	
161328	male	1979-01-01	http://snomed.info/sct	426508001	Ileal pouchitis	refuted	resolved
247903	female	1948-01-01	http://snomed.info/sct	28944009	Cytomegalovirus infection (disorder)	confirmed	resolved
285710	female	1988-01-01	http://snomed.info/sct	302870006	Hypertriglyceridemia (disorder)	refuted	
203248	female	1994-01-01	http://snomed.info/sct	26629001	SBS - Short bowel syndrome	refuted	
291826	female	1984-01-01	http://snomed.info/sct	44054006	Diabetes mellitus type 2 (disorder)	refuted	
207801	female	1976-01-01	http://snomed.info/sct	428794004	Fistula	refuted	active
197996	male	1956-01-01	http://snomed.info/sct	13644009	Hypercholesterolemia (disorder)	confirmed	
132505	female	1949-01-01	http://snomed.info/sct	428794004	Fistula	refuted	resolved

Abbildung 8.5: Vorschau von privatisierten Daten

Abbildung 8.6: Übersicht der bestehenden Forschungsdatensätzen

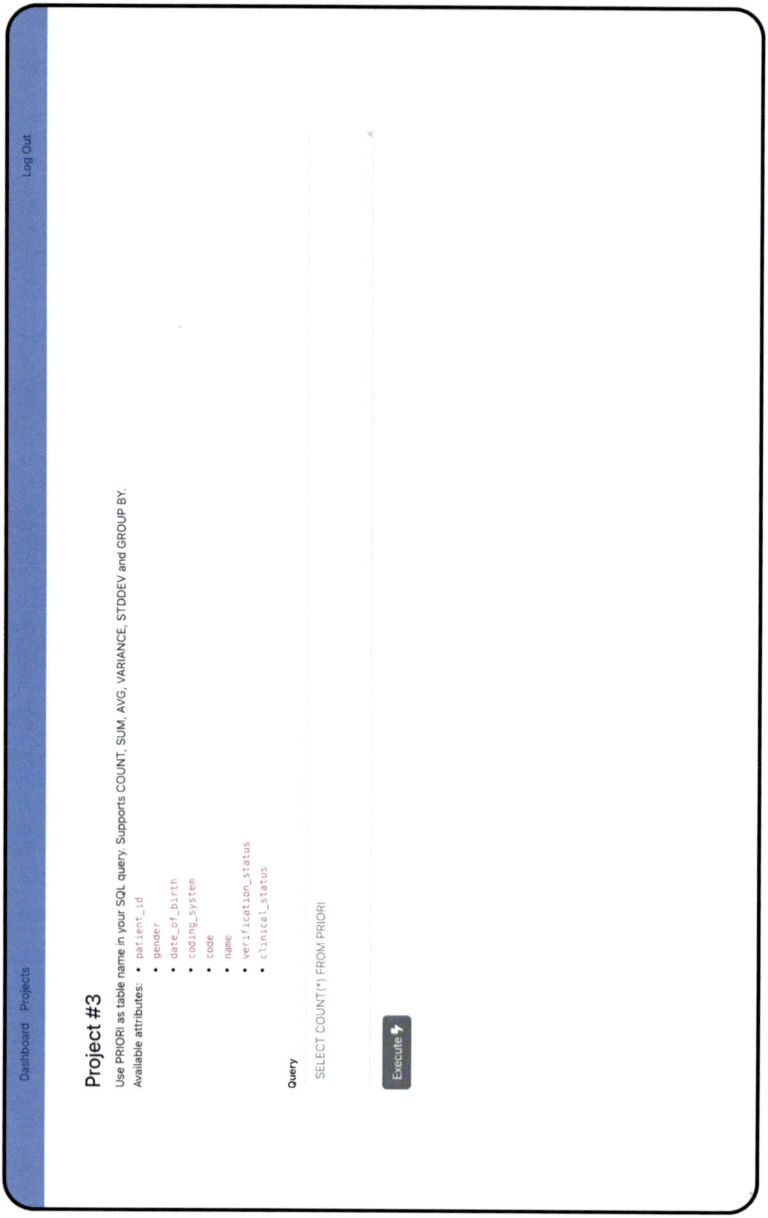

Abbildung 8.7: Ansicht für interaktive DP Anfragen

denen Forschungsinteressierte interagieren können. Hierfür können sich Forscher:innen separat am System anmelden. Nach der Anmeldung erhalten Forscher:innen eine Übersicht auf die ihnen zugeteilten Datensätze, wie in Abbildung 8.6 dargestellt. Diese Datensätze können von Forscher:innen entweder zur weiteren Verarbeitung heruntergeladen oder im Falle von DP direkt im interaktiven Szenario Datenbankanfragen gestellt werden. Abbildung 8.7 zeigt die Ansicht für interaktive DP-Anfragen. Die Forscher:innen erhalten eine Übersicht, nach welchen Attribute angefragt werden und welche Funktionen auf den Daten angewendet werden können.

8.2.3 Gesamtsystem

Das Gesamtsystem implementiert eine Teilmenge aus der in Kapitel 4.3 vorgeschlagenen datenschutzzentrierter Forschungsplattform. So existiert durch *PatientHub* eine App, die Patient:innen miteinbezieht und sowohl eine transparente Einsicht in die verwendeten Daten ermöglicht, als auch eine kontrollierte Freigabe von privatisierten Daten unterstützt. Hierfür werden die in Kapitel 6 und 7 eingeführten Technologien der souveränen Einwilligungen und der privaten Datenspende verwendet.

PrivaHub selbst stellt einen Teilaspekt einer Forschungsplattform dar. Im Rahmen des Prototyps wurde die Datenbereitstellung zur Vereinfachung nicht betrachtet, allerdings lässt sich *PrivaHub* mit beliebigen FHIR-Datenbanken oder anderen tabellarischen Datenquellen verwenden. Kern ist hierbei nicht die automatische Datenfreigabe, sondern die kuratierte Weitergabe von zusätzlich privatisierten Daten. Dafür müssen Datenkurator:innen mit den Daten interagieren und je nach Anwendungsszenario die richtige Privatsphäre wahrende Technologie für die Freigabe wählen.

Aus Forschungssicht bietet der Prototyp eine interaktive *Forschungsschnittstelle*, über die entsprechende Datensätze zur weiteren Analyse heruntergeladen werden können. Zusätzlich kann über das interaktive Szenario direkt mit den Daten interagiert werden. Zusätzlich zur *Forschungsschnittstelle*, die von den Datenkurator:innen gepflegt wird, können Daten noch über das Einwilligungsmanagement und die automatische Durchsetzung der Einwilligung analog zum Verfahren in Kapitel 6.3 bezogen werden. Es gilt anzumerken, dass der

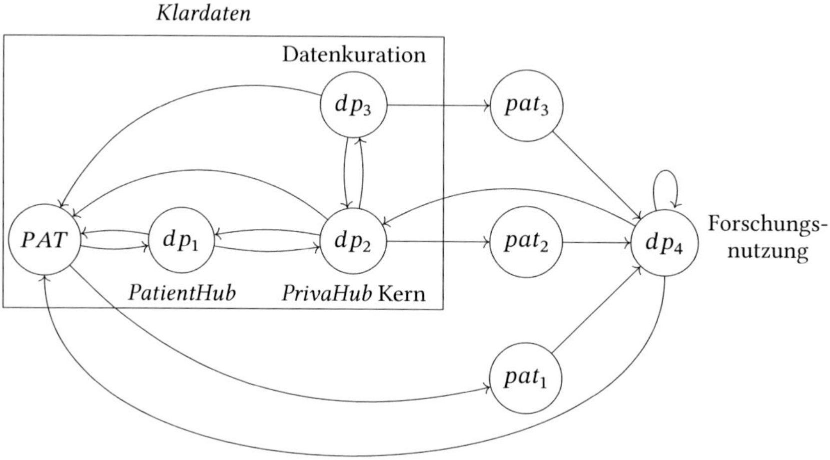

Abbildung 8.8: Kommunikationsgraph für die protoypische Architektur

Prototyp das Antragswesen für entsprechende Datensätze durch Forschende nicht betrachtet. Denkbar wäre eine zusätzliche Oberfläche, über die Anträge für entsprechende Daten gestellt werden. Dies kann auch automatisiert in die Abfrageoberflächen der Datenkurator:innen für die weitere Bearbeitung übernommen werden.

8.2.4 Evaluation: Formale Analyse des Systems

Analog zu Abschnitt 5.4.2 für die Forschungsplattform wird hier die prototypische Architektur aus Abbildung 8.1 nach demselben Prinzip analysiert. Der Kommunikationsgraph für die prototypische Architektur ist in Abbildung 8.8 dargestellt. Die Patient:innen interagieren mit *PatientHub*, was als erste datenverarbeitende Stelle mit dp_1 gekennzeichnet ist. Von dort werden Daten zum *PrivaHub* Kern mit dp_2 übertragen. Durch *PatientHub* hat die betroffene Person PAT die Kontrolle über die Daten in dp_2. Die Datenkurator:innen interagieren mit den Daten aus dem *PrivaHub* Kern. Diese werden transparent für PAT verarbeitet. Alle bisherigen Datenflüsse waren Klardaten, also nicht anonymisierte Daten. dp_4 steht exemplarisch für eine Instanz der Forschungsnutzung. Daten können direkt über das Einwilligungsmanagement an dp_4 freigegeben werden. Hierfür werden pseudonymisierte Daten pat_1 erzeugt. Außerdem können Daten aus dem *PrivaHub* Kern von dp_2 über die von den Betroffenen gesteuerte Forschungsschnittstelle an dp_4 gelangen. Die Daten werden hierbei ebenfalls zu pat_2 pseudonymisiert. Eine weitere Zugriffsmöglichkeit existiert durch die kuratierten privatisierten Daten. Diese sind zu pat_3 privatisiert. Alle Datenflüsse können durch die Steuerung der Forschungsschnittstelle von PAT eingesehen und kontrolliert werden. Deshalb existiert eine Rückkante von dp_4 zu PAT. Die Betrachtung des Kommunikationsgraphs hinsichtlich der Eigenschaft ergibt nun Folgendes:

- **Kommunikations-Ablauf-Eigenschaften**:
  - $\mathcal{T}$ransparency-Eigenschaft:
    Für datenverarbeitende Stellen dp_i gilt, dass diese eine Rückkante zu PAT besitzen. Somit ist $\mathcal{T}$ransparency erfüllt.

  - $\mathcal{C}$ontrolabillity-Eigenschaft:
    Ein Teil der Bedingungen leitet sich aus der Erfüllung von $\mathcal{T}$ransparency ab. Durch die Architektur lässt sich nachvollziehen, dass die Betroffenen über die *PatientHub* App mit *PrivaHub* interagieren und darüber alle Datenflüsse steuern und einsehen können.

  - Un$\mathcal{L}$inkability-Eigenschaft:
    Daten werden auf drei verschiedene Weisen an ein Forschungsprojekt freigegeben. Der Kommunikationsgraph zeigt, dass pro Art der Freigabe ein unterschiedliches Pseudonym pat_j zum Einsatz kommen kann. Variante 1 der Datenfreigabe ist die Datenfreigabe direkt vom Betroffenen über *PatientHub*. Hier wird per Einwilligungsmanagement gezielt definiert welche Daten freigegeben werden sollen. Somit liegt die Ermöglichung der Verkettbarkeit in der Kontrolle der Betroffenen. Variante 2 ist die Freigabe aus *PrivaHub*. Auch diese wird durch das Einwilligungsmanagement gesteuert und erfolgt auf

anonymisierter/pseudonymisierter Weise. Variante 3 ist die Freigabe der Daten nach Datenkuration. Hier werden durch Privatsphäre wahrende Technologien die Daten so verändert, dass keine Verkettbarkeit mehr möglich ist.

- **Kommunikations-Vereinbarungs-Eigenschaften**:
  - $\mathcal{A}$wareness-Eigenschaft:
    Die $\mathcal{A}$wareness-Eigenschaft ist durch den Einsatz von CPIQ erfüllt. Jegliche Datenfreigabe/-anfrage kann hiermit auf Basis von Akzeptanz- und Forschungsinformationen evaluiert werden und die Betroffenen können somit eine informierte Entscheidung treffen.
  - $\mathcal{U}$nrecognizability-Eigenschaft:
    Hier ist die $\mathcal{U}$nrecognizability-Eigenschaft auch eng mit der Un$\mathcal{L}$inkability-Eigenschaft verbunden. Durch den Einsatz von Pseudonymisierung, Anonymisierung und zusätzlich Privatsphäre wahrender Technologien ist das Risiko einer Re-Identifizierung stark reduziert und die Betroffenen können jederzeit unerkennbar sein.

Durch den Vergleich des Kommunikationgraphs des Prototyps aus Abbildung 8.8 mit dem Kommunikationsgraph der datenschutzzentrierten Forschungsplattform aus Abbildung 5.5 zeigt sich zuerst, dass der Prototyp, indem Daten direkt durch *PrivaHub* freigegeben werden können, eine weitere Möglichkeit hat, um Daten an Nutzungsberechtigte freizugeben. Bei der datenschutzzentrierten Forschungsplattform wird davon ausgegangen, dass alle Daten innerhalb der Forschungsplattform gespeichert sind. Ansonsten sind die Graphen relativ ähnlich und erfüllen alle benötigten Anforderungen. Der weitere Weg, Daten freizugeben, ermöglicht es Betroffenen, Daten ohne eine weitere Instanz, der vertraut werden muss, an Forschungsinteressierte freizugeben. Dies ist ein Mehrwert und Hinzugewinn an Datensouveränität und Teilhabe.

9 Diskussion

Dieses Kapitel diskutiert die Beiträge der vorliegenden Dissertation. Hierfür werden die Teilaspekte der souveränen Einwilligungen und der Einsatz von Privatsphäre wahrenden Technologien reflektiert und besprochen. Zum Schluss ordnet die Diskussion des Gesamtsystems die Beiträge ein.

9.1 Diskussion souveräne digitale Einwilligungen

Auf Basis der in Abschnitt 6.2.2 definierten Anforderungen wird das in Kapitel 6 vorgestellte Verfahren der souveränen digitalen Einwilligungen diskutiert. Mit der Integration der Technologie in die *PatientHub* App haben die Nutzer:innen stets die Möglichkeit, ihre Datenfreigaben zu kontrollieren. Dies kann in beliebiger Granularität für einzelne Befunde oder ganze Kategorien erfolgen. Hiermit kann **SE.1** *Kontrolle durch betroffene Person* als erfüllt angesehen werden.

SE.2 *Automatische Durchsetzung von Einwilligungen* wird durch die Forschungsschnittstelle erfüllt, die als Zugriffspunkt für Forscher:innen dient. Dies ist umgesetzt, da Daten, die durch die Forschungsschnittstelle bereitgestellt werden, von der Zugriffskontrolle, die durch die Einwilligungen der Datenbereitsteller:innen definiert wird, kontrolliert werden. Dieser Prozess ist für Forscher:innen transparent und es werden nur die Daten weitergegeben, für die eine Erlaubnis durch eine Einwilligung existiert.

Durch die Integration von CPIQ werden Einwilligungen gemäß den Akzeptanzanforderungen der Nutzer:innen und der Forschungsinformationen von

dem entsprechenden Forschungsprojekt auf das entsprechende Privatsphärerisiko evaluiert. Dies dient den Nutzer:innen als Entscheidungsunterstützung und ermöglicht eine informierte Entscheidung der Nutzer:innen. Durch CPIQ kann **SE.3** *Informierte Entscheidung* als umgesetzt betrachtet werden.
Ein Merkmal der in dieser Dissertation vorgestellten *Dynamic Consent* Implementierung ist, dass durch die Freigabe von kompletten Kategorien auch zukünftige Befunde freigegeben werden können. Dies setzt Anforderung **SE.4** *Proaktiv* um. Bei solch einer Umsetzung stellen sich neben der gezeigten technischen Umsetzung weitere Fragen. Es muss den Nutzer:innen jederzeit bewusst sein, dass eine Datenfreigabe auch zukünftige Befunde mit einschließen kann. Dies macht die Tragweite der Entscheidung komplexer. Die sicherste Lösung, den Nutzer bei jedem neu erfassten Befund darauf hinzuweisen oder nachzufragen, wäre allerdings auch die unkomfortabelste. Während die technischen Gegebenheiten im Rahmen dieser Dissertation geschaffen werden, ist dies ein Feld in dem weitere Untersuchungen nötig sind.
Die letzte Anforderung **SE.5** *Forschungsfreundlich* wird durch die transparente Forschungsschnittstelle erfüllt. Durch diese können Forscher:innen jederzeit auf die entsprechend freigegebenen Daten zugreifen. Die direkte Anbindung der Schnittstelle ermöglicht einen schnellen Weg, da kein Technologiebruch erfolgen muss, wie die Weitergabe auf einem manuellen Datenträger oder über andere Plattformen. Die stetige Verfügbarkeit und die direkte Anbindung können als Steigerung der Forschungsfreundlichkeit betrachtet werden.

Während die Anforderungen erfüllt sind, gibt es dennoch Einschränkungen bei der Umsetzung. CPIQ selbst als Privatsphärerisikoquantifizierung ist in seiner Aussage durch die Auswahl der Akzeptanz und Risikoeintrittsfaktoren limitiert. Zwar wird mit Maximum Entropie CPIQ eine Erweiterung gezeigt, die unvoreingenommenere und objektivere Faktoren für das Risiko berücksichtigen kann, allerdings bleibt hier die Akzeptanz nach wie vor auf die subjektive Auswahl begrenzt. Anhand dieser Erweiterungen können allerdings Verbesserungen und Varianten von CPIQ entwickelt werden, das vorliegend eine solide Grundlage darstellt.

Zusätzlich gilt es auf Seiten der Einwilligungen das verwendete Dynamic Consent Verfahren zu betrachten. Während die Patient:innenmiteinbeziehung von dieser umfassenden feingranularen Einwilligungsmöglichkeit profitieren kann, bestehen auf Forschungsseite offen Fragen hinsichtlich der freigegebenen Daten. So ist nicht sichergestellt, wie repräsentativ diese Daten sind und ob beispielsweise eine fehlende Freigabe mögliche Korrelationen von Befunden unterschlägt. Beim Einsatz dieser Technologie ist genau abzuwägen, wie mit solchen Bias Effekten umgegangen werden kann und wie Forschende über diese Effekte informiert werden können.
Hinsichtlich der Nutzerinterfaces hat die in Abschnitt 6.5 gezeigte Nutzerstudie die Grundthese bestätigt, dass die technischen Prototypen keine optimale Gebrauchstauglichkeit haben. Die Studie zeigt, welche Verbesserungen an den Interfaces vorgenommen werden müssen, um eine bessere Gebrauchstauglichkeit zu ermöglichen. In weiteren Arbeiten und Studien sollten diese Erkenntnisse in einem iterativen Entwicklungsprozess zur Weiterentwicklung dienen.
Aus technischer Sicht sind sowohl CPIQ als auch *Dynamic Consent* auf Basis von standardisierter Komponente entwickelt worden. Allerdings sollten für eine weitere Verbreitung mehr Schritte unternommen werden, als beispielsweise die Technologien auf Basis von FHIR zu entwerfen. Integrationen in den HL7 Standard können die Verbreitung und Entwicklung der Technologien vorantreiben. Es gibt bereits Vorschläge und andere Arbeiten, die sich mit der Integration von Datenschutz und Einwilligungsthemen in diese Standards befassen [Men17, Ber15, DeM10].

9.2 Diskussion Einsatz von Privatsphäre wahrenden Technologien

Eine häufige Diskussion bezüglich des Einsatzes von DP ist der Fehler, der durch das Hinzufügen von Rauschen entsteht. Gerade beim Einsatz von medizinischen Daten ist hohe Präzision eine häufige Anforderung für die Verfahren und/oder der Verlust von Genauigkeit beim Einsatz zum Training von

Modellen des maschinellen Lernens wird befürchtet. Eine Einschränkung gerade beim RAPPOR Verfahren ist der Wertebereich des Verfahrens, auf den durch die Bloom-Filter abgebildet wird. Deswegen ist der Einsatz des Verfahrens explizit für Daten mit festen und endlichen Wertbereich optimal. Ein Beispiel hierfür sind die Fragebögen mit Single-/Multiple-Choice-Fragen aus Abschnitt 7.2.3. Die dazu durchgeführten Evaluationen (siehe etwa Abbildung 7.9c) zeigen, selbst für eine große Anzahl an Antwortmöglichkeiten, gute Ergebnisse. Auf der anderen Seite ist es auch möglich kontinuierliche Daten wie die Herzfrequenzmessungen in feste Wertebereiche einzuteilen. Hier spielt die Granularität eine bedeutende Rolle für die Genauigkeit des Verfahrens. Allerdings ist die Wahl eines größeren Wertebereichs nicht zwangsläufig eine Präzision eines Messverfahrens, da damit auch bei den Eingabedaten Genauigkeit verloren geht.
Ein weiteres Phänomen bei der Anwendung von DP-Verfahren sind falsche Werte beziehungsweise *false-positives*. Dies können unter anderem Ausreißer bei der Herzfrequenz sein (zu hoch, zu niedrig oder zu schnelle Frequenzänderungen). Um die Genauigkeit an dieser Stelle zu verbessern, ist zu einem die genaue Definition des Wertebereichs nötig, als auch ein *post-processing* wie es bei der synthetischen Datengenerierung zur Glättung der Herzfrequenzen angewendet worden ist.

Des Weiteren zeigt die Evaluation, dass der erwartbare Fehler der Daten quantifizierbar ist. Die in der Evaluation verwendet HD dient als Metrik zur Genauigkeit der LDP-Schätzung. Weitere Arbeiten könnten auf dieser Basis ein für Nichtexperten nachvollziehbares Maß bereitstellen, mit dem abgeschätzt werden kann, welche Teilnehmer:innenzahl und welches ϵ zu welcher Genauigkeit unter dem Einsatz von DP führt.
Generell ist die Wahl von ϵ nicht trivial. Dies zeigt auch die vorliegende Evaluation des Verfahrens. Hier sollten verschiedene Werte pro Anwendungsfall getestet werden. Auch die initiale Autorin von DP, Cynthia Dwork, fordert in einem Aufsatz: „*Expose your Epsilons!*“ [Dwo19].
Naiv betrachtet kann die Anwesenheit von Rauschen in den Daten und die Unklarheit gegenüber ϵ als Schwäche von DP ausgelegt werden. Hierzu gilt es gegenzuhalten, dass DP nicht für jeden Use-Case geeignet ist. DP funktioniert hauptsächlich für große Populationen und Anwendungen, in denen

aggregierte Statistiken, wie Median- oder Durchschnittswerte, benötigt werden. Schwächen von DP sind die Ungenauigkeiten, die durch kleine Populationen entstehen oder das explizite Glätten von Ausreißern, die eventuell für Datenauswertungen Erkenntnisse bieten könnten. Dies ist allerdings ein gewollter Effekt, da die An- oder Abwesenheit eines einzelnen Individuums, unabhängig davon, ob es ein Ausreißer ist, keinen Unterschied für die Auswertung machen soll. Im Allgemeinen lässt sich sagen, dass es zu DP eine Vielzahl an offenen Forschungsfragen gibt, die von einer aktiven Forschungscommunity bearbeitet werden [Cum23]. Zusätzlich zeigt sich auch, dass der Einsatz von DP zu einer erhöhten Bereitschaft zur Datenspende beitragen kann. Dies hängt stark damit zusammen, wie die Garantie durch ϵ mit DP kommuniziert wird [Nan23].

Weiterhin gilt es zu beachten, dass die in dieser Arbeit betrachteten Szenarien speziell auf diese zugeschnittene Datensätze verwenden beziehungsweise die Szenarien auf die Daten zugeschnitten worden sind. Echtweltszenarien bieten eine Reihe an Herausforderungen, beispielsweise wenn Datensätze über verschiedene relationale Datenbanken verteilt gespeichert sind oder nicht klassische Datentypen, die für den DP Use-Case beschrieben sind, verwendet werden. Für solche komplexeren Datentypen werden eigene spezielle Verfahren benötigt, die den Einsatz von Privatsphäre wahrende Technologien ermöglichen. Für solche Verfahren gilt es ebenso die Güte des Privacy-Utility-Trade-Offs spezifisch zu evaluieren um die praktische Relevanz zu bewerten.

9.3 Diskussion Gesamtsystem

Das Gesamtsystem in der Kombination von *PrivaHub* und *PatientHub* bietet im Kontext der hier betrachteten Anwendungsfälle das Potenzial sowohl eine Verbesserung der Datenverfügbarkeit für die Forschung zu erreichen, während gleichzeitig Betroffenenrechte und Teilhabe von Patient:innen ermöglicht werden kann. Eine offene Frage bei Betrachtung des Prototyps ist, wo und wie ein solches System aufgesetzt werden kann und wie es für andere Anwendungsszenarien angepasst werden kann. Dabei gilt es zu beachten, dass Expert:innen für die Bedienung des Systems benötigt werden. Ein Vorteil von

PrivaHub ist die Datenintegration. Weiterhin existiert die Möglichkeit der Anbindung an bestehende FHIR-Datenbanken. Während solche Datenbanken in der Forschung und prototypischen Szenarien in der Regel das Mittel der Wahl sind, ist die Verbreitung in der Praxis eher durchwachsen. Hierbei gilt es festzuhalten, dass dies nicht an einer möglichen geringen Akzeptanz für FHIR liegt, sondern eher an der bisherigen Datenverfügbarkeit scheitert. Die meisten Kliniken oder niedergelassene Praxen verwenden geschlossene Systeme, die bisher noch keinen Export zu FHIR anbieten. Zukünftig ist allerdings eine steigende Verbreitung zu erwarten und auch eine Integration in die meisten Datenerfassungssysteme, da FHIR regulativ und politisch verstärkt gefordert wird. Ein Beispiel dafür ist die Standardisierung in Form der MIO Ressourcen, wie in Abschnitt 2.3.1 beschrieben. Neben der Anbindung an FHIR bietet *PrivaHub* auch die Unterstützung von CSV Dateien, das ein weitverbreiteter Standard für tabellarische Daten ist und in vielen Datenanalyse-Szenarien verwendet wird.

Das Datenkurationsfrontend ist die Stelle an der Expert:innenwissen benötigt wird. Bei der Verwendung von Privatsphäre wahrenden Technologien wird ein Verständnis und Wissen über die verschiedenen Parameter wie k oder ϵ und deren Auswirkung auf Nutzbarkeit und Schutzniveau vorausgesetzt. Um die Nutzung auch für Nicht-Expert:innen zu ermöglichen, können auch diverse Metriken und Abschätzungen, wie die HD genutzt werden, um die Abweichung in Abhängigkeit verschiedener Randbedingungen aufzuzeigen. Somit könnten statt ϵ stufenweise Voreinstellungen für solche Parameter und den damit verbundenen Auswirkungen angeboten werden. Das Datenkurations-Tool stellt eine umfassende Integration der Kombination verschiedener Privatsphäre wahrender Technologien zur Verfügung. Hierfür liegt der Fokus auf populären Technologien wie k-Anonymity und den in *SmartNoise* integrierten Techniken. Neben diesen Möglichkeiten können die Datenkurator:innen spezifische Datensätze mit spezifischen Parametern pro Forschungsprojekt beziehungsweise pro Forscher:in anlegen. Aktuell ist das Tool, wie auch andere Bestandteile von *PrivaHub*, allerdings eine Insellösung zwischen den anderen vorhandenen Systemen.

Die App Lösung für Patient:innen ist mit *PatientHub* ein umfassendes Tool zur Kontrolle und Einsicht der eigenen Daten. Ein solches Tool hat zwangsläufig Redundanzen zu den ePA Anwendungen, die gesetzlichen Krankenkassen inzwischen zur Verfügung stellen. Nutzendenstudien zeigen das Potenzial für Einwilligungsmanagement und Privatsphärerisikoquantifizierung, weisen aber auch darauf hin, dass es noch keine Ideallösung gibt. Des Weiteren sind nur Teilaspekte von *PrivaHub* durch Nutzendenstudien bewertet. Eine offene Frage ist auch der Umfang, den die App bieten muss. Ein reines Datenspende- oder Einwilligungsmanagement-Tool wird eventuell nicht dauerhaft verwendet. Deswegen werden weitere Funktionen benötigt, die die Nutzung begünstigen. Hierbei gilt es wieder die ePA zu betrachten, die in Zukunft eine Übersicht aller Daten liefern soll und weitere Funktionen zur Interaktion mit Ärzt:innen. In Kombination mit der Integration der Technologien zu Einwilligungsmanagement und Privatsphäre wahrenden Technologien könnten die ePA Anwendungen *PrivaHub* ersetzen oder integrieren.

Bei Betrachtung des Einsatzszenarios des Prototyps stellt sich wieder die Eingangs gestellte Frage danach, wo ein solches System eingesetzt werden soll. Konkret kommt für solch ein System nur eine forschungsorientierte medizinische Einrichtung infrage. In Deutschland könnten diese die Universitätskliniken sein. Auch hier besteht die Hürde für Datenkurator:innen, welche die verwendeten Privatsphäre wahrende Technologien verstehen und kennen sollten. Eine weitere offene Frage ist die Verteilung der Smartphone-App. Diese muss nach aktuellem Entwurf lokal betrieben werden, also pro Forschungsinstitut. Durch Änderungen an der Architektur wäre auch eine gemeinsame Zentralinfrastruktur möglich, allerdings ist die Frage, wie sinnvoll ein solches System bei den aktuellen Vorhaben, wie der ePA oder der TI, in Deutschland ist. Eine Anbindung der App oder Integration von Teilaspekten an die Infrastruktur der ePA wäre eine sinnvolle Lösung, von der sowohl Forschung als auch Nutzer:innen profitieren können.

Unabhängig vom Einsatzszenario ist der Prototyp ein methodischer Demonstrator für die Anwendung von automatisierten Einwilligungsmanagement und Privatsphäre wahrenden Technologien im Kontext der medizinischen Datennutzung. Aus diesen methodischen Ergebnissen können zwar für die

Echtwelt Umsetzung diverse Ansätze und Grundlagen übernommen werden, allerdings sind die Ergebnisse dieser Arbeit nicht Eins zu Eins in der Praxis anwendbar und benötigen spezifische Anpassung hinsichtlich des Einsatzszenarios und tiefergreifende Untersuchungen unter Berücksichtigung der nicht vergleichbaren Komplexität realer Strukturen.

10 Fazit und Ausblick

Diese Dissertation untersucht, wie Datensouveränität durch eine datenschutzzentrierte Forschungsplattform technisch umgesetzt werden kann. Mit dem automatisierten Einwilligungsmanagement und dem Einsatz von Privatsphäre wahrenden Technologien lassen sich zwei Hauptthemen zur Umsetzung identifizieren. Das folgende Fazit nimmt eine abschließende Bewertung vor und legt mit dem Ausblick die Grundlagen für mögliche weitere Forschungsrichtungen.

10.1 Fazit

Im Rahmen dieser Dissertation werden zuerst die technisch-rechtlichen Grundlagen für den Begriff Datensouveränität definiert. Es zeigt sich, dass für die Umsetzung von Datensouveränität die direkte Miteinbeziehung durch ein digital unterstütztes Einwilligungsmanagement ermöglicht werden kann. Zusätzlich können Privatsphäre wahrende Technologien eine datenschutzfreundlichere Realisierung ermöglichen.

In dieser Arbeit werden Konzepte zur Umsetzung eines automatischen digitalen Einwilligungsmanagements erstellt. Durch die Verknüpfung von etablierten medizinischen Datenformaten wie FHIR mit Zugriffskontrollkonzepten wie XACML wird ein Ablauf gezeigt, mit dem Betroffene persönliche medizinische Daten unmittelbar für die Forschung zur Verfügung stellen können. Ferner wird eine Privatsphärerisikoquantifizierung für Einwilligungen entworfen, die auf Basis der von einem Forschungsprojekt bereitgestellten Informationen einen möglichen Privatsphärerisikoeintritt in Abwägung der persönlichen Akzeptanzfaktoren bewertet. Dieses generische Modell wird zudem exemplarisch mit weiteren Methoden zur Messung des potenziellen Privatsphärerisikos erweitert. Hierdurch wird Betroffenen eine umfassende erweiterbare Entscheidungsunterstützung bei der Freigabe von medizinischen Daten geboten. Des Weiteren wird eine technische Implementierung des als datenschutzkonform und forschungsfreundlich erachteten *Dynamic Consents* entworfen. Durch Kombination der Grundlagen des automatisierten Einwilligungsmanagements mit medizinischen Terminologien können so Kategorien von Daten proaktiv und dynamisch geteilt werden. Zusammen mit der Privatsphärerisikoquantifizierung CPIQ werden diese Einwilligungen in der Arbeit als souveräne digitale Einwilligungen bezeichnet.

Beim Einsatz von Privatsphäre wahrenden Technologien werden vor allem die Technologien Differential Privacy (DP) und private synthetische Datengenerierung durch eine Analyse und Einordnung der verschiedenen Technologien als vielversprechend für den Einsatz mit medizinischen Daten identifiziert. Für DP wurde dazu eine Betrachtung von privaten Datenspenden durchgeführt. Es zeigt sich, dass die Genauigkeit vor allem von der erwarteten Teilnehmer:innenzahl abhängt und vom Wertbereich der zu spendenden Daten. Im Rahmen der Evaluation der vorgeschlagenen Architektur zeigt sich, dass das Verfahren bereits für realistische Teilnehmer:innenzahlen mit einem angemessenen Privatsphäreniveau genaue Ergebnisse erreicht. Die privaten Generierungsverfahren zu synthetischen Daten zeigen für den gewählten Fall ebenfalls vielversprechende Ergebnisse. Allerdings ist ersichtlich, dass nicht alle Technologien gleich geeignet sind. Aus der Evaluation resultiert, dass das Verfahren DP-CTGAN für den ausgewählten Zweck gut geeignet ist, es aber dennoch Einschränkungen gibt, bei denen unter verschiedenen Parametern andere Varianten besser abschneiden. Insgesamt zeigt sich aber, dass noch keine optimalen GAN basierten Verfahren zur Erzeugung von privaten synthetischen Daten existieren. Gerade die Evaluation mit den anwendungsfallspezifischen Metriken verdeutlicht, dass pro Einsatzgebiet eine geeignete Analyse betrieben werden sollte, um Privatsphäre Garantien sicherzustellen. Dennoch bieten Privatsphäre wahrende Technologien mit entsprechendem

Wissen eine gute Möglichkeit, um die Privatsphäre von Betroffenen zusätzlich vor Re-Identifizierung zu schützen. Dies ist gerade bei einzigartigen Daten relevant.

Zusammenfassend eignen sich die beiden Technologien hauptsächlich im kombinierten Einsatz im Rahmen einer kompletten Forschungsplattform, um Datenschutz und Datensouveränität zu steigern. Ein erstes Beispiel für die Integration der Technologien wurde im Rahmen der prototypischen Umsetzung gezeigt. Hiermit wird auch gezeigt, dass das scheinbar unvereinbare Spannungsfeld zwischen Datenschutz und Datennutzung für die Forschung durch den Einsatz digitaler Technologien aufgelöst werden kann. Mit den Privatsphäre wahrenden Technologien und souveränen digitalen Einwilligungen existieren Verfahren, die nicht scheinbar nur die Datennutzung durch strengere Datenschutzanforderungen einschränken, sondern sowohl die Verfügbarkeit von Daten steigern kann, bei gleichzeitiger Teilhabe und Kontrolle durch die Betroffenen. Die vorgestellten Verfahren müssen jedoch für unterschiedliche Datenarten und Nutzungsszenarien individuell angepasst werden und es bleibt offen, ob dies immer sinnvoll möglich ist.

10.2 Ausblick

Die Digitalisierung im Gesundheitswesen wird sowohl national als auch international weiter voranschreiten. Gerade in Deutschland besteht auch nach Expertenansicht Nachholbedarf, weshalb hier auch seitens der Politik eine Notwendigkeit besteht [Sta23]. Zum Zeitpunkt des Verfassens der Dissertation geplante Gesetzesentwürfe wie das GDNG zeigen die Richtung auf. Hier soll die Forschung weiter gestärkt werden. Allerdings birgt potenziell jede weitere Möglichkeit für die Forschungsnutzung auch ein weiteres Risiko aus

Datenschutzsicht. Während der Datenschutz nicht Hinderungsgrund für Forschung und Therapie sein soll, gilt es für zukünftige Umsetzungen Datensouveränität mitzudenken. Vergangene Beispiele wie die technische Umsetzung[1] der Corona-Warn-App[2] haben gezeigt, dass eine datenschutztechnisch unumstrittene Lösung gut funktionieren kann – auch wenn die App an sich möglicherweise nicht den erhofften *Gamechanger*[3] innerhalb der COVID-19 Pandemie dargestellt hat. All dies zeigt, dass die Themen dieser Dissertation in Zukunft weiter an Relevanz gewinnen werden.

Diese Dissertation hat erste Verfahren und Umsetzungen gezeigt, allerdings gibt es noch weitere Forschungsthemen, die aus dieser Arbeit entstehen oder vertieft werden können. Zu den technisch-juristischen Themen gilt es weiterhin einen verstärkten interdisziplinären Austausch zu pflegen. Nur durch die Expertise von Jurist:innen, Informatiker:innen, Mediziner:innen und aus der medizinischen Forschung können Verfahren wie die datenschutzzentrierte Forschungsplattform rechtskonform, technisch solide und auf die Anwendungsszenarien zugeschnitten entstehen. Hier gilt es, weiter an juristischen Leitlinien beispielsweise für die Messung eines möglichen Re-Identifikationsrisikos und den Einsatz von Privatsphäre wahrenden Technologien zu forschen. Außerdem gilt es, das hier in dieser Arbeit vorgestellte Konzept auch von juristischer Seite zu betrachten.

Hinsichtlich des Einwilligungsmanagements sollten die Einsatzszenarien für die souveränen digitalen Einwilligungen präzisiert werden. Apps wie das vorgestellte *PatientHub*, die die Technologie implementieren, sind nur sinnvoll, wenn diese weitverbreitet sind. Deshalb wäre es sinnvoll, das Verfahren zu modularisieren oder beispielsweise im FHIR-Format zu standardisieren, so

[1] Siehe das Entwurfsdokument der Schnittstelle von Apple und Google https://covid19-static.cdn-apple.com/applications/covid19/current/static/contact-tracing/pdf/ENPA_White_Paper.pdf (Letzter Zugriff: 27.11.2023)

[2] https://www.coronawarn.app/de/ (Letzter Zugriff: 27.11.2023)

[3] Zum Resümee zur Corona-Warn-App https://www.mdr.de/nachrichten/deutschland/panorama/corona-warn-app-bilanz-zwei-jahre100.html (Letzter Zugriff: 27.11.2023)

dass es unter Anderem auch für die ePA genutzt werden kann. Weiterhin ist eine Betrachtung der in der Diskussion beschriebenen möglichen negativen Effekten von *Dynamic Consent* auf die Datenqualität für Forschende notwendig. Der Umgang mit solchen potenziellen Verzerrungen benötigt eine genauere Betrachtung in der weiteren Forschung. Für die Privatsphärerisikoquantifizierungen sind weitere Erweiterungen nötig. So zeigt die Maximum Entropie Erweiterung, dass die Basis des Verfahrens grundsätzlich genutzt werden kann, allerdings muss sich in der Praxis zeigen, welche Risikoberechnungen die realistischsten darstellen. Generell ist die Miteinbeziehung von populationsweiten statistischen Daten vielversprechend, um die Einzigartigkeit von Daten für eine Risikowahrscheinlichkeit zu berechnen. Ein weiterer Ansatz sind auch die im Rahmen der Evaluation vorgestellten Nutzungsstudien. Die Ergebnisse haben gezeigt, wie wertvoll das Feedback von Nutzer:innen für die Entwicklung sein kann. Hier sollten weitere Untersuchungen und weitere Interface Varianten entwickelt werden, da nur eine hohe Gebrauchstauglichkeit zur Informiertheit als Kernvoraussetzung für souveräne Einwilligungen führen kann. Generell gilt es, die Verfahren in weiteren Echtweltszenarien zu evaluieren und mit den entsprechenden Erkenntnissen zu erweitern.

Für die Privatsphäre wahrenden Technologien gilt es offensichtlich, die Untersuchungen gemäß der vorliegenden Durchführung für weitere Verfahren und Szenarien auszuweiten. Gerade die vielversprechenden Resultate der Privatsphäre wahrenden Datenspenden sollten mit weiteren Echtweltevaluationen untermauert werden. Ein weiteres relevantes Thema, das Privatsphäre wahrende Technologien grundsätzlich betrifft, ist die Nachvollziehbarkeit und Anwendbarkeit für Nichtexperten. Gerade bei DP sind Parameter wie ϵ nicht zwangsläufig intuitiv nachvollziehbar. Um Systeme wie das hier gezeigte einer breiteren Anwender:innengruppe verfügbar zu machen, sollten verständlichere Maße für Privatsphäre Garantien erforscht werden oder beispielsweise Metriken, wie die hier verwendete Hellinger Distanz (HD) zur Veranschaulichung genutzt werden.

Insgesamt sollten die Erkenntnisse der weiteren Forschungsvertiefungen der Themen in den Gesamtprototyp miteinfließen. So kann dieser als umfassende

Forschungsplattform für medizinische Daten dienen. Eine weitere Betrachtung wäre nicht nur der Einsatz im Bereich der medizinischen Daten, sondern die Ausweitung auf Bereiche außerhalb der Medizin, bei denen sensible persönliche Daten anfallen, die für Auswertungszwecke benötigt werden. Dies können etwa Daten sein, die im Rahmen des autonomen Fahrens erfasst werden oder Datenerfassungen von Arbeiter:innen im Bereich der Produktion. In all diesen Domänen fallen Daten an, für die ein berechtigtes Schutzinteresse besteht und die mit Methoden aus dieser Dissertation datenschutzkonform verarbeitet werden können.

Literatur

Gedruckte Veröffentlichungen

[Abu21] Abujarad, Fuad; Peduzzi, Peter; Mun, Sophia; Carlson, Kristina; Edwards, Chelsea; Dziura, James; Brandt, Cynthia; Alfano, Sandra und Chupp, Geoffrey: „Comparing a Multimedia Digital Informed Consent Tool With Traditional Paper-Based Methods: Randomized Controlled Trial". In: *JMIR Formative Research* 5.10 (Okt. 2021), e20458. doi: 10.2196/20458. url: https://doi.org/10.2196/20458 (siehe S. 84).

[Al 21] Al Aziz, Md Momin; Ahmed, Tanbir; Faequa, Tasnia; Jiang, Xiaoqian; Yao, Yiyu und Mohammed, Noman: „Differentially Private Medical Texts Generation Using Generative Neural Networks". In: *ACM Trans. Comput. Healthcare* 3.1 (2021). doi: 10.1145/3469035 (siehe S. 52).

[Ala21] Alam, Mohammad Arif Ul: Person Re-identification Attack on Wearable Sensing. 2021. arXiv: 2106.11900 [cs.CR] (siehe S. 152).

[Arm15] Armknecht, Frederik; Boyd, Colin; Carr, Christopher; Gjøsteen, Kristian; Jäschke, Angela; Reuter, Christian A. und Strand, Martin: A Guide to Fully Homomorphic Encryption. Cryptology ePrint Archive, Paper 2015/1192. https://eprint.iacr.org/2015/1192. 2015. url: https://eprint.iacr.org/2015/1192 (siehe S. 146).

[Auj07] Aujoulat, Isabelle; d'Hoore, William und Deccache, Alain: Patient empowerment in theory and practice: Polysemy or cacophony? Bd. 66. 1. 2007, S. 13–20 (siehe S. 84).

[Bel18] Bellovin, Steven M.; Dutta, Preetam K. und Reitinger, Nathan: „Privacy and Synthetic Datasets“. In: *SSRN Electronic Journal* (2018). doi: 10.2139/ssrn.3255766 (siehe S. 54).

[Ber15] Bernd, Blobel; Ruotsalainen, Pekka; Lopez, Diego M und Gonzalez, Carolina: „How to Use the HL7 Composite Security and Privacy Domain Analysis Model“. English. In: 3.1 (2015), S. 12–17 (siehe S. 201).

[Bia15] Bialke, M.; Bahls, T.; Havemann, C.; Piegsa, J.; Weitmann, K.; Wegner, T. und Hoffmann, W.: „MOSAIC – A Modular Approach to Data Management in Epidemiological Studies“. In: *Methods of Information in Medicine* 54.04 (2015), S. 364–371 (siehe S. 44).

[Bia18] Bialke, Martin u. a.: „MAGIC: Once upon a time in consent management - A FHIR ® tale“. In: *Journal of Translational Medicine* 16.1 (2018), S. 256. doi: 10.1186/s12967-018-1631-3. url: https://doi.org/10.1186/s12967-018-1631-3 (siehe S. 45).

[Bol16] Bologna, S; Bellavista, A; Corso, PP und Zangara, G: „Electronic Health Record in Italy and Personal Data Protection.“ In: *Eur J Health Law* 23.3 (2016), S. 265–277 (siehe S. 16).

[Bos19] Bossen, Claus; Chen, Yunan und Pine, Kathleen H.: „The emergence of new data work occupations in healthcare: The case of medical scribes“. In: *International Journal of Medical Informatics* 123 (2019), S. 76–83. doi: https://doi.org/10.1016/j.ijmedinf.2019.01.001. url: https://www.sciencedirect.com/science/article/pii/S1386505618304581 (siehe S. 20).

[Bow19] Bowen, Claire McKay und Snoke, Joshua: Comparative Study of Differentially Private Synthetic Data Algorithms from the NIST PSCR Differential Privacy Synthetic Data Challenge. 2019. arXiv: 1911.12704 (siehe S. 52).

[Bra18] Braunstein, Mark L.: Health Informatics on FHIR: How HL7’s New API is Transforming Healthcare. Cham: Springer International Publishing, 2018 (siehe S. 87).

[Buc21] Buchner, Benedikt; Haber, Anna Christine; Hahn, Horst Karl; Prasser, Fabian; Kusch, Harald; Sax, Ulrich und Schmidt, Carsten Oliver: „Das Modell der Datentreuhand in der medizinischen Forschung“. In: *Datenschutz Datensicherheit - DuD* 45.12 (Dez. 2021), S. 806–810 (siehe S. 54).

[Bur18] Burnel, Philippe: „The introduction of electronic medical records in France: More progress during the second attempt“. In: *Health Policy* 122.9 (2018), S. 937–940 (siehe S. 16).

[Car19] Carlini, Nicholas; Liu, Chang; Erlingsson, Úlfar; Kos, Jernej und Song, Dawn: „The Secret Sharer: Evaluating and Testing Unintended Memorization in Neural Networks“. In: *28th USENIX Security Symposium (USENIX Security 19).* Santa Clara, CA: USENIX Association, Aug. 2019, S. 267–284. url: https://www.usenix.org/conference/usenixsecurity19/presentation/carlini (siehe S. 53).

[Cau09] Caulfield, Timothy und Kaye, Jane: „Broad Consent in Biobanking: Reflections on Seemingly Insurmountable Dilemmas“. In: *Medical Law International* 10.2 (1. Sep. 2009), S. 85–100. doi: 10.1177/096853320901000201 (siehe S. 92).

[Cic19] Ciceri, Eleonora: „PAPAYA: A Platform for Privacy Preserving Data Analytics“. In: *ERCIM News* 118 (2019) (siehe S. 43).

[Cum23] Cummings, Rachel u. a.: Challenges towards the Next Frontier in Privacy. 2023. arXiv: 2304.06929 [cs.CR] (siehe S. 203).

[DeM10] DeMeo, Pasquale; Quattrone, Giovanni und Ursino, Domenico: „Integration of the HL7 standard in a multiagent system to support personalized access to e-health services“. In: *IEEE Transactions on Knowledge and Data Engineering* 23.8 (2010), S. 1244–1260 (siehe S. 201).

[Deu20] Deußer, Clemens; Passmann, Steffen und Strufe, Thorsten: „Browsing Unicity: On the Limits of Anonymizing Web Tracking Data“. In: (2020), S. 777–790 (siehe S. 47).

[Du08] Du, Wenliang; Teng, Zhouxuan und Zhu, Zutao: „Privacy-MaxEnt: Integrating Background Knowledge in Privacy Quantification“. In: SIGMOD ’08. Vancouver, Canada, 2008 (siehe S. 50).

[Dum13] Dumortier, Jos und Verhenneman, Griet: „Legal Regulation of Electronic Health Records: A Comparative Analysis of Europe and the US“. In: *eHealth: Legal, Ethical and Governance Challenges*. Berlin, Heidelberg: Springer Berlin Heidelberg, 2013, S. 25–56 (siehe S. 17).

[Dwo06] Dwork, Cynthia: „Differential privacy“. In: *International colloquium on automata, languages, and programming*. Springer. 2006, S. 1–12 (siehe S. 34).

[Dwo14] Dwork, Cynthia und Roth, Aaron: „The Algorithmic Foundations of Differential Privacy“. In: *Found. Trends Theor. Comput. Sci.* 9.3–4 (Aug. 2014), S. 211–407. doi: 10.1561/0400000042. url: https://doi.org/10.1561/0400000042.

[Dwo19] Dwork, Cynthia; Kohli, Nitin und Mulligan, Deirdre: „Differential Privacy in Practice: Expose your Epsilons!“ In: *Journal of Privacy and Confidentiality* 9.2 (Okt. 2019). doi: 10.29012/jpc.689. url: https://journalprivacyconfidentiality.org/index.php/jpc/article/view/689 (siehe S. 202).

[Dyk23] Dyke, Rory; St-John, Edward; Shah, Hemina; Walker, Joseph; Loughran, Dafydd; Anakwe, Raymond und Nathwani, Dinesh: „Comparing shared decision making using a paper and digital consent process. A multi-site, single centre study in a trauma and orthopaedic department“. In: *The Surgeon* 21.4 (Aug. 2023), S. 235–241. doi: 10.1016/j.surge.2022.05.004. url: https://doi.org/10.1016/j.surge.2022.05.004 (siehe S. 84).

[Erl14] Erlingsson, Úlfar; Pihur, Vasyl und Korolova, Aleksandra: „Rappor: Randomized aggregatable privacy-preserving ordinal response“. In: *Proceedings of the 2014 ACM SIGSAC conference on computer and communications security*. 2014, S. 1054–1067 (siehe S. 38, 153).

[Fie00] Fielding, Roy Thomas: „REST: Architectural Styles and the Design of Network-based Software Architectures“. Doctoral dissertation. University of California, Irvine, 2000. url: http://www.ics.uci.edu/~fielding/pubs/dissertation/top.htm (siehe S. 28).

[Frö22] Fröhlich, Wiebke und Spiecker, Indra: „Die breite Einwilligung (Broad Consent) in die Datenverarbeitung zu medizinischen Forschungszwecken – der aktuelle Irrweg der MII“. In: *GesundheitsRecht* 21.6 (2022), S. 346–353 (siehe S. 54, 93).

[Fur01] Furberg, Curt D und Pitt, Bertram. In: *Current Controlled Trials in Cardiovascular Medicine* 2.5 (2001), S. 205. doi: 10.1186/cvm-2-5-205. url: https://doi.org/10.1186/cvm-2-5-205 (siehe S. 12).

[Gar22] Garfinkel, Simson: „Differential Privacy and the 2020 US Census“. In: *MIT Case Studies in Social and Ethical Responsibilities of Computing* Winter 2022 (Jan. 2022). doi: 10.21428/2c646de5.7ec6ab93 (siehe S. 180).

[Gen17] Gentili, Michele; Hajian, Sara und Castillo, Carlos: „A Case Study of Anonymization of Medical Surveys“. In: *Proceedings of the 2017 International Conference on Digital Health.* DH '17. London, United Kingdom: Association for Computing Machinery, 2017, S. 77–81. doi: 10.1145/3079452.3079490 (siehe S. 50).

[Har12] Hardt, Moritz; Ligett, Katrina und McSherry, Frank: „A simple and practical algorithm for differentially private data release“. In: *Advances in neural information processing systems* 25 (2012) (siehe S. 39).

[Hei11] Heinze, Oliver; Birkle, Markus; Köster, Lennart und Bergh, Björn: „Architecture of a consent management suite and integration into IHE-based regional health information networks“. In: *BMC Medical Informatics and Decision Making* 11.1 (Dez. 2011), S. 58. doi: 10.1186/1472-6947-11-58. url: https:

//bmcmedinformdecismak.biomedcentral.com/articles/10.1186/1472-6947-11-58 (siehe S. 45).

[Hil15] Hill, Raquel: „Evaluating the Utility of Differential Privacy: A Use Case Study of a Behavioral Science Dataset“. In: *Medical Data Privacy Handbook.* Springer, 2015, S. 59–82 (siehe S. 50).

[Hoe14] Hoeksma, J: „The NHS's care.data scheme: what are the risks to privacy“. In: *BMJ* 348 (2014) (siehe S. 17).

[Hu15] Hu, Vincent C.; Kuhn, D. Richard; Ferraiolo, David F. und Voas, Jeffrey: „Attribute-Based Access Control“. In: *Computer* 48.2 (2015), S. 85–88. doi: 10.1109/MC.2015.33 (siehe S. 40).

[Iwa19] Iwaya, Leonardo H; Li, Jane; Fischer-Hübner, Simone; Åhlfeldt, Rose-Mharie und Martucci, Leonardo A: „E-Consent for Data Privacy: Consent Management for Mobile Health Technologies in Public Health Surveys and Disease Surveillance“. In: *17th World Congress of Medical and Health Informatics (MEDINFO), Lyon, France, 25 to 30 August 2019.* Bd. 264. IOS Press. 2019, S. 1223–1227 (siehe S. 47).

[Izm18] Izmailova, Elena S; Wagner, John A und Perakslis, Eric D: „Wearable devices in clinical trials: hype and hypothesis“. In: *Clinical Pharmacology & Therapeutics* 104.1 (2018), S. 42–52 (siehe S. 150).

[Jan18] Janmey, Victor und Elkin, Peter L: „Re-identification risk in HIPAA de-identified datasets: The MVA attack“. In: *AMIA Annual Symposium Proceedings.* Bd. 2018. American Medical Informatics Association. 2018, S. 1329.

[Jay57a] Jaynes, E. T.: „Information Theory and Statistical Mechanics“. In: *Physical Review* 106.4 (Mai 1957), S. 620–630. doi: 10.1103/PhysRev.106.620 (siehe S. 124).

[Jay57b] Jaynes, E. T.: „Information Theory and Statistical Mechanics. II“. In: *Physical Review* 108.2 (Okt. 1957), S. 171–190. doi: 10.1103/PhysRev.108.171 (siehe S. 124).

[Kar19] Kartal, Hasan B.; Liu, Xiaoping und Li, Xiao-Bai: „Differential Privacy for the Vast Majority“. In: *ACM Transactions on Management Information Systems* 10.2 (Juni 2019), S. 1–15. doi: 10.1145/3329717. url: https://doi.org/10.1145/3329717 (siehe S. 35).

[Kel09] Kelley, Patrick Gage; Bresee, Joanna; Cranor, Lorrie Faith und Reeder, Robert W.: „A “nutrition label” for privacy“. In: (2009) (siehe S. 49).

[Kho14] Khokhar, Rashid Hussain; Chen, Rui; Fung, Benjamin C.M. und Lui, Siu Man: „Quantifying the Costs and Benefits of Privacy-Preserving Health Data Publishing.“ In: Bd. 50. 2014 (siehe S. 48, 68).

[Kim18] Kim, Jong Wook; Jang, Beakcheol und Yoo, Hoon: „Privacy-preserving aggregation of personal health data streams“. In: *PloS one* 13.11 (2018), e0207639 (siehe S. 50).

[Kim19] Kim, Jong Wook; Lim, Jong Hyun; Moon, Su Mee und Jang, Beakcheol: „Collecting health lifelog data from smartwatch users in a privacy-preserving manner“. In: *IEEE Transactions on Consumer Electronics* 65.3 (2019), S. 369–378 (siehe S. 50).

[Küh20] Kühling, Jürgen: „Gesundheitsdatenschutzrecht im Zeitalter von „Big Data““. In: *Datenschutz Datensicherheit - DuD* 44.3 (März 2020), S. 182–188 (siehe S. 54).

[Lab15] Lablans, Martin; Borg, Andreas und Ückert, Frank: „A RESTful interface to pseudonymization services in modern web applications“. In: *BMC Medical Informatics and Decision Making* 15.1 (Feb. 2015). doi: 10.1186/s12911-014-0123-5 (siehe S. 44).

[Lau18] Laux, Helmut; Gillenkirch, Robert M. und Schenk-Mathes, Heike Y.: Entscheidungstheorie. Springer Berlin Heidelberg, 2018. doi: 10.1007/978-3-662-57818-6. url: https://doi.org/10.1007/978-3-662-57818-6 (siehe S. 121).

[Lee11] LEE, Jaewoo und CLIFTON, Chris: „How Much Is Enough? Choosing ϵ for Differential Privacy". In: *Lecture Notes in Computer Science.* Springer Berlin Heidelberg, 2011, S. 325–340. DOI: 10.1007/978-3-642-24861-0_22. URL: https://doi.org/10.1007/978-3-642-24861-0_22 (siehe S. 35).

[Li19] LI, Szu-Chuang; TAI, Bo-Chen und HUANG, Yennun: „Evaluating variational autoencoder as a private data release mechanism for tabular data". In: *2019 IEEE 24th Pacific Rim International Symposium on Dependable Computing (PRDC).* IEEE. 2019, S. 198–1988 (siehe S. 39).

[Lin16] LIN, Chi; SONG, Zihao; SONG, Houbing; ZHOU, Yanhong; WANG, Yi und WU, Guowei: „Differential privacy preserving in big data analytics for connected health". In: *Journal of medical systems* 40.4 (2016), S. 97 (siehe S. 50).

[Mac07] MACHANAVAJJHALA, Ashwin; KIFER, Daniel; GEHRKE, Johannes und VENKITASUBRAMANIAM, Muthuramakrishnan: „ℓ-diversity: Privacy Beyond k-Anonymity". In: *ACM Transactions on Knowledge Discovery from Data* 1.1 (März 2007), S. 3. DOI: 10.1145/1217299.1217302 (siehe S. 31, 33).

[Mam20] MAMO, Nicholas; MARTIN, Gillian M.; DESIRA, Maria; ELLUL, Bridget und EBEJER, Jean-Paul: „Dwarna: a blockchain solution for dynamic consent in biobanking". In: *European Journal of Human Genetics* 28.5 (Mai 2020), S. 609–626. DOI: 10.1038/s41431-019-0560-9 (siehe S. 46).

[Maz23] MAZZOCHI, Ana Teresita; DENNIS, Martin und CHUN, Ho-Yan Yvonne: „Electronic informed consent: effects on enrolment, practical and economic benefits, challenges, and drawbacks—a systematic review of studies within randomized controlled trials". In: *Trials* 24.1 (Feb. 2023). DOI: 10.1186/s13063-022-06959-6. URL: https://doi.org/10.1186/s13063-022-06959-6 (siehe S. 84).

[Men17] Mense, Alexander und Blobel, Bernd: „HL7 standards and components to support implementation of the European general data protection regulation“. In: *European Journal for Biomedical Informatics* 13.1 (2017), S. 27–33 (siehe S. 201).

[Mon13] Montjoye et al., Yves-Alexandre de: „Unique in the Crowd: The privacy bounds of human mobility“. In: *Scientific Reports* 3 (2013) (siehe S. 48).

[Mor18] Morris, K; Yamamoto, G; Hiragi, S; Ohtera, S; Sakai, M; Sugiyama, O; Okamoto, K; Nambu, M und Kuroda, T: „Designing an Authorization System Based on Patient Privacy Preferences in Japan.“ In: *Stud Health Technol Inform* 247 (2018), S. 71–75 (siehe S. 18).

[Nan23] Nanayakkara, Priyanka; Smart, Mary Anne; Cummings, Rachel; Kaptchuk, Gabriel und Redmiles, Elissa: What Are the Chances? Explaining the Epsilon Parameter in Differential Privacy. 2023. arXiv: 2303.00738 [cs.CR] (siehe S. 203).

[Ott18] Otto, Boris; Ten Hompel, Michael und Wrobel, Stefan: „Industrial data space: referenzarchitektur für die digitalisierung der wirtschaft“. In: *Digitalisierung: Schlüsseltechnologien für Wirtschaft und Gesellschaft* (2018), S. 113–133.

[Pap18] Papernot, Nicolas; Song, Shuang; Mironov, Ilya; Raghunathan, Ananth; Talwar, Kunal und Erlingsson, Úlfar: „Scalable private learning with pate“. In: *arXiv preprint arXiv:1802.08908* (2018) (siehe S. 40).

[Pet10] Petrini, Carlo: „"Broad" consent, exceptions to consent and the question of using biological samples for research purposes different from the initial collection purpose“. In: *Social Science & Medicine* 70.2 (Jan. 2010), S. 217–220. doi: 10.1016/j.socscimed.2009.10.004 (siehe S. 92).

[Pin17] Ping, Haoyue; Stoyanovich, Julia und Howe, Bill: „DataSynthesizer: Privacy-Preserving Synthetic Datasets“. In: *Proceedings of the 29th International Conference on Scientific and Statistical Database Management.* SSDBM '17. Chicago, IL, USA:

Association for Computing Machinery, 2017. DOI: 10.1145/3085504.3091117 (siehe S. 52).

[Pom04] POMMERENING, K und RENG, M: „Secondary use of the EHR via pseudonymisation." In: *Stud Health Technol Inform* 103 (2004), S. 441–446 (siehe S. 68, 77).

[Pra20] PRASSER, Fabian; EICHER, Johanna; SPENGLER, Helmut; BILD, Raffael und KUHN, Klaus A.: „Flexible data anonymization using ARX—Current status and challenges ahead". In: *Software: Practice and Experience* 50.7 (Feb. 2020), S. 1277–1304. DOI: 10.1002/spe.2812 (siehe S. 44).

[Pri20] PRICTOR, Megan u. a.: „Dynamic Consent: An Evaluation and Reporting Framework". In: *Journal of Empirical Research on Human Research Ethics* 15.3 (1. Juli 2020), S. 175–186. DOI: 10.1177/1556264619887073 (siehe S. 93).

[Ram17] RAMOS, S Raquel: „User-centered Design, Experience, and Usability of an e-Consent User Interface to Facilitate Informed Decision Making in an HIV Clinic". In: *Computers, informatics, nursing: CIN* 35.11 (2017), S. 556 (siehe S. 47).

[Rob20b] ROBINS, Daniel; BRODY, Rachel; JEONG, In Cheol; PARVANOVA, Irena; LIU, Jiazhen und FINKELSTEIN, Joseph: „Towards a Highly Usable, Mobile Electronic Platform for Patient Recruitment and Consent Management." In: *MIE.* 2020, S. 1066–1070 (siehe S. 47).

[Ros20] ROSENBLATT, Lucas; LIU, Xiaoyan; POUYANFAR, Samira; LEON, Eduardo de; DESAI, Anuj und ALLEN, Joshua: „Differentially private synthetic data: Applied evaluations and enhancements". In: *arXiv preprint arXiv:2011.05537* (2020) (siehe S. 39, 40, 52, 179).

[Rub93] RUBIN, Donald B: „Statistical disclosure limitation". In: *Journal of official Statistics* 9.2 (1993), S. 461–468 (siehe S. 38).

[Sar22] Sarwar, Tabinda; Seifollahi, Sattar; Chan, Jeffrey; Zhang, Xiuzhen; Aksakalli, Vural; Hudson, Irene; Verspoor, Karin und Cavedon, Lawrence: „The Secondary Use of Electronic Health Records for Data Mining: Data Characteristics and Challenges“. In: *ACM Comput. Surv.* 55.2 (Jan. 2022). doi: 10.1145/3490234. url: https://doi.org/10.1145/3490234 (siehe S. 20).

[Sch18] Schreiweis, Bjoern; Bronsch, Tobias; Merzweiler, Angela und Bergh, Bjoern: „Implementing modular research consents using IHE advanced patient privacy consents“. In: *Studies in Health Technology and Informatics* 247 (2018), S. 840–844. doi: 10.3233/978-1-61499-852-5-840 (siehe S. 45).

[Sha81] Shackel, B: „1984. The concept of usability“. In: *Proceedings of the IBM Software and Information Usability Symposium. IBM Corporation, Poughkeepsie, NY.* 1981, S. 1–30 (siehe S. 132).

[Sim84] Simitis, Spiros: „Die informationelle Selbstbestimmung - Grundbedingung einer verfassungskonformen Informationsordnung“. ger. In: *Neue Juristische Wochenzeitschrift* (1984), S. 398 (siehe S. 60).

[Soc15] Soceanu, Alexandru; Vasylenko, Maksym; Egner, Alexandru und Muntean, Traian: „Managing the privacy and security of eHealth data“. In: *Proceedings - 2015 20th International Conference on Control Systems and Computer Science, CSCS 2015* (2015), S. 439–446. doi: 10.1109/CSCS.2015.76 (siehe S. 46).

[Sta05] Staemmler, Martin: „Die elektronische Gesundheitskarte“. In: *Public Health Forum.* Bd. 13. 3. De Gruyter. 2005, S. 18–20 (siehe S. 12).

[Sta20] Stadler, Theresa; Oprisanu, Bristena und Troncoso, Carmela: Synthetic Data – Anonymisation Groundhog Day. 2020. arXiv: 2011.07018 (siehe S. 51).

[Sta23] STACHWITZ, Philipp und DEBATIN, Jörg F.: „Digitalisierung im Gesundheitswesen: heute und in Zukunft“. In: *Bundesgesundheitsblatt - Gesundheitsforschung - Gesundheitsschutz* 66.2 (Jan. 2023), S. 105–113. DOI: 10.1007/s00103-022-03642-8. URL: https://doi.org/10.1007/s00103-022-03642-8 (siehe S. 1, 209).

[Swe02] SWEENEY, Latanya: „k-Anonymity: A Model for Protecting Privacy“. In: *International Journal of Uncertainty, Fuzziness and Knowledge-Based Systems* 10.05 (Okt. 2002), S. 557–570. DOI: 10.1142/s0218488502001648 (siehe S. 3, 31).

[Swe17] SWEENEY, Latanya; YOO, Ji Su; PEROVICH, Laura; BORONOW, Katherine E; BROWN, Phil und BRODY, Julia Green: „Reidentification Risks in HIPAA Safe Harbor Data: A study of data from one environmental health study“. In: *Technology science* 2017 (2017).

[Tea15] TEARE, Harriet JA; MORRISON, Michael; WHITLEY, Edgar A und KAYE, Jane: „Towards 'Engagement 2.0': Insights from a study of dynamic consent with biobank participants“. In: *DIGITAL HEALTH* 1 (1. Jan. 2015). DOI: 10.1177/2055207615605644 (siehe S. 94).

[Tes18] TESFAY, Welderufael B.; HOFMANN, Peter; NAKAMURA, Toru; KIYOMOTO, Shinsaku und SERNA, Jetzabel: „PrivacyGuide“. In: (2018).

[Tia20] TIAN, Chunlan; ZHANG, Chongmin; HUANG, Wanli und WANG, Hao: „Secure User Privacy in Population Physique Clustering and Prediction Based on Sport Questionnaires“. In: *IEEE Access* 8 (2020), S. 171560–171567. DOI: 10.1109/ACCESS.2020.3022404 (siehe S. 51).

[Tit20] TITH, Dara; LEE, Joong-Sun; SUZUKI, Hiroyuki; WIJESUNDARA, W. M. a. B.; TAIRA, Naoko; OBI, Takashi und OHYAMA, Nagaaki: „Patient Consent Management by a Purpose-Based Consent Model for Electronic Health Record Based on Blockchain

Technology“. In: *Healthcare Informatics Research* 26.4 (31. Okt. 2020), S. 265–273. DOI: 10.4258/hir.2020.26.4.265 (siehe S. 46).

[Vee11] VEENINGEN, Meilof; WEGER, Benne de und ZANNONE, Nicola: „Formal Privacy Analysis of Communication Protocols for Identity Management“. In: *Information Systems Security: Lecture Notes in Computer Science.* Berlin, Heidelberg: Springer Berlin Heidelberg, 2011, S. 235–249 (siehe S. 68).

[Vee13] VEENINGEN, Meilof; WEGER, Benne de und ZANNONE, Nicola: „Formal Modelling of (De)Pseudonymisation: A Case Study in Health Care Privacy“. In: *Security and Trust Management: Lecture Notes in Computer Science.* Berlin, Heidelberg: Springer Berlin Heidelberg, 2013, S. 145–160 (siehe S. 48, 68).

[Ver14] VERSPOOR, K. und MARTIN-SANCHEZ, F.: „Big Data in Medicine Is Driving Big Changes“. In: *Yearbook of Medical Informatics* 23.01 (Aug. 2014), S. 14–20. DOI: 10.15265/iy-2014-0020. URL: https://doi.org/10.15265/iy-2014-0020 (siehe S. 2).

[Ver21] VERREYDT, Stef; YSKOUT, Koen und JOOSEN, Wouter: „Security and Privacy Requirements for Electronic Consent“. In: *ACM Transactions on Computing for Healthcare* 2 (2021), S. 1–24 (siehe S. 46).

[Wan15] WAN, Z; VOROBEYCHIK, Y; XIA, W; CLAYTON, EW; KANTARCIOGLU, M; GANTA, R; HEATHERLY, R und MALIN, BA: „A game theoretic framework for analyzing re-identification risk.“ In: *PLoS One* 10.3 (2015), e0120592 (siehe S. 49).

[Wan18a] WANG, Dan; GUO, Bing und SHEN, Yan: „Method for measuring the privacy level of pre-published dataset“. In: *IET Inf. Secur.* 12.5 (2018), S. 425–430 (siehe S. 49).

[Wan18b] WANG, Zhiqiang; MA, Pingchuan; WANG, Ruming; ZHANG, Jianyi; CHI, Yaping; MA, Yanzhe und YANG, Tao: „Secure Medical Data Collection via Local Differential Privacy“. In: *2018 IEEE 4th International Conference on Computer and Communications (ICCC).* IEEE. 2018, S. 2446–2450 (siehe S. 50).

[War65] WARNER, Stanley L: „Randomized response: A survey technique for eliminating evasive answer bias“. In: *Journal of the American Statistical Association* 60.309 (1965), S. 63–69 (siehe S. 153).

[Wei20] WEICHERT, Thilo: „“Datentransparenz” und Datenschutz“. In: *Medizinrecht* 38.7 (Juli 2020), S. 539–546. DOI: 10.1007/s00350-020-5585-0. URL: http://dx.doi.org/10.1007/s00350-020-5585-0 (siehe S. 59).

[Xu19] XU, Lei; SKOULARIDOU, Maria; CUESTA-INFANTE, Alfredo und VEERAMACHANENI, Kalyan: „Modeling tabular data using conditional gan“. In: *Advances in Neural Information Processing Systems* 32 (2019) (siehe S. 39).

[Yig16] YIGZAW, Kassaye Yitbarek; MICHALAS, Antonis und BELLIKA, Johan Gustav: „Secure and Scalable Statistical Computation of Questionnaire Data in R“. In: *IEEE Access* 4 (2016), S. 4635–4645. DOI: 10.1109/ACCESS.2016.2599851 (siehe S. 51).

Online Veröffentlichungen

[Age17] AGENCY, European Medicines: External Guidance on the Implementation of the European Medicines Agency Policy on the Publication of Clinical Data for Medicinal Products for Human Use. (Letzter Aufruf am: 27.11.2023). 2017. URL: https://www.ema.europa.eu/en/documents/regulatory-procedural-guideline/external-guidance-implementation-european-medicines-agency-policy-publication-clinical-data_en-1.pdf (siehe S. 33).

[BfDI20] DER BUNDESBEAUFTRAGE FÜR DEN DATENSCHUTZ UND DIE INFORMATIONSFREIHEIT: 29. Tätigkeitsbericht für den Datenschutz und die Informationsfreiheit. (Letzter Aufruf am: 27.11.2023). 2020. URL: https://www.bfdi.bund.de/SharedDocs/Downloads/DE/Taetigkeitsberichte/29TB_20.pdf?__blob=publicationFile&v=3 (siehe S. 13).

[BMG23] Bundesministerium für Gesundheit: Pressemitteilung: Bundesgesundheitsminister legt Digitalisierungsstrategie vor: „Moderne Medizin braucht digitale Hilfe". (Letzter Aufruf am: 27.11.2023). 2023. url: https://www.bundesgesundheitsministerium.de/presse/pressemitteilungen/digitalisierungsstrategie-vorgelegt-09-03-2023.html (siehe S. 59).

[BMI72] Der Bundesminister des Innern: Schutz der Privatsphäre - Kleine Anfrage der Fraktionen der SPD, FDP. (Letzter Aufruf am: 27.11.2023). 1972. url: https://dserver.bundestag.de/btd/06/038/0603826.pdf (siehe S. 60).

[BRD19] Bundesrepublik Deutschland: Gesetz für eine bessere Versorgung durch Digitalisierung und Innovation (Digitale-Versorgung-Gesetz – DVG). (Letzter Aufruf am: 27.11.2023). 2019. url: https://www.bgbl.de/xaver/bgbl/text.xav?SID=&tf=xaver.component.Text_0&tocf=&qmf=&hlf=xaver.component.Hitlist_0&bk=bgbl&start=%2F%2F*%5B%40node_id%3D%27941585%27%5D&skin=pdf&tlevel=-2&nohist=1&sinst=EBB0DF5B (siehe S. 14, 58).

[BRD20] Bundesrepublik Deutschland: Gesetz zum Schutz elektronischer Patientendaten in der Telematikinfrastruktur (Patientendaten-Schutz-Gesetz – PDSG). (Letzter Aufruf am: 27.11.2023). 2020. url: https://www.bundesgesundheitsministerium.de/fileadmin/Dateien/3_Downloads/Gesetze_und_Verordnungen/GuV/P/PDSG_bgbl.pdf (siehe S. 59).

[BRD22] Bundesrepublik Deutschland: Grundgesetz für die Bundesrepublik Deutschland. (Letzter Aufruf am: 27.11.2023). 2022. url: https://www.gesetze-im-internet.de/gg/GG.pdf (siehe S. 60).

[BVerfG20] Bundesverfassungsgericht: Beschluss der 2. Kammer des Ersten Senats vom 19. März 2020. (Letzter Aufruf am: 27.11.2023). 2020. url: https://www.bundesverfassungsgericht.

de/SharedDocs/Entscheidungen/DE/2020/03/qk20200319_1bvq000120.html (siehe S. 61).

[BVerfG83] Bundesverfassungsgericht: Volkszählungsurteil - Urteil des Ersten Senats vom 15. Dezember 1983 - 1 BvR 209/83 - , Rn. 1-215. (Letzter Aufruf am: 27.11.2023). 1983. url: http://www.bverfg.de/e/rs19831215_1bvr020983.html (siehe S. 60).

[DHS11] Health, Department of und Care, Social: The power of information: giving people control of the health and care information they need. (Letzter Aufruf am: 27.11.2023). 2012. url: https://assets.publishing.service.gov.uk/government/uploads/system/uploads/attachment_data/file/213689/dh_134205.pdf (siehe S. 16).

[DSK22] Konferenz der unabhängigen Datenschutzaufsichtsbehörden des Bundes und der Länder: Standard-Datenschutzmodell. (Letzter Aufruf am: 27.11.2023). 24. Nov. 2022. url: https://www.datenschutzzentrum.de/uploads/sdm/SDM-Methode_V3.pdf (siehe S. 69).

[Eco11] Ministère de l'Économie des Finances et de la Relance: France numérique 2012-2020. (Letzter Aufruf am: 27.11.2023). 2011. url: https://www.economie.gouv.fr/files/files/import/2011_france_numerique_consultation/2011_francenumerique2020objectifs.pdf (siehe S. 15).

[Eth17] Deutscher Ethikrat: Stellungnahme: Big Data und Gesundheit – Datensouveränität als informationelle Freiheitsgestaltung. (Letzter Aufruf am: 27.11.2023). 2017. url: https://www.ethikrat.org/fileadmin/Publikationen/Stellungnahmen/deutsch/stellungnahme-big-data-und-gesundheit.pdf (siehe S. 61).

[Fra] Fraser, Ed: RFC 2196: Site Security Handbook. (Letzter Aufruf am: 27.11.2023). url: https://tools.ietf.org/html/rfc3198 (siehe S. 40).

[Fur16] Furberg, Robert; Brinton, Julia; Keating, Michael und Ortiz, Alexa: Crowd-sourced Fitbit datasets 03.12.2016-05.12.2016. Zenodo, Mai 2016. doi: 10.5281/zenodo.53894 (siehe S. 156).

[Gem21a] Gematik: Implementierungsleitfaden Primärsysteme – Elektronische Patientenakte (ePA Stufe 1) (V1.4.3). (Letzter Aufruf am:27.11.2023). 2021. url: https://fachportal.gematik.de/fileadmin/Fachportal/Downloadcenter/Implementierungsleitfaeden/gemILF_PS_ePA_V1.4.3.pdf (siehe S. 13).

[Gem21b] Gematik: MIO-Baukasten. (Letzter Aufruf am: 27.11.2023). 2021. url: https://fachportal.gematik.de/fileadmin/Fachportal/Anwendungen/MIO/gemInfo_MIO-Baukasten_V1.0.0.pdf (siehe S. 23, 24).

[Gem21c] Gematik: Whitepaper Telematikinfrastruktur 2.0 für ein föderalistisch vernetztes Gesundheitssystem. (Letzter Aufruf am: 27.11.2023). 2021. url: https://www.gematik.de/media/gematik/Medien/Telematikinfrastruktur/Dokumente/gematik_Whitepaper_Arena_digitale_Medizin_TI_2.0_Web.pdf (siehe S. 13).

[Gem22] Gematik: Spezifikation ePA-Dokumentenverwaltung (V1.11.4). (Letzter Aufruf am:27.11.2023). 2022. url: https://fachportal.gematik.de/fachportal-import/files/gemSpec_Dokumentenverwaltung_V1.11.4.pdf (siehe S. 13, 96).

[Ger22] German Science And Humanities Council: „Digitalisierung und Datennutzung für Gesundheitsforschung und Versorgung - Positionen und Empfehlungen | Positionspapier“. In: (2022). doi: 10.57674/BXKZ-8407. url: https://www.wissenschaftsrat.de/download/2022/9825-22.html (siehe S. 1).

[HL7a] HL7: HL7 Standards - Section 1d: Version 2 (V2). (Letzter Aufruf am: 27.11.2023). url: https://www.hl7.org/implement/standards/product_section.cfm?section=13 (siehe S. 21).

[HL7b] HL7: HL7 Standards - Section 1e: Version 3 (V3). (Letzter Aufruf am: 27.11.2023). URL: https://www.hl7.org/implement/standards/product_section.cfm?section=14 (siehe S. 21).

[Int19a] INTEGRATING THE HEALTHCARE ENTERPRISE (IHE) INITIATIVE: Advanced Patient Privacy Consents Specification. https://wiki.ihe.net/index.php/Advanced_Patient_Privacy_Consents. (Letzter Aufruf am: 27.11.2023). 2019 (siehe S. 85).

[Int19b] INTEGRATING THE HEALTHCARE ENTERPRISE (IHE) INITIATIVE: Basic Patient Privacy Consents Specification. https://wiki.ihe.net/index.php/Basic_Patient_Privacy_Consents. (Letzter Aufruf am: 27.11.2023). 2019 (siehe S. 85).

[Med20] MEDIZININFORMATIK-INITIATIVE: Medizininformatik-Initiative erhaelt gruenes Licht fuer bundesweite Patienteneinwilligung. (Letzter Aufruf am: 27.11.2023). 2020. URL: https://www.medizininformatik-initiative.de/de/medizininformatik-initiative-erhaelt-gruenes-licht-fuer-bundesweite-patienteneinwilligung (siehe S. 92).

[Mon12] MONT, Marco Casassa; SHARMA, Vaibhav und PEARSON, Siani: EnCoRe: Dynamic Consent, Policy Enforcement and Accountable Information Sharing within and across Organisations. (Letzter Aufruf am: 27.11.2023). 2012. URL: https://www.hpl.hp.com/techreports/2012/HPL-2012-36.pdf (siehe S. 93).

[Net] NETWORK WORKING GROUP: RFC 3198: Terminology for Policy-Based Management. (Letzter Aufruf am: 27.11.2023). URL: https://tools.ietf.org/html/rfc3198 (siehe S. 41).

[Osw13] OSWALD, Malcolm: Isb1523: Anonymisation Standard for Publishing Health and Social Care Data. (Letzter Aufruf am: 27.11.2023). 2013. URL: https://digital.nhs.uk/data-and-information/information-standards/information-standards-and-data-collections-including-extractions/publications-and-notifications/standards-and-collections/isb1523-anonymisation-standard-for-publishing-health-and-social-care-data (siehe S. 33).

[Ota17] Otake, Tomoko: Medical big data to be pooled for disease research and drug development in Japan. (Letzter Aufruf am: 27.11.2023). 2017. url: https://www.japantimes.co.jp/news/2017/05/15/reference/medical-big-data-pooled-disease-research-drug-development-japan/ (siehe S. 18).

[Rob20a] Robert Koch Institut: Corona Datenspende App. https://corona-datenspende.de. (Letzter Aufruf am: 27.11.2023). 2020 (siehe S. 151, 157).

[SGBV] Bundesrepublik Deutschland: Sozialgesetzbuch (SGB) Fünftes Buch (V). (Letzter Aufruf am: 27.11.2023). 2023. url: https://www.gesetze-im-internet.de/sgb_5/ (siehe S. 62).

[TMF19] Technologie- und Methodenplattform für die vernetzte medizinische Forschung e.V. (TMF): Deutliche Mehrheit der Deutschen bereit zur Datenspende für die medizinische Forschung. (Letzter Aufruf am: 27.11.2023). 2019. url: https://www.tmf-ev.de/news/forsa-umfrage-2019-datenspende-fuer-die-forschung (siehe S. 4).

[WHO19] World Health Organization: Directory of eHealth policies. (Archive.org Schnapschuss vom 20.01.2022; Letzter Aufruf am: 27.11.2023). 2019. url: https://web.archive.org/web/20220120230558/http://www.who.int/goe/policies/countries/en/ (siehe S. 15).

Eigene Publikationen

[App19] Appenzeller, Arno: „Towards a Privacy Compliant Research Interface for Multicenter Medical Data“. Englisch. In: *Proceedings of the 2019 Joint Workshop of Fraunhofer IOSB and Institute for Anthropomatics, Vision and Fusion Laboratory. Ed.: J. Beyerer; T. Zander.* Bd. 45. Karlsruher Schriften zur Anthropomatik / Lehrstuhl für Interaktive Echtzeitsysteme, Karlsruher Institut für Technologie ; Fraunhofer-Inst. für Optronik, Systemtechnik und Bildauswertung IOSB Karlsruhe. KIT Scientific Publishing, 2019, S. 1–13 (siehe S. 145).

[App20a] Appenzeller, Arno; Krempel, Erik; Birnstill, Pascal und Beyerer, Jürgen: „Multi-user authorization for simultaneous collaborative situation analysis workspaces using XACML“. Englisch. In: *Counterterrorism, Crime Fighting, Forensics, and Surveillance Technologies IV, 21-25 September 2020 (Teilkonferenz von SPIE Security + Defence Digital Forum 2020). Ed.: H. Bouma.* Counterterrorism, Crime Fighting, Forensics, and Surveillance Technologies. 2020 (Online, 21.–25. Sep. 2020). Bd. 11542. Proceedings of SPIE. SPIE, 2020, Art.–Nr.: 1154207. doi: 10.1117/12.2570824.

[App20b] Appenzeller, Arno; Rode, Ewald; Krempel, Erik und Beyerer, Jürgen: „Enabling Data Sovereignty for Patients through Digital Consent Enforcement“. Englisch. In: *PETRA '20: Proceedings of the 13th ACM International Conference on PErvasive Technologies Related to Assistive Environments, 30 June - 3 July 2020.* Association for Computing Machinery (ACM), 2020, Article No.: 33. doi: 10.1145/3389189.3393745 (siehe S. 84).

[App21a] Appenzeller, Arno: „Privacy and Patient Involvement in e-Health Worldwide: An International Analysis“. Englisch. In: *Proceedings of the 2020 Joint Workshop of Fraunhofer IOSB and Institute for Anthropomatics, Vision and Fusion Laboratory. Ed.: J. Beyerer; T. Zander.* Bd. 51. Karlsruher Schriften zur Anthropomatik / Lehrstuhl für Interaktive Echtzeitsysteme, Karlsruher Institut für Technologie ; Fraunhofer-Inst. für Optronik, Systemtechnik und Bildauswertung IOSB Karlsruhe. KIT Scientific Publishing, 2021, S. 1–17 (siehe S. 15).

[App21b] Appenzeller, Arno; Bartholomaus, Sebastian; Breitschwerdt, Rudiger; Claussen, Carsten; Geisler, Sandra; Hartz, Tobias; Kachel, Philipp; Krempel, Erik; Robert, Sebastian und Zeissig, Sylke Ruth: „Towards Distributed Healthcare Systems – Virtual Data Pooling Between Cancer Registries as Backbone of Care and Research“. Englisch. In: *2021 IEEE/ACS 18th International Conference on Computer Systems and Applications (AICCSA), Tangier, Morocco, 30 Nov.-3 Dec. 2021.* 18th IEEE/ACS International Conference on Computer Systems and Applications. AICCSA 2021 (Tanger, Marokko, 30. Nov.–3. Dez. 2021). Institute of Electrical and Electronics Engineers (IEEE), 2021, S. 1–8. doi: 10.1109/AICCSA53542.2021.9686918.

[App21c] Appenzeller, Arno; Kadow, Thomas; Krempel, Erik und Beyer, Jürgen: „CPIQ - A Privacy Impact Quantification for Digital Medical Consent“. Englisch. In: *PETRA '21: The 14th PErvasive Technologies Related to Assistive Environments Conference Corfu Greece 29 June, 2021- 2 July, 2021.* 14th PErvasive Technologies Related to Assistive Environments Conference. PETRA 2021 (Korfu, Griechenland, 29. Juni–2. Juli 2021). Association for Computing Machinery (ACM), 2021, S. 534–543. doi: 10.1145/3453892.3461653 (siehe S. 84).

[App22a] Appenzeller, Arno: „Using Maximum Entropy to Extend a Consent Privacy Impact Quantification“. Englisch. In: *Proceedings of the 2021 Joint Workshop of Fraunhofer IOSB and Institute for Anthropomatics, Vision and Fusion Laboratory.* Joint Workshop of Fraunhofer IOSB and Institute for Anthropomatics, Vision and Fusion Laboratory. 2021 (Karlsruhe, Deutschland, 2.–6. Juli 2021). Bd. 54. Karlsruher Schriften zur Anthropomatik / Lehrstuhl für Interaktive Echtzeitsysteme, Karlsruher Institut für Technologie ; Fraunhofer-Inst. für Optronik, Systemtechnik und Bildauswertung IOSB Karlsruhe. Karlsruher Institut für Technologie (KIT), 2022, S. 1–19 (siehe S. 84).

[App22b] Appenzeller, Arno; Hornung, Marina; Kadow, Thomas; Krempel, Erik und Beyerer, Jürgen: „Sovereign Digital Consent through Privacy Impact Quantification and Dynamic Consent“. Englisch. In: *Technologies* 10.1 (2022), Article no: 35. doi: 10.3390/technologies10010035 (siehe S. 84).

[App22c] Appenzeller, Arno; Leitner, Moritz; Philipp, Patrick; Krempel, Erik und Beyerer, Jürgen: „Privacy and Utility of Private Synthetic Data for Medical Data Analyses“. Englisch. In: *Applied Sciences* 12.23 (2022), Article no: 12320. doi: 10.3390/app122312320 (siehe S. 145).

[App22d] Appenzeller, Arno; Terzer, Nick; Krempel, Erik und Beyerer, Jürgen: „Towards Private Medical Data Donations by Using Privacy Preserving Technologies“. Englisch. In: *The15th International Conference on PErvasive Technologies Related to Assistive Environments.* 15th International Conference on Pervasive Technologies Related to Assistive Environments. 2022 (Korfu, Griechenland, 29. Juni–1. Juli 2022). PETRA ’22: Proceedings of the 15th International Conference on PErvasive Technologies Related to Assistive Environments. Association for Computing Machinery (ACM), 2022, S. 446–454. doi: 10.1145/3529190.3534768 (siehe S. 145).

[App23a] APPENZELLER, Arno; BALDUF, Falk und BEYERER, Jürgen: „Usability for Data Sovereignty - Evaluation of Privacy Risk Quantification Interfaces“. In: *Proceedings of the 16th International Conference on PErvasive Technologies Related to Assistive Environments.* PETRA '23. Corfu, Greece: Association for Computing Machinery, 2023, S. 206–214. DOI: 10.1145/3594806.3594816. URL: https://doi.org/10.1145/3594806.3594816 (siehe S. 84).

[App23b] APPENZELLER, Arno; TERZER, Nick; PHILIPP, Patrick und BEYERER, Jürgen: „Applying Differential Privacy to Medical Questionnaires“. In: *2023 IEEE International Conference on Pervasive Computing and Communications Workshops and other Affiliated Events (PerCom Workshops).* 2023, S. 608–613. DOI: 10.1109/PerComWorkshops56833.2023.10150373 (siehe S. 145).

[Bre21] BRETTHAUER, Sebastian; APPENZELLER, Arno und BIRNSTILL, Pascal: „Datensouveränität für Patienten im Gesundheitswesen“. In: *Datenschutz und Datensicherheit* 45.3 (2021), S. 173–179. DOI: 10.1007/s11623-021-1413-6 (siehe S. 57, 60).

[Ora22] ORAK, Berna; KREMPEL, Erik und APPENZELLER, Arno: „Datenschutzkonforme Weitergabe von Versichertendaten aus dem Forschungsdatenzentrum“. In: *INFORMATIK 2022 Hrsg.: Demmler, Daniel AND Federrath, Hannes, Daniel AND Krupka.* 52. INFORMATIK 2022 - Jahrestagung der Gesellschaft für Informatik. 2022 (Hamburg, Deutschland, 26.–30. Sep. 2022). Hrsg. von DEMMLER, Daniel; KRUPKA, Daniel und FEDERRATH, Hannes. Gesellschaft für Informatik (GI), 2022, S. 533–549. DOI: 10.18420/inf2022_45 (siehe S. 57, 64).

Betreute studentische Arbeiten

[Amb23] Ambrosius, Sven: „Datenschutzkonformer Einsatz von Machine Learning mit Hilfe von Privatsphäre wahrenden Techniken“. Bachelorarbeit. Karlsruher Institut für Technologie, 2023.

[Bal22] Balduf, Falk: „Usabilityevaluation von Nutzerinterfaces für Privatsphäre-Risikoquantifizierungen“. Bachelorarbeit. Karlsruher Institut für Technologie, 2022.

[Bis19] Bischof, Geraldine: „Datenschutzgerechte Verknüpfung von multizentrischen E-Health Patientendaten“. Bachelorarbeit. Karlsruher Institut für Technologie, 2019.

[Hor21] Hornung, Marina: „Technical Enforcement and Implementation for Dynamic Consent in the Context of Medical Data Donation“. Master's Thesis. Karlsruher Institut für Technologie, 2021.

[Kad21] Kadow, Thomas: „Risikoquantifizierung medizinischer Daten durch digitales Einwilligungsmanagement“. Masterarbeit. Karlsruher Institut für Technologie, 2021.

[Lei20] Leitner, Moritz: „Datenschutzgerechte Forschungsschnittstelle für medizinische Daten“. Bachelorarbeit. Karlsruher Institut für Technologie, 2020 (siehe S. 183).

[Lei23] Leitner, Moritz: „Federated Learning for Private Synthetic Data Generation“. Master's Thesis. Karlsruher Institut für Technologie, 2023.

[Rod19] Rode, Ewald: „Einwilligungsmanagement im Gesundheitswesen: Digitales Abbilden von Einverständniserklärungen und deren Durchsetzung“. Masterarbeit. Karlsruher Institut für Technologie, 2019.

[Ter21] Terzer, Nick: „Local Differential Privacy zum Schutz personenbezogener medizinischer Daten – Evaluation der Datenspende unter Einsatz von RAPPOR“. Bachelorarbeit. Karlsruher Institut für Technologie, 2021.

[Yan22] Yang, Yiqian: „Medical Data Clustering using Privacy-Preserving Technologies“. Master's Thesis. Karlsruher Institut für Technologie, 2022.

[Yen22] Yenigün, Mücahid: „Evaluation verschiedener Differential Privacy Frameworks für einen medizinischen Use-Case“. Bachelorarbeit. Karlsruher Institut für Technologie, 2022.

Abbildungsverzeichnis

Tabellenverzeichnis

Listings

Abkürzungsverzeichnis

ABAC Attribute-based Access Control. 40, 41, 45, 46

ACL Access Control List. 40

ALFA Abbreviated Language For Authorization. 106

API Application Programming Interface. 22, 28, 38, 245

APPC Advanced Patient Privacy Consent. 45, 46, 85–88

BfarM Bundesinstitut für Arzneimittel und Medizinprodukte. 2, 26

BfDI Bundesbeauftragte für den Datenschutz und die Informationsfreiheit. 13

BMG Bundesministerium für Gesundheit. 12

BMWK Bundesministerium für Wirtschaft und Klimaschutz. 5

BPPC Basic Patient Privacy Consent. 45, 84–87

BVerfG Bundesverfassungsgericht. 60

COVID Coronavirus Disease. 19, 25, 151, 210

CPIQ Consent Privacy Impact Quantification. 110–115, 117–127, 132–136, 139, 141, 142, 188, 198–201, 208, 240

CSV Comma Separated Values. 190, 204

CTGAN Conditional Tabular GAN. 39, 40

DICOM Digital Imaging and Communications in Medicine. 28, 29

DMP Dossier Médical Personel. 15, 19

DP Differential Privacy. 34, 35, 37–40, 43, 44, 50–54, 65, 147–149, 152–155, 161, 169, 171, 172, 174–176, 179, 182, 184, 190, 194, 195, 201–203, 208, 211, 240–242

DSGVO Datenschutz Grundverordnung. 2, 19, 49, 54, 57–59, 63, 65, 69, 81, 92, 93, 109, 113, 243

DSK Datenschutzkonferenz des Bundes und der Länder. 69, 96

DVG Digitale-Versorgung-Gesetz. 14, 57, 58, 61, 62, 64, 65

eAU Elektronische Arbeitsunfähigkeitsbescheinigung. 13

ECL Expression Constraint Language. 31, 101, 102

eGK Elektronische Gesundheitskarte. 12

ePA Elektronische Patientenakte. 1, 2, 11–15, 17–19, 59, 74, 86, 96, 205, 211

FHIR Fast Healthcare Interoperability Resources. 21–24, 28–30, 85–89, 106, 107, 118, 158, 159, 168, 184, 186, 187, 189–191, 195, 201, 204, 207, 210, 239, 242, 245

G7 Group of Seven. 15, 19

GAN Generative Adversarial Networks. 39, 52, 208

GDNG Gesundheitsdatennutzungsgesetz. 59, 65, 73, 209

GG Grundgesetzt. 60

GMG Gesetz zur Modernisierung der gesetzlichen Krankenversicherung. 12

HD Hellinger Distanz. 163–166, 202, 204, 211

HIPAA Health Insurance Portability and Accountability Act. 2, 17

HL7 Health Level 7. 21, 45, 201

ICD International Statistical Classification of Diseases and Related Health Problems. 24–26, 62, 100, 190, 239

IHE Integrate the Healthcare Enterprise. 84

ISO International Organization for Standardization. 21

KBV Kassenärztliche Bundesvereinigung. 23

KIM Kommunikation im Medizinwesen. 12

KIS Krankenhausinformationssystem. 21

LDP Local Differential Privacy. 156, 157, 160, 163, 168, 169, 202, 241

LOINC Logical Observation Identifiers Names and Codes. 26

MII Medizin Informatik Initiative. 92, 96, 97

MIO Medizinisches Informationsobjekt. 23, 24, 204, 239

MRT Magnetresonanztomographie. 29

MWEM Multiplicative Weights Exponential Mechanism. 39, 174, 176–178, 180–182, 190, 241, 242

NHS National Health Service. 16

NIST National Institute of Standards and Technology. 52

OASIS Organization for the Advancement of Structured Information Standards. 41

OSI Open Systems Interconnection. 21

PACS Picture Archiving and Communication System. 21, 29

PAP Policy Administration Point. 42, 88, 89

PATE Private Teacher Ensemble. 40, 52

PDP Policy Decision Point. 42, 89

PDSG Patientendaten-Schutzgesetz. 59, 65

PEP Policy Enforcement Point. 41, 42, 89

PET Privacy Enhancing Technology. 31, 43, 50, 54, 147

PIF Privacy Impact Factor. 173, 175, 176

PIP Policy Information Point. 41, 89

PIPEDA Personal Information Protection and Electronic Document Act. 18

RAPPOR Randomized Aggregatable Privacy-Preserving Ordinal Response. 153–155, 157–159, 163, 166–168, 202, 240, 241

REST Representational State Transfer. 28, 30, 44

RFC Requests for Comments. 40, 41

RKI Robert Koch-Institut. 126, 150

SDM Standard-Datenschutzmodell. 69–72, 76

SNOMED-CT Systematized Nomenclature of Medicine Clinical Terms. 26, 27, 30, 31, 96, 99–107, 239

SUS System Usability Scale. 47, 133, 138, 141, 240

TI Telematikinfrastruktur. viii, 12, 13, 59, 73–75, 88, 89, 96, 205, 239

TMF Technologie- und Methodenplattform für die vernetzte medizinische Forschung. 4, 77, 78, 239

TP Tachykardie Privacy. 172–177, 179, 181, 241

TU Tachykardie Utility. 173–176, 178, 179, 181, 241

VAE Variational Autoencoder. 39

VPN Virtual Private Network. 12

WHO World Health Organization. 15, 24–26

XACML eXtensible Access Control Markup Language. 41, 42, 45, 46, 85, 87–89, 91, 100, 102, 104–106, 207, 239, 245

XML Extensible Markup Language. 21, 41

ZfKD Zentrum für Krebsregisterdaten. 126, 128, 131

Karlsruher Schriftenreihe zur Anthropomatik (ISSN 1863-6489)

Band 1 Jürgen Geisler
Leistung des Menschen am Bildschirmarbeitsplatz.
ISBN 3-86644-070-7

Band 2 Elisabeth Peinsipp-Byma
Leistungserhöhung durch Assistenz in interaktiven Systemen zur Szenenanalyse. 2007
ISBN 978-3-86644-149-1

Band 3 Jürgen Geisler, Jürgen Beyerer (Hrsg.)
Mensch-Maschine-Systeme.
ISBN 978-3-86644-457-7

Band 4 Jürgen Beyerer, Marco Huber (Hrsg.)
Proceedings of the 2009 Joint Workshop of Fraunhofer IOSB and Institute for Anthropomatics, Vision and Fusion Laboratory.
ISBN 978-3-86644-469-0

Band 5 Thomas Usländer
Service-oriented design of environmental information systems.
ISBN 978-3-86644-499-7

Band 6 Giulio Milighetti
Multisensorielle diskret-kontinuierliche Überwachung und Regelung humanoider Roboter.
ISBN 978-3-86644-568-0

Band 7 Jürgen Beyerer, Marco Huber (Hrsg.)
Proceedings of the 2010 Joint Workshop of Fraunhofer IOSB and Institute for Anthropomatics, Vision and Fusion Laboratory.
ISBN 978-3-86644-609-0

Band 8 Eduardo Monari
Dynamische Sensorselektion zur auftragsorientierten Objektverfolgung in Kameranetzwerken.
ISBN 978-3-86644-729-5

Die Bände sind unter www.ksp.kit.edu als PDF frei verfügbar oder als Druckausgabe bestellbar.

Band 9 Thomas Bader
Multimodale Interaktion in Multi-Display-Umgebungen.
ISBN 3-86644-760-8

Band 10 Christian Frese
Planung kooperativer Fahrmanöver für kognitive Automobile.
ISBN 978-3-86644-798-1

Band 11 Jürgen Beyerer, Alexey Pak (Hrsg.)
Proceedings of the 2011 Joint Workshop of Fraunhofer IOSB and Institute for Anthropomatics, Vision and Fusion Laboratory.
ISBN 978-3-86644-855-1

Band 12 Miriam Schleipen
Adaptivität und Interoperabilität von Manufacturing Execution Systemen (MES).
ISBN 978-3-86644-955-8

Band 13 Jürgen Beyerer, Alexey Pak (Hrsg.)
Proceedings of the 2012 Joint Workshop of Fraunhofer IOSB and Institute for Anthropomatics, Vision and Fusion Laboratory.
ISBN 978-3-86644-988-6

Band 14 Hauke-Hendrik Vagts
Privatheit und Datenschutz in der intelligenten Überwachung: Ein datenschutzgewährendes System, entworfen nach dem „Privacy by Design" Prinzip.
ISBN 978-3-7315-0041-4

Band 15 Christian Kühnert
Data-driven Methods for Fault Localization in Process Technology. 2013
ISBN 978-3-7315-0098-8

Band 16 Alexander Bauer
Probabilistische Szenenmodelle für die Luftbildauswertung.
ISBN 978-3-7315-0167-1

Band 17 Jürgen Beyerer, Alexey Pak (Hrsg.)
Proceedings of the 2013 Joint Workshop of Fraunhofer IOSB and Institute for Anthropomatics, Vision and Fusion Laboratory.
ISBN 978-3-7315-0212-8

Die Bände sind unter www.ksp.kit.edu als PDF frei verfügbar oder als Druckausgabe bestellbar.

Band 18 Michael Teutsch
Moving Object Detection and Segmentation for Remote Aerial Video Surveillance.
ISBN 978-3-7315-0320-0

Band 19 Marco Huber
Nonlinear Gaussian Filtering: Theory, Algorithms, and Applications.
ISBN 978-3-7315-0338-5

Band 20 Jürgen Beyerer, Alexey Pak (Hrsg.)
Proceedings of the 2014 Joint Workshop of Fraunhofer IOSB and Institute for Anthropomatics, Vision and Fusion Laboratory.
ISBN 978-3-7315-0401-6

Band 21 Todor Dimitrov
Permanente Optimierung dynamischer Probleme der Fertigungssteuerung unter Einbeziehung von Benutzerinteraktionen.
ISBN 978-3-7315-0426-9

Band 22 Benjamin Kühn
Interessengetriebene audiovisuelle Szenenexploration.
ISBN 978-3-7315-0457-3

Band 23 Yvonne Fischer
Wissensbasierte probabilistische Modellierung für die Situationsanalyse am Beispiel der maritimen Überwachung.
ISBN 978-3-7315-0460-3

Band 24 Jürgen Beyerer, Alexey Pak (Hrsg.)
Proceedings of the 2015 Joint Workshop of Fraunhofer IOSB and Institute for Anthropomatics, Vision and Fusion Laboratory.
ISBN 978-3-7315-0519-8

Band 25 Pascal Birnstill
Privacy-Respecting Smart Video Surveillance Based on Usage Control Enforcement.
ISBN 978-3-7315-0538-9

Band 26 Philipp Woock
Umgebungskartenschätzung aus Sidescan-Sonardaten für ein autonomes Unterwasserfahrzeug.
ISBN 978-3-7315-0541-9

Band 27 Janko Petereit
Adaptive State × Time Lattices: A Contribution to Mobile Robot Motion Planning in Unstructured Dynamic Environments.
ISBN 978-3-7315-0580-8

Band 28 Erik Ludwig Krempel
Steigerung der Akzeptanz von intelligenter Videoüberwachung in öffentlichen Räumen.
ISBN 978-3-7315-0598-3

Band 29 Jürgen Moßgraber
Ein Rahmenwerk für die Architektur von Frühwarnsystemen. 2017
ISBN 978-3-7315-0638-6

Band 30 Andrey Belkin
World Modeling for Intelligent Autonomous Systems.
ISBN 978-3-7315-0641-6

Band 31 Chettapong Janya-Anurak
Framework for Analysis and Identification of Nonlinear Distributed Parameter Systems using Bayesian Uncertainty Quantification based on Generalized Polynomial Chaos.
ISBN 978-3-7315-0642-3

Band 32 David Münch
Begriffliche Situationsanalyse aus Videodaten bei unvollständiger und fehlerhafter Information.
ISBN 978-3-7315-0644-7

Band 33 Jürgen Beyerer, Alexey Pak (Eds.)
Proceedings of the 2016 Joint Workshop of Fraunhofer IOSB and Institute for Anthropomatics, Vision and Fusion Laboratory.
ISBN 978-3-7315-0678-2

Band 34 Jürgen Beyerer, Alexey Pak and Miro Taphanel (Eds.)
Proceedings of the 2017 Joint Workshop of Fraunhofer IOSB and Institute for Anthropomatics, Vision and Fusion Laboratory.
ISBN 978-3-7315-0779-6

Band 35 Michael Grinberg
Feature-Based Probabilistic Data Association for Video-Based Multi-Object Tracking.
ISBN 978-3-7315-0781-9

Band 36 Christian Herrmann
Video-to-Video Face Recognition for Low-Quality Surveillance Data.
ISBN 978-3-7315-0799-4

Band 37 Chengchao Qu
Facial Texture Super-Resolution by Fitting 3D Face Models.
ISBN 978-3-7315-0828-1

Band 38 Miriam Ruf
Geometrie und Topologie von Trajektorienoptimierung für vollautomatisches Fahren.
ISBN 978-3-7315-0832-8

Band 39 Angelika Zube
Bewegungsregelung mobiler Manipulatoren für die Mensch-Roboter-Interaktion mittels kartesischer modellprädiktiver Regelung.
ISBN 978-3-7315-0855-7

Band 40 Jürgen Beyerer and Miro Taphanel (Eds.)
Proceedings of the 2018 Joint Workshop of Fraunhofer IOSB and Institute for Anthropomatics, Vision and Fusion Laboratory.
ISBN 978-3-7315-0936-3

Band 41 Marco Thomas Gewohn
Ein methodischer Beitrag zur hybriden Regelung der Produktionsqualität in der Fahrzeugmontage.
ISBN 978-3-7315-0893-9

Band 42 Tianyi Guan
Predictive energy-efficient motion trajectory optimization of electric vehicles.
ISBN 978-3-7315-0978-3

Band 43 Jürgen Metzler
Robuste Detektion, Verfolgung und Wiedererkennung von Personen in Videodaten mit niedriger Auflösung.
ISBN 978-3-7315-0968-4

Band 44 Sebastian Bullinger
Image-Based 3D Reconstruction of Dynamic Objects Using Instance-Aware Multibody Structure from Motion.
ISBN 978-3-7315-1012-3

Band 45 Jürgen Beyerer, Tim Zander (Eds.)
Proceedings of the 2019 Joint Workshop of Fraunhofer IOSB and Institute for Anthropomatics, Vision and Fusion Laboratory.
ISBN 978-3-7315-1028-4

Band 46 Stefan Becker
Dynamic Switching State Systems for Visual Tracking.
ISBN 978-3-7315-1038-3

Band 47 Jennifer Sander
Ansätze zur lokalen Bayes'schen Fusion von Informationsbeiträgen heterogener Quellen.
ISBN 978-3-7315-1062-8

Band 48 Philipp Christoph Sebastian Bier
Umsetzung des datenschutzrechtlichen Auskunftsanspruchs auf Grundlage von Usage-Control und Data-Provenance-Technologien.
ISBN 978-3-7315-1082-6

Band 49 Thomas Emter
Integrierte Multi-Sensor-Fusion für die simultane Lokalisierung und Kartenerstellung für mobile Robotersysteme.
ISBN 978-3-7315-1074-1

Band 50 Patrick Dunau
Tracking von Menschen und menschlichen Zuständen.
ISBN 978-3-7315-1086-4

Band 51 Jürgen Beyerer, Tim Zander (Eds.)
Proceedings of the 2020 Joint Workshop of Fraunhofer IOSB and Institute for Anthropomatics, Vision and Fusion Laboratory.
ISBN 978-3-7315-1091-8

Band 52 Lars Wilko Sommer
Deep Learning based Vehicle Detection in Aerial Imagery.
ISBN 978-3-7315-1113-7

Band 53 Jan Hendrik Hammer
Interaktionstechniken für mobile Augmented-Reality-Anwendungen basierend auf Blick- und Handbewegungen.
ISBN 978-3-7315-1169-4

Band 54 Jürgen Beyerer, Tim Zander (Eds.)
Proceedings of the 2021 Joint Workshop of Fraunhofer IOSB and Institute for Anthropomatics, Vision and Fusion Laboratory.
ISBN 978-3-7315-1171-7

Band 55 Ronny Hug
Probabilistic Parametric Curves for Sequence Modeling.
ISBN 978-3-7315-1198-4

Band 56 Florian Patzer
Automatisierte, minimalinvasive Sicherheitsanalyse und Vorfallreaktion für industrielle Systeme.
ISBN 978-3-7315-1207-3

Band 57 Achim Christian Kuwertz
Adaptive Umweltmodellierung für kognitive Systeme in offener Welt durch dynamische Konzepte und quantitative Modellbewertung.
ISBN 978-3-7315-1219-6

Band 58 Julius Pfrommer
Distributed Planning for Self-Organizing Production Systems.
ISBN 978-3-7315-1253-0

Band 59 Ankush Meshram
Self-learning Anomaly Detection in Industrial Production.
ISBN 978-3-7315-1257-8

Band 60 Patrick Philipp
Über die Formalisierung und Analyse medizinischer Prozesse im Kontext von Expertenwissen und künstlicher Intelligenz.
ISBN 978-3-7315-1289-9

Band 61 Mathias Anneken
Anomaliedetektion in räumlich-zeitlichen Datensätzen.
ISBN 978-3-7315-1300-1

Band 62 Jürgen Beyerer, Tim Zander (Eds.)
Proceedings of the 2022 Joint Workshop of Fraunhofer IOSB and Institute for Anthropomatics, Vision and Fusion Laboratory.
ISBN 978-3-7315-1304-9

Band 63 Fabian Dürr
Multimodal Panoptic Segmentation of 3D Point Clouds.
ISBN 978-3-7315-1314-8

Band 64 Jutta Hild
Nutzung von Blickbewegungen für die Mensch-Computer-Interaktion mit dynamischen Bildinhalten am Beispiel der Videobildauswertung.
ISBN 978-3-7315-1330-8

Band 65 Jürgen Beyerer, Tim Zander (Eds.)
Proceedings of the 2023 Joint Workshop of Fraunhofer IOSB and Institute for Anthropomatics, Vision and Fusion Laboratory.
ISBN 978-3-7315-1351-3

Band 66 Tobias Michael Kalb
Principles of Catastrophic Forgetting for Continual Semantic Segmentation in Automated Driving.
ISBN 978-3-7315-1373-5

Band 67 Arno Appenzeller
Datensouveränität für Betroffene über persönliche medizinische Daten durch technische Umsetzung einer datenschutzgerechten Forschungsplattform.
ISBN 978-3-7315-1377-3

FSC
www.fsc.org
MIX
Papier | Fördert
gute Waldnutzung
FSC® C083411

Kolibri 360 GmbH
Ferdinand-Jühlke-Straße 7
99095 Erfurt, Deutschland
produktsicherheit@kolibri360.de